Generation Geil

Katharina Weiß

Generation Geil

Jugend im Selbstporträt

Schwarzkopf & Schwarzkopf

INHALT

Vorwort.. 7

Eine Generation von Nachtmenschen, Leon (15) 11

Lust an Sensation, Celine (16) 27

Ich bin kein großer Philosoph, Patrick (17) 41

Fürchterlich klischeehaft, Hanna (17) 51

Ein reines Herz, Ahmed (16) 59

Als hätte uns die Zeit vergessen, Helene (15) 71

Homies, Weiber, Gras, Matti (15) 85

Die Entmystifizierung des Lebens, Jana (17) 99

Alkohol schafft ein Wir-Gefühl, Dennis (16) 113

Mittelmäßigkeit beunruhigt mich, Emilia (16) 127

Dann kotz halt auf mich drauf, Klaas (16) 137

Schubladendenken ist unglaublich scheiße, Mona (17) 151

Der Buddha und die Liebe, Daniel (17) 163

Beten ist wie Dope für mich, Rachel (16) 175

In der Wüste bräuchte niemand Drogen, Fabian (17) 187

Der Schein trügt oft, Laura (16) 199

So durchschnittsdeutsch, Timucin (15) 215

Ich hasse Romantik, Sonja (16) 227

Nicht jeder wird mein ABFF, Phillip (17) 237

Der Tag danach, Elisabeth (15) 249

Für alle, die zur Generation Geil gehören,
für Angie und Elke und David Hasselhoff

Vorwort

Die ersten Texte dieses Buches entstanden aus einer ganz normalen Party-Situation heraus. Es war eine große Geburtstagsfeier, und dementsprechend waren ziemlich viele Leute aus unterschiedlichen Freundeskreisen anwesend, die man schwer einzelnen Style- und Szenegruppen zuordnen konnte. Mit einigen war ich befreundet, andere sah ich zum ersten Mal. Die Musik reichte vom üblichen Housemix über Kanye Wests Soft-Rap und diverse Features von Timbaland bis hin zu den Ärzten und vereinzelten Stücken aus dem Metal- und J-Rock-Bereich.

Es wurde getan, was Teenager beim Feiern eben so tun. Manche Mädchen – die einen mehr, die anderen weniger züchtig bekleidet – tanzten vor dem DJ-Pult, entweder mit Freundinnen, dem Freund oder einer neuen Bekanntschaft. Die meisten Jungs, die nicht gerade auf der Tanzfläche oder in einem der Nebenräume mit einem Mädchen zugange waren, standen um die Bar herum. Einige waren mit Trinkspielen beschäftigt, ein paar weitere zankten sich mit dem DJ über dessen Musikgeschmack und wieder andere kümmerten sich um Freunde, die an diesem Abend zu viel getrunken hatten oder mit sonstigen emotionalen Problemen kämpften. Wir tanzten, tranken, flirteten, lachten, feierten, lebten.

Und irgendwann bekam ich mit, wie mehrere Jungen und Mädchen über das Medienbild der Jugend philosophierten. Ich setzte mich zu ihnen und hörte zu. Alle waren sich einig, dass unsere Generation in den Medien auf eine Art und Weise inszeniert wird, die unfair und unberechtigt ist. Die Situation war ziemlich skurril, da die Umstände dieser Unterhaltung eigentlich genau dem Klischee entsprachen: Wir waren jene

frühreifen Teenager ohne Beaufsichtigung, die verantwortungslos Alkohol und andere Rauschmittel konsumierten. Aber auch
nachdem jemand dieses Argument in die Runde geworfen hatte, blieben alle bei ihrer Meinung.

»Wir wissen eigentlich ganz genau, was wir tun«, sagte ein
Mädchen dazu. »Die einen übertreiben es halt öfter als die anderen. Und wir denken mehr darüber nach, als unsere Eltern
vermuten. Denn eigentlich wollen wir doch nur keine Zeit ver-
schwenden. Wir wollen es jetzt tun, bevor es zu spät ist.«

»So verantwortungslos, wie wir jetzt sind, werden wir nie
wieder sein«, stimmte ein Junge namens Leon zu. »Und das
ist gar nicht mal negativ gemeint. Von solchen Erfahrungen
kann man sein ganzes Leben lang profitieren. Ein Mensch, der
als Jugendlicher nie einen peinlichen Absturz erlebt oder einen
Film mit FSK 18 angesehen hat, wird sich später bestimmt mal
fragen, ob er nicht was verpasst hat.«

Irgendwann kam die Frage auf, was uns, die Jugendlichen
des beginnenden 21. Jahrhunderts, charakterisiert. Und an diesem Punkt fiel mir ganz stark auf, wie wenig wir uns einigen
konnten. Mal abgesehen von neu aufgekommenen Stilrichtungen im Mode- und Musik-Bereich fanden wir keine Linie,
keine Ideale oder Denkweisen, die wirklich alle teilen konnten.
Es gab keine Vorstellung von einem Lebensentwurf, dem die
Mehrheit unserer Runde zustimmte.

Viele aus unserer Elterngeneration konnten in ihrer rebel-
lischen Jugend in den späten Sechzigerjahren nichts mit der
Vorstellung anfangen, in geordneten Verhältnissen in einer
Vorstadt-Spießer-Harmonie zu leben. Freie Liebe und das wilde
Leben waren das Motto. Aber heute ist das nicht unbedingt
so. Eines der Mädchen in dieser Runde – in diesem Buch heißt
sie Hanna – wünscht sich genau diese Harmonie und Stabili-
tät, die ihre Eltern so ablehnten, eine Vorzeigefamilie und ein
Vorstadtreihenhaus. Leon war überraschend realistisch, er
sagte, dass das Geld die Welt regiert und dass Egoismus in

der Jugend durchaus seine Daseinsberechtigung hat. Und ein Mädchen namens Sonja schien generell nicht viel von unserer Philosophie-Session zu halten: »Ich will einfach vor mich hin leben und nicht über das Warum, Wieso, Weshalb nachdenken. Ist zu anstrengend.«

So entstanden die ersten drei Porträts für dieses Buch. Die Unterschiedlichkeit dieser Aussagen und Weltanschauungen faszinierte mich. Gespräche mit Lehrern und anderen Erwachsenen zeigten mir zudem, dass es viele Fragen an uns Jugendliche gibt und viele Vorurteile, die nicht immer berechtigt sind. Themen wie Gewalt, Alkoholmissbrauch und Wohlstandsverwahrlosung sind nur Teilaspekte, da gibt es noch so vieles mehr. Man muss die Jugendlichen nur fragen. Und das habe ich getan.

Für mich als 1994 Geborene war es sicher leichter als für viele Erwachsene, einen Einblick in die unterschiedlichen Einstellungen und Überzeugungen der »Jugend von heute« zu bekommen. Ich habe mich mit Freunden und Bekannten unterhalten und Interviews mit völlig fremden Jugendlichen geführt. Ich sammelte flüchtige Gedanken, bunte Zukunftsträume, euphorische Aussprüche, fragwürdige Theorien, realistische Einschätzungen, Erkenntnisse langer Nachmittage und durchfeierter Nächte.

Dabei herausgekommen ist dieses Buch. Zehn Jungen und zehn Mädchen berichten von ihren Erfahrungen, ihrem Alltag, ihren Problemen und ihren Wünschen für die Zukunft. Es geht um Themen, die jeden, der jung ist oder es einmal war, schon beschäftigt haben: Zeitgeist, Freundschaft, Verantwortung, Lifestyle, Liebe, Sex, Identität und die Frage nach Gott.

Generation Geil ist der Versuch, das Lebensgefühl einer Generation festzuhalten, über die viel diskutiert wird, die aber selten zu Wort kommt. Der Titel lehnt sich an die Reizwörter an, die in den Medien oft hinter dem Begriff »Generation« stehen – »Generation Porno« oder »Generation Doof«, um nur zwei zu nennen. »Geil« ist ein Wort der Extreme, prägnant und provokativ. Von Eltern sehr ungern gehört, benutzen wir es für fast alles, was uns begeistert.

Dieses Buch ist als liebevolles Selbstporträt zu verstehen, als ein Denkmal dieser Generation in all ihren fantastischen Facetten. Es erzählt von der Freiheit der Jugend und den magischen Momenten des Lebens, aber auch von heimlichen Ängsten und negativen Erfahrungen. Die zwanzig Mädchen und Jungen, die in *Generation Geil* zu Wort kommen, bedeuten mir sehr viel, denn ich teile ihre Gedanken und Gefühle. Ihre Geschichten sind auch meine, oder könnten meine sein. Es ist meine Generation.

Katharina Weiß,
im Sommer 2010

Eine Generation von Nachtmenschen

Leon (15 Jahre)

Ich glaube an den alten Mann mit dem weißen Bart. Irgendjemand muss sich das ja alles ausgedacht haben. Und Jesus war auch cool. One Love, Peace and Harmony. Es gibt zwar verdammt viele Argumente gegen seine Existenz, aber am Ende bleibt es doch immer Glaubenssache: Liebe, Sinn, Leben und Tod.

Ich bin wirklich gläubig, auch wenn ich nicht häufig bete. Höchstens in Notsituationen: »Lieber Gott, bitte lass mich keine Sechs in der Klassenarbeit haben!« oder »Herr, bitte lass die geile Tussi da hinten nicht gesehen haben, wie ich mir gerade den Drink über die Hose gekippt habe!« Er hat bestimmt Verständnis für solche kleinen Stoßgebete.

Mit ein paar guten Freunden lag ich neulich auf meinem Balkon und sah in den Sternenhimmel. Das machen wir öfter, auf dem Balkon liegen und philosophieren, über das Leben, die Liebe, den Tod. Wir suchen nach einem Sinn, und ob wir ihn finden, ist ungewiss.

»Vielleicht ist ein Sinn auch gar nicht so wichtig«, meinte ein Kumpel, »allein das persönliche Glück zählt. Liebe ist nichts als ein Urtrieb, und dieses Leben ist eh alles, was wir haben.«

»Aber ohne Sinn wäre es umsonst«, entgegnete ein anderer, »und die Liebe ist das Wichtigste überhaupt.«

»Ich glaube, der Tod ist noch viel mehr als das Leben«, warf ich ein. Ich fände es schön, wenn wir alle eine unsterbliche Seele hätten und nach unserem Tod als ewigjunge Engelchen im Himmel umherflattern könnten. Wenn wir unsere geliebten Erdengefährten wiedersehen könnten und auch alle anderen Menschen, die vor uns gelebt haben. Ich könnte mit Kurt Cobain und Marilyn Monroe plaudern, und Elvis und John Lennon wären meine besten Freunde. Im Himmel wären wir alle gleich, es gäbe kein Leid, kein unerfülltes Begehren, keine bösen Absichten und keine unerwiderte Liebe. Nur gute Erinnerungen.

Es könnte ebenso gut sein, dass sich mit unserem letzten Atemzug jegliches Bewusstsein verflüchtigt und sich alles im Nichts auflöst. Oder dass unsere Seele wie ein Tropfen ins Meer fällt und wir in einem Ozean aus Licht und Wärm aufgehen. Oder ich lande in der Hölle, sprich auf einem Konzert von Hansi Hinterseer. Wobei ich zu Gott bete, dass es nicht so weit kommt.

Meine Freunde haben da andere Vorstellungen, aber die Möglichkeiten sind ja auch unendlich. Ich glaube an Gott, aber ich glaube nicht, dass er so verklemmt ist, wie manche behaupten. Ich verstehe ihn ja auch nicht *immer*. Aber je mehr ich es versuche, desto leichter fällt es mir.

Für mich haben Sexualität und Spiritualität eines gemeinsam: Ihre Entdeckung gehört zum Erwachsenwerden dazu. Genauso, wie ich eines Tages den G-Punkt meiner zukünftigen Freundin finden werde, werde ich auch Gottes wahre Absichten herausbekommen. Vielleicht ist er ja auch gar nicht so sehr wie Gandalf, sondern eher wie Peter Pan. Oder »er« ist ein langbeiniges Topmodel. Ich werde es ja sehen, in siebzig Jahren oder so.

Abgesehen von der Gottesfrage finde ich es wichtig, dass unsere Religion erhalten bleibt. Die Traditionen der christlichen Kirche sind bis zu zweitausend Jahre alt, die dürfen wir nicht einfach in einem Anflug von Rebellion zerstören. Die Kirchensprache Latein dagegen finde ich total gruselig. Ich sollte sie eigentlich können, immerhin lerne ich sie seit fünf Jahren – leider komplett erfolglos. Wenn man mit seinem Wörterbuch mühsam Cäsar übersetzen muss, ist auch nicht viel Schönes an ihr. Aber trotzdem ist diese Sprache faszinierend. Sie wird mich überleben, und vermutlich auch viele Generationen nach mir.

Ganz im Gegensatz zu unserer normalen deutschen Sprache – die verändert sich laufend. Es kommen neue Wörter hinzu, andere geraten in Vergessenheit. Besonders die Jugendsprache ist im ständigen Wandel. Klar, man will sich ja was Neues einfallen lassen. Ich finde das überhaupt nicht schlimm, auch wenn es zu einigen Missverständnissen führt. Für »betrunken« haben wir derart viele Synonyme, dass ich teilweise selber gar nicht mehr durchblicke. Zeigervoll, stramm, storno, monsterdicht, zu, voll, breit, hackedicht oder auch nur hacke und raben. Warum auch immer, raben!

Und »cool« ist heute keineswegs mehr so aktuell. »Geil« ist gewissermaßen das neue »cool«. Geil ist alles, was uns gefällt. Erwachsene haben immer noch ein paar Probleme mit diesem Wort, vor allem, weil es früher einen vulgären Beiklang hatte. Aber heute ist das nicht mehr so. Diese Bedeutung nimmt jetzt das Wort »spitz« ein – »spitz« ist das neue »geil«.

Das Allerschlimmste wäre einfach, als absoluter Beginner zu enden. Und damit ist nicht die Combo von Jan Delay gemeint. Absolute Beginner sind Männer ohne sexuelle Erfahrungen – und so ein Leben stelle ich mir ziemlich tragisch vor. Und das obwohl ich selbst noch Jungfrau bin – oder vielleicht gerade deshalb. In Holland gibt es eine Therapie, die diesen Männern hilft. Da führt einen eine ausgebildete Therapeutin in die Materie ein; in der ersten Sitzung wird das Problem besprochen, danach darf der Patient die Therapeutin ganz ausziehen und ihren Körper erkunden – um die Scheu davor zu verlieren. Später kommt es dann auch zum richtigen Sex. Dabei muss die

Therapeutin immer älter sein als der Patient, damit der auch mal Cellulitis kennenlernt – die ganzen PC-Frauen und aufblasbaren Plastikpuppen haben sein Weltbild ja gründlich verzerrt.

Ich sehe mich schon als Patient in so einer Therapie – na gut, eigentlich will ich es nicht so weit kommen lassen. »Ohne die Aussicht auf Sex würde jeder 15-Jährige Selbstmord begehen« – ein wahres Wort von Thomas C. Boyle. Dabei will ich nicht nur die schnelle Nummer. Mit einem Mädchen zu schlafen, das halb bewusstlos ist, während auch ich halb bewusstlos bin, fände ich nicht so gut. Ich will sie dann schon lieben. Wenigstens ein bisschen.

»Ich bin keine Jungfrau mehr, macht dir das Angst?« – das ist ein Spruch, den ein Freund von mir mal bei einem Partyflirt gebracht hat. So ein Typ bin ich gar nicht. Ich würde mich keinesfalls als Softie bezeichnen, aber bei diesem Thema versuche ich, den Frontalkurs zu vermeiden. Auch wenn es megapeinlich klingt, stelle ich mir mein erstes Mal total romantisch vor. So mit Picknick und Sonnenuntergang und allem.

Mit meiner ersten Freundin Daniela wäre es beinahe so weit gekommen. Wir hatten schon so ziemlich alles gemacht, was man machen kann, vom richtigen Sex abgesehen. Doch dann habe ich gemerkt, dass ich gar keine richtigen Gefühle mehr für sie hatte. Bei ihr hatte sich emotional noch gar nichts verändert, sie hatte keine Ahnung. Als ich mit meinen Freunden darüber sprach, dass ich eventuell Schluss machen wollte, meinten einige, ich solle sie davor unbedingt noch flachlegen. Aber mein Gewissen hielt mich davon ab, wir trennten uns jungfräulich.

Im Nachhinein denke ich manchmal, dass mich die ganze sexuelle Schiene überfordert hat. Schon nach zwei Wochen Beziehung hatten wir Oralsex, und da waren wir 14. Vielleicht ging auch deshalb der Reiz für mich so schnell verloren. Obwohl sich gar nicht mehr sagen lässt, von wem damals der Impuls dazu ausging. Vielleicht dachte jeder, der andere will es so. Und wir waren zu jung, um mal Klartext zu reden.

Heute würde ich meinen Freunden jedenfalls nicht mehr so viel über mein Liebesleben erzählen. Ihre blöden Kommentare will ich mir ersparen. Das Ganze war auch Daniela gegenüber echt mies; zu viele intime Details über den anderen auszuplaudern, grenzt an zwischenmenschlichen Hochverrat.

Seit der ganzen Geschichte sind schon fast anderthalb Jahre vergangen. Ich verstehe echt nicht, warum es bei mir seitdem nicht mit einer Freundin klappt. Ich bin sportlich, habe (soweit ich das beurteilen kann) einen guten Klamottengeschmack, bin einigermaßen intelligent, habe Humor. Außerdem habe ich Geld. Beziehungsweise meine Eltern. Das gehört eigentlich nicht in die Gruppe der Vorteile, aber meine Freunde meinen, ein Pluspunkt sei es allemal! Trotzdem tut sich in meinem Liebesleben momentan rein gar nichts.

Manchmal verstehe ich die Mädchen aber auch nicht. Warum zum Beispiel fahren so viele von ihnen auf diesen unerträglich schmalzigen Vampir-Typen ab, Eduard oder so? (*Twilight*-Fans stehen in meiner Achtung noch eine Stufe unter Tokio-Hotel-Fans, und das soll schon was heißen!) Und warum verlangen sie von dir, ihnen drei Stunden dabei zuzuhören, wie sie vom erneuten Stress mit ihrer besten Freundin erzählen?

Ich hoffe, mit diesen Warum-Sätzen reihe ich mich jetzt nicht in die lange Schlange jener ein, die Dinge fragen wie: »Warum gehen Mädchen so oft einkaufen? Ich brauch nie was, und wenn ich was brauche, dann legt's mir die Mama hin!« – und die wundern sich dann auch allen Ernstes, warum sie noch ungevögelt sind.

Was mich total aufregt, sind die coolen Macker, die noch nie in ihrem Leben mit irgendjemandem irgendetwas am Laufen hatten, aber über jedes Mädchen, das sie mal begrüßt hat, abfällig sagen: »Die Braut ist auch spitz auf mich.« Geht gar nicht. Ähnlich übel sind die Typen, die andauernd ihre Männlichkeit beweisen wollen. Neulich war ich auf einer Party, wo einer, so ein kleines Pickelgesicht, wie Rumpelstilzchen rumhüpfte und rief: »Oh, ich muss jetzt was demagen… Alta! Ich *muss* jetzt was demagen!« Am Ende pinkelte er in eine herumstehende Schubkarre und fühlte sich wie der Terminator persönlich. Den sehe ich schon mit 25, unrasiert, tätowiert und schwabbelig beim Arbeitsamt hocken: »Ja, bei KiK, das war so 'ne Sache, der Chef hat mir gesagt, ich soll noch 'ne Schicht drauflegen, und dann *musste* ich einfach was demagen!«

Um meine Zukunft mache ich mir eigentlich gar keine Sorgen. Dass ich mal als Hartz-IV-Empfänger im Großstadtghetto lande, halte ich für mehr als unwahrscheinlich. Natürlich kann's im Leben immer schiefgehen, aber man braucht für das Erreichen seiner Ziele 49 Prozent Glück und 51 Prozent Eigeninitiative. Ich habe die 51 Prozent, hoffe ich.

In der Schule bin ich ganz gut, ich lerne halt momentan überhaupt nichts, und dafür sind meine Noten sehr ansehnlich. In so Fächern wie Latein habe ich zwar mittlerweile so große Lücken, dass ich eigentlich nicht behaupten darf, diese Sprache jemals gelernt zu haben, aber solange ich im Zeugnis keine Fünf habe, ist das auch okay, ich gebe das Fach im nächsten Jahr sowieso ab. Die Oberstufe wird dann schon härter, vielleicht sollte ich da mal mit dem Lernen anfangen.

Beruflich ist meine Zukunft schon voll durchgeplant: Nach dem Abi studieren, irgendwas mit Wirtschaft, und danach möchte ich Broker werden. Ich spekuliere schon seit mehreren Jahren an der Börse und bin mittlerweile ziemlich gut darin, die aktuellesten Trends ausfindig zu machen. Das Wichtigste dabei ist Glück. Und natürlich Geld. Geld regiert die Welt. Das war schon immer so und wird auch immer so bleiben.

Auch über die zweite Großbaustelle des Lebens, die Familie, habe ich mir Gedanken gemacht. Später mal Kinder zu haben wäre definitiv ein Wunsch von mir. Am besten drei. Eine große Schwester und zwei kleine Jungen. Ich freue mich schon total drauf, mit ihnen Fußball zu spielen und mich für sie als Nikolaus zu verkleiden. Und später mit den Jungs über Mädchen zu quatschen und ihnen coole Klamotten zu kaufen. Ganz besonders ist es bestimmt auch, wenn sie das erste Mal torkelnd nach Hause kommen und hoch und heilig versichern: »Nein, ich bin total nüchtern, schau, ich kann sogar noch auf'm Strich laufen.«

Die Frau meiner Träume sollte auf jeden Fall gut aussehen und einen angenehmen Charakter haben. Kein naives Unschuldsengelchen, das bei jedem Lächeln eines süßen Jungen gleich das Handy hervorholt und ihrer kleinen Freundin ins Ohr brüllt: »Weißt du, wen ich gerade getroffen habe?« Sie sollte aber bitte auch kein überdominanter Vamp sein. Ich fände es ja irgendwie schön, wenn sie zu Hause bei den Kindern bleiben und mich nach jedem anstrengenden Arbeitstag mit einem Abendessen verwöhnen würde. Und ja, ich weiß, dass mich jetzt alle Emanzen als Steinzeit-Macho abstempeln. Ich sage ja auch nicht, dass die Rollenverteilung unbedingt so sein muss. Allerdings kenne ich einige Mädchen, die sich das eigentlich gut so vorstellen könnten und sich einfach nur nicht trauen, es laut auszusprechen. Ich bin ja der Ansicht, dass zu einem liberalen Frauenbild auch gehört, ein Mädchen komplett selbst entscheiden zu lassen – ihr also auch die Möglichkeit zu geben, Hausfrau zu werden und fünf Kinder zu haben.

Aber all diese Entscheidungen liegen noch in ferner Zukunft. Noch sind andere Dinge von größerer Bedeutung: Spaß haben, Erfahrungen sammeln, die Ungebundenheit genießen. So verantwortungslos, wie wir jetzt sind, werden wir nie wieder sein. Und das ist gar nicht mal negativ gemeint. Von vielen zweifelhaften Erfahrungen, die man in jungen Jahren macht, kann man ein ganzes Leben lang profitieren. Ein Mensch, der als Jugendlicher nie einen peinlichen Absturz erlebt hat, nie mit drei Mädchen an einem Abend rumgemacht hat oder nie einen Film mit FSK 18 angesehen hat, wird sich später bestimmt mal fragen, ob er nicht was verpasst hat.

Ich habe bereits Dope geraucht und an einer Crack-Pfeife gezogen – und auch das sind Erlebnisse, die ich nicht missen will, auch wenn ich sie nicht wiederholen würde. Das Gras hat fast gar nichts bewirkt und nach dem Crack war mir drei Tage lang übel. Trotzdem bereue ich nicht, es mal ausprobiert zu haben. Hätte ich es nicht getan, wären Drogen immer noch so eine Art mystisches Wundermittel für mich. So kann ich diese Kapitel getrost abhaken. Mit dreißig noch herumzuexperimentieren wäre wahrscheinlich viel gefährlicher.

Ich finde, dass solche Phasen der maßlosen Übertreibung und der willkürlichen Erlebnissucht ein Privileg der Jugend sein sollten. Ältere Menschen sollen sich ihren Karrieren und Familien widmen und nicht dem Lustprinzip folgen. Ich will in den nächsten Jahren noch ganz viel lustigen Scheiß machen, aber danach werde ich ein braver Bundesbürger. Hauptsache ich behalte einigermaßen die Kontrolle. Ich will zum Beispiel kein Raucher werden oder in sonstiger Weise abhängig! Ich bin Partyraucher, schnorre aber meistens nur, auch wenn mir Dialoge wie »Hast du 'ne Kippe? Hast du auch Feuer?« – »Aber rauchen kannst du selber?« auf den Geist gehen.

Vor Kurzem wurde mir bewusst, wie wichtig eine Familie ist. Deine Eltern, deine Geschwister, vielleicht noch deine Onkel, Tanten, Cousins und was es da sonst noch so alles gibt – das sind die, die dich im Ernstfall im Knast besuchen würden. Natürlich gibt es auch immer Ausnahmen, aber in der Regel ist Blut dicker als Wasser. Meine Familie sind die Menschen, die eine moralische Verpflichtung haben, zu mir zu halten. Bei ihnen kann ich mir (fast) sicher sein, dass sie sich nicht von mir abwenden würden, wenn ich ein beruflicher Versager wäre oder auf einmal unheilbar krank werden würde. Ich habe gute Freunde, denen ich mich sehr verbunden fühle, und wenn ich mit denen über solche Themen rede, dann schwören wir uns auch immer, einander niemals im Stich zu lassen. Aber trotzdem sind diese Versprechen nicht so verbindlich wie die deiner Familie.

Die Familie kann auch noch anderweitig hilfreich sein. Ohne Vitamin B, also die richtigen Connections, tut man sich sicherlich schwerer im Leben. Gerade da fällt mir die krasse soziale Ungerechtigkeit auf. Ich will mich nicht beschweren, meine Eltern haben diese Beziehungen und sind auch finanziell gut gestellt. Aber wenn ich mir Klassenkameraden anschaue, bei denen das nicht der Fall ist, denke ich mir immer, was für ein Glück ich doch hatte. Mit Eltern, die einen finanziell nur sehr wenig unterstützen können, hat man gleich ein paar Probleme mehr. Viele müssen sich, um sich auch mal ein neues Handy oder einen Laptop kaufen zu können, neben der Schule mehrere Nebenjobs suchen. Das stresst dann doch ganz schön. Auch später, wenn es um Auslandserfahrungen oder Studiengebühren geht, sind sie eindeutig benachteiligt. Ich bin total froh um das Wissen, dass mir meine Eltern mein Studium – samt Wohnung und allem – bezahlen werden.

Und dann denke ich, dass es eigentlich viel schlimmer hätte kommen können. Also viel, viel schlimmer, als Eltern zu haben, die ein paar tausend Euro weniger auf dem Konto haben. Ich hätte ja auch in Äthiopien oder Somalia geboren werden können. Oder unter einer Diktatur wie in Nordkorea. Obwohl sich mir da die Frage stellt, ob der Mensch nicht so gut wie überall glücklich sein kann, wenn er ein anderes Leben nicht kennt. Die Menschen in den Entwicklungsländern sind im Rahmen ihrer Möglichkeiten bestimmt ebenso zufrieden wie ich, wenn sie sich nicht gerade um ihr tägliches Brot kümmern müssen. Sie kennen die Xbox 360 und den iPod touch ja nicht und vermissen das ganze Zeug deshalb auch nicht. Solange sie in Frieden und Freiheit leben, können sie bestimmt auch glücklich sein. Deshalb fände ich es vermutlich auch viel übler, unter einem undemokratischen politischen Regime leben zu müssen als in einer Blechhütte in der Wüste.

Wir leben in einem der freiheitlichsten Länder dieser Welt, und dafür bin ich unglaublich dankbar. Jugendliche dürfen hier so viel wie eigentlich nirgendwo sonst. Wenn an unsere Schule Austauschschüler kommen, sind die immer total erstaunt. Wir sind es ebenso. In England gibt es zum Beispiel eine total krasse Teilung: Die einen gehen auf feine Privatschulen, oft sind Mädchen und Jungs getrennt – die haben dann mit 16 immer noch keine Freunde vom anderen Geschlecht. Da sie ja immer Schuluniformen tragen müssen, legen sie sich für den privaten Gebrauch nicht sonderlich viele Klamotten zu. Stil haben da die wenigsten. Was ich auch total hart finde: Mädchen, die Miniröcke anziehen, gelten bei den Engländerinnen, die ich kenne, als Schlampen. Einfach nur deswegen! Rauchen oder Alkohol ist für die überhaupt kein Thema.

Und dann gibt es da die anderen Schulen, die mit den hohen Schwangerschaftsraten und den vielen Migrantenkindern. Aber Privatschüler und Leute von staatlichen Schulen gehen nie auf dieselben Partys (was auch daran liegt, dass die Privatschüler selten feiern) oder treffen sich am Nachmittag.

So komisch es klingt, aber irgendwie sind dort die Jugendlichen mit besserem sozialen Background weniger weit entwickelt als wir. Die Mädchen stehen mit knapp 17 immer noch total auf Boybands und finden es überhaupt nicht peinlich, Interessen wie »Reiten« oder »Lesen« anzugeben. Wobei – wahrscheinlich gibt es auch da ganz andere Jugendliche, ganz normale. Wir haben wahrscheinlich nur die falschen Austauschschüler erlebt.

Die amerikanischen Schüler waren schon viel schwieriger zu klassifizieren. Obwohl es auch da verschiedene Typen gibt. Liegt vermutlich daran, dass Amerika so groß ist. Die aus den nördlichen Bundesstaaten waren größtenteils so wie wir. Aber je weiter man nach Süden kam, desto komischer wurden die Leute. Die gehen da echt im Jogginganzug zur Schule. Und viele von denen sind pummelig – früher dachte ich, das seien Klischees. Mal abgesehen von diesem mysteriösen Klamottengeschmack waren sie eigentlich ganz okay. Manche waren ein wenig arg religiös oder hatten verstaubte Ansichten, aber die findet man wohl überall. Partymäßig geht bei denen ziemlich viel in Häusern oder Hütten, die meisten Clubs sind ja erst ab 21. Ebenso wie Alkohol – das ist schon echt bitter. Die finden es extrem geil, dass wir ab 16 Jahren Bier und so kaufen dürfen, während sie sich ihr Zeug ganze fünf Jahre länger umständlich und illegal besorgen müssen.

Bei Schülern, die uns aus Brasilien oder Argentinien besuchen kamen, war das alles noch mal ganz anders. Wir haben natürlich nur Jugendliche aus reichen Familien kennengelernt, da sich die anderen so ein teures Austauschprogramm in der Regel nicht leisten können. Aber die, die da waren, waren alle ziemlich cool. Braun gebrannt und verdammt gut aussehend.

Wer dagegen garantiert nie gut aussieht, sind Bauern. Die und ihre Bauernpartys kann ich gar nicht ab. Um nicht missverstanden zu werden: Ich meine natürlich keine echten Bauern. Den Berufsstand der Landwirte in allen Ehren, die können eigentlich gar nichts dafür. Aber irgendwie hat sich das Schimpfwort »Bauer« in unserem Sprachgebrauch so eingebürgert. Bauern sind meist männliche Jugendliche, die sich durch extrem prollhaftes Verhalten auszeichnen. Die Ballermann-Urlauber von morgen. Äußerlich sind sie an Oberteilen erkennbar, auf denen peinliche Sprüche stehen wie: »Schade, dass man Bier nicht ficken kann!«, »Hast du fünf Minuten Zeit und 20 cm Platz?« oder »Bier schuf diesen wunderbaren Körper!« Auch gefälschte Ed-Hardy-Shirts oder Lacoste-Polos sind beliebt. Leider sind die immer zu eng, sodass sich darunter gut erkennbar der Ansatz eines Bierbauchs abzeichnet. Die ganz Harten ziehen sogar Lederhosen an. Lederhosen sind zwar cool, aber *nur* auf dem Oktoberfest.

Und es kommt noch schlimmer: Diese Gesichtsgünther haben noch nie einen Rasierer gesehen. Dass Brust- und Intimbehaarung schon seit zwanzig Jahren out sind, haben sie nicht mitbekommen. Ihre Sprache ist meist extrem dialektbehaftet, was an sich gar nicht so schlimm wäre, wenn sie den Dialekt nicht mit dem primitivsten Wortschatz unterstreichen würden.

Obwohl sie eigentlich gar nicht so sehr durch Sprache kommunizieren, sie verständigen sich vielmehr durch Grunzen und Grölen.

Ihre Partys finden meistens in Hütten statt. Einige haben sogar T-Shirts, auf die der Name ihrer Hütte gedruckt ist – »Hütte Hintertupfingen«, zum Beispiel. Ihre Musik reicht von DJ Ötzi über Mickie Krause bis hin zur Atzenmusik, die seit Neustem sehr beliebt ist. Getrunken werden Bier und Jägermeister.

Ein paar von diesen Vollpfosten sind mal auf eine unserer Partys gekommen. Wir haben auf einer Wiese campiert… und die haben irgendwie mitbekommen, dass da was läuft. Auf jeden Fall sind sie dann in voller Montur angekommen und haben erst mal *Joanna* angestimmt. Auch – ehrlicherweise doofe – Sprüche wie »Geht wieder Kühe melken!« konnten sie nicht vertreiben. Stattdessen haben sie unser Essen weggefressen. Wir hatten ziemlich viel besorgt, Chips, Brezeln, Schokolade, Kekse, und fast alles war weg. Als sie sich dann auch noch an unserer Musikanlage zu schaffen machen wollten, um *Sexy Bitch* gegen *Von hinten Blondine* einzutauschen, da haben wir sie energisch hinauskomplimentiert. Alles, was sie zurückließen, waren leere Bier- und Jägermeisterflaschen und ein geplündertes Buffet. Kurz bevor sie gingen, meinte der eine so zu mir und einem Mädchen: »Kehrt's iha zam?« Das Mädchen und ich übersetzten das logischerweise mit »Gehört ihr zusammen?«, und da ich mit dem einen Bauern auf dieselbe Schule gehe, wollte ich ihn ein bisschen mobben und meinte so: »Ja, klar.« Das Mädchen stieg auch voll ein. Wir hatten allerdings nicht mit dem fragwürdigen Humor der ungebetenen Partygäste gerechnet, denn er erwiderte: »Ja, wo is dann euer Besen?« Ohne Worte…

Ähnlich schlimm finde ich die nicht allzu fern verwandte Jugendkultur der »Krocha«, diese Spaß-Szene aus Österreich. Total bescheuert. Die haben einen ähnlichen Slang drauf wie die Bauern und hängen zudem an fast jeden Satz ein »Bam«. Oder ein »Oida«. Da gibt es auch dieses Lied, das über YouTube populär geworden ist, die sogenannte Krochahymne: »Bam Oida, fix Oida.« Fast noch fraglicher als ihre Sprache ist ihr Auftreten. Das sind so richtige Markenopfer. Keine Party ohne Ed Hardy. Plus zu viel Solarium. Aber gut, jeder wie er will. Wir müssen ja keine Freunde werden. Und ich lege mich ja auch nicht mit denen an oder beschimpfe sie offiziell. Damit jetzt keiner denkt, ich grenze hier soziale Randgruppen aus.

Ein ganz großes Thema an Schulen und überhaupt ist Mobbing. Oder jedenfalls das, was dafür gehalten wird. Meiner Meinung nach wird dieses Wort viel zu häufig verwendet. Klar, es gibt echt krasse Sachen, die sich Kinder gegenseitig antun können. Aber viele Eltern benutzen dieses Reizwort auch nur als Vorwand für schlechte Noten. Das schadet dann auch denen, die wirklich ausgegrenzt werden.

Obwohl man, wie ich finde, auch da unterscheiden muss. In jeder größeren Gruppe gibt es Menschen, die einfach niemand versteht. Die vielleicht auch gar nicht verstanden werden wollen. Um voll integriert zu werden, muss man auch manchmal Kompromisse eingehen und sich ein Stück weit anpassen. Und wenn jemand das einfach nicht will, dann ist er für seine Außenseiterrolle auch teilweise selber verantwortlich. Das rechtfertigt natürlich auf keinen Fall körperliche oder psychische Gewalt, aber dass man sich in solchen Fällen nicht andauernd um diesen Menschen bemüht, ist meiner Meinung nach okay. Wenn er Anschluss finden will, muss er auch bereit sein, den anderen entgegenzukommen.

In unserer Clique gibt es einen, der ist halt schon echt ein Opfer. Ich glaube manchmal, dass er nicht ganz richtig ist im Kopf. Der hat schon so Sachen gebracht, wie im Pfarrgemeindesaal einzubrechen, mit eingeschlagener Scheibe und so, nur um einen Kasten Bier zu klauen. Und einmal hat er einfach so ein Auto bestellt, auf den Namen seines Vaters. Seine ganze Familie saß dann am Mittagstisch, als es auf einmal an der Tür klingelte und der Auto-Lieferservice davor stand. Es ist doch nur menschlich, dass man bei so was dann den Kopf schüttelt. Wir lachen viel über ihn, aber wir lassen es ihn nie spüren, weil er einfach total treudoof ist, irgendwie. Wir sind für ihn da, nehmen ihn auf unsere Partys mit und alles. Nur verstehen tun wir ihn nicht im Mindesten.

Bei anderen Menschen kann aber auch das ihre Faszination ausmachen. Dass man sie eben nicht begreifen kann. Berechenbarkeit kann auf Dauer ziemlich langweilen. So ist es jedenfalls, wenn man jung ist. Im Alter ist Beständigkeit bestimmt wichtig, sie vermittelt Sicherheit und Geborgenheit. Aber momentan ist diese Unberechenbarkeit noch total geil! Es kann halt jeden Tag etwas anderes, Neues und Aufregendes passieren. Und ob es dann schließlich positiv oder negativ ist, lässt sich erst nach der neuen Erfahrung sagen. Später ist das wahrscheinlich auch noch so, aber man empfindet es anders. Vielleicht wird es einem lästig.

Dem Prinzip, dem wir, die Jugend von heute, folgen – um einmal mehr diese abgenutzte Phrase zu benutzen –, ist nicht ganz klar zu definieren. Wir haben viel mehr Bildungs- und Informationsmöglichkeiten als alle Generationen vor uns. Deswegen sind unsere Weltanschauungen so unterschiedlich. Auch die verschobenen Moral- und Gottesvorstellungen spielen dabei eine Rolle.

Was die Jugendlichen eint, ist die Angst. Angst vor großen Enttäuschungen, vor dem Erwachsenwerden, vor dem Leben generell. Eine Angst, die vermutlich auch schon die Generationen vor uns hatten. Ebenso wie der Drang nach Freiheit.

Unsere ganze Kultur richtet sich immer mehr auf die Jugend aus. Ist ja auch klar, wir haben die beste Zeit unseres Lebens, ungetrübt von Krieg oder Armut. Das ist natürlich auch immer eine subjektive Sicht. Es geht uns so gut, dass das Ziel, erwachsen zu werden, nicht mehr im Vordergrund steht. Warum sollte es auch? Damit würden wir nämlich all den Spaß hinter uns lassen! Und wir haben so viel Geld wie nie zuvor, wir sind eine neue und lukrative Zielgruppe für die Wirtschaft. Aber kann man es sich wirklich so leicht machen zu sagen, die neue Jugend bestehe aus konsumorientierten jungen Leuten mit Peter-Pan-Komplex?

Möglicherweise. Aber ich glaube, wir sind viel mehr. Vor allem sind wir widersprüchlich. In allem, was wir tun. Und genau das macht uns so vielseitig. Aber ob es uns besser macht? Einerseits sind wir total engagiert und sozial. Zumindest in der Theorie. Seit MTV den Umweltschutz populär gemacht hat, versuchen auch wir, das Licht auszuschalten und unseren Müll wegzuräumen. Die ganze Sache mit dem Niedergang des Klimas ist ein Gesprächsthema. Aber im großen Stil was zu verändern, darauf haben die wenigsten Jugendlichen Lust. Nach dem Motto: Die Welt kann ich ja auch noch später retten.

Auf der anderen Seite ist da der hedonistische Zeitgeist, der uns prägt. Bei den ganzen Untergangszenarien, die Politik und Weltpresse heraufbeschwören, von wegen Wirtschaftskrise und Kampf gegen den Terror, bekommt man leicht so eine Nach-mir-die-Sintflut-Einstellung. Man vergnügt sich, bildlich gesprochen, auf dem untergehenden Schiff. Und wir fühlen uns gelegentlich wohl in unserer Dekadenz. Wir berauschen uns an der Dunkelheit. Eine Generation von Nachtmenschen. Absoluter Spaß, unbedingte Selbstzerstörung, vollkommene Ekstase.

Die einen tun das, um vor etwas davonzulaufen, etwas zu verdrängen, zu vergessen. Die anderen versuchen, etwas zu finden. Beide sind unterwegs. Doch die einen rennen vor etwas davon, die anderen laufen auf etwas zu. Meine Jugend ist wohl eher eine Suche – eine aufregende, eine schöne. Aber ich könnte mir auch gut vorstellen, dass sie mir eines Tages zum Hals heraushängt. Dann bin ich bereit zu finden. Ich werde ankommen, im Leben, ich glaube daran. Alles wird gut.

Lust an Sensation

Celine (16 Jahre)

Mein erstes Mal hatte ich hinter einem Notstromaggregat. Klingt jetzt erst mal total daneben, aber eigentlich war es so, wie ich es immer wollte. Es war auf einer Party, ich war hackevoll und der Typ war total heiß. Während wir es taten, lief mein Lieblingslied *Clouds* von Patrice im Hintergrund. Krasser Zufall. Zwischendrin haben mal ein paar Leute vorbeigeschaut, aber das fanden wir beide nicht so schlimm. Ich denke bis heute, dass es so am besten war. Es einfach hinter sich zu bringen. Viele meiner Freundinnen haben diesen Schritt mit ihren festen Freunden im heimischen Bett getan, während die Eltern nebenan schliefen. Und bei einigen hat es total wehgetan. Ich dagegen habe kaum Schmerzen gespürt, wegen des Alkohols. Erst am nächsten Morgen dann, aber da tat mir sowieso alles weh.

Ich würde es wieder so machen. Nur eines würde ich nie wieder tun: nicht verhüten! Der geile Typ fragte mich damals, ob ich die Pille nehmen würde, und ich war so dicht, dass ich einfach »Ja« gesagt habe, obwohl das nicht stimmte. Dass ich schwanger sein könnte, kam mir erst in den Sinn, als es schon zu spät war, um die Pille danach zu holen. Einen ganzen Monat lang bin ich jeden Tag tausend Tode gestorben.

Doch das hat sich recht schnell wieder gelegt. Ich hatte viele Typen danach. Die wichtigsten Themen im Alter von 13 bis 17 sind nun mal Aussehen, Party und Jungs. Mit seinem Aussehen ordnet man sich einer bestimmten Style-Richtung zu, und natürlich will man möglichst gut aussehen, um auf Partys Eindruck zu machen. Die Party-Thematik vermischt sich mit Alkohol und Musik. Und natürlich mit den Jungs, denn das sind ja die, auf die man den guten Eindruck machen will. Treffen dann gutes Aussehen, Alkohol und der richtige Junge und das richtige Mädchen zusammen, kann es schon mal passieren, dass eins zum anderen führt. Bei mir war das schon ziemlich oft der Fall.

Manche Mädchen bezeichnen mich als Schlampe, aber was ist so schlimm daran, wenn ich Spaß an meiner Sexualität habe? Wenn ein Junge es mit vielen geilen Tussen treibt, ist er ein Held, aber ein Mädchen hat immer gleich ein Image-Problem. Obwohl mein Image an sich noch recht unbeschadet ist, zumindest vor erwachsenen Leuten. Ich bin ziemlich gut in der Schule. Kein Streber oder so, aber ich muss für Fächer wie Mathe und Physik nichts lernen. Ich habe zwei Leben: Das eine ist die Brave-Mädchen-Farce, die ich in der Schule und in der Welt der Erwachsenen zeige. Das andere kommt im Freundes-kreis und auf Partys zum Vorschein. Ich mache verdammt viel Party. Meine Eltern lassen mich, weil ich so gut in der Schule bin. Wenn sie wüssten, was ich alles tue, wenn ich feiern gehe, würden sie mich bis zum Tag meiner Volljährigkeit einsperren und einen Exorzisten herholen. Manchmal, wenn ich richtig wütend auf sie bin, hätte ich gute Lust, ihnen die Wahrheit ins Gesicht zu brüllen. Um sie zu schocken. Doch aus der Ohn-macht, in die sie vermutlich fallen würden, würden sie nicht so schnell wieder erwachen.

Beliebt zu sein ist mir mit das Wichtigste im Leben. Ich bin es, aber ich war es nicht immer. Mit 14 war ich ein dickliches, kluges Mädchen, auf das nie ein Junge stand und das von an-deren, erfahreneren Mädchen immer nur belächelt wurde. Das hatte ich gründlich satt. Aber ich wollte nicht *irgendein* beliebtes Mädchen sein, ich wollte *das* beliebte Mädchen sein. Und ich habe alles gegeben.

Zuerst habe ich abgenommen. Dafür habe ich mehr getan, als nur auf Gummibärchen zu verzichten, ich habe tagelang nichts mehr gegessen und mich gelegentlich ausgekotzt. Dafür hatte ich dann nach ein paar Monaten eine gute, kurvige Figur. Dann fing ich an, feiern zu gehen. Als ich immer öfter auf angesagten Partys gesehen wurde, begann der gesellschaftliche Aufstieg. Haufenweise Jungs fingen an, mich zu wollen. Zuerst zeigte ich ihnen die kalte Schulter, mit Anfang 15 galt das bei den beliebten Mädchen noch als cool – und ich gehörte endlich zu ihnen. Eine gewisse Arroganz will ich mir da nicht absprechen, aber mein Selbstwertgefühl hatte ja auch lange genug gelitten. Ich hatte mein Ziel erreicht. Vorläufig.

Und dann kam Sex in Mode. Anfangs wollte ich nicht, aber einmal auf dem Thron angekommen, ist der Fall zu tief, um ihn einfach so in Kauf zu nehmen. Alle Mädchen wollen das It-Girl sein, ich muss meine Position ständig verteidigen. Ich weiß, wie oberflächlich meine kleine Welt ist: Alle sind total nett zu dir, und du natürlich auch zu ihnen. Je mehr du sie hasst oder fürchtest, umso netter bist du. Da sind diese kleinen niedlichen Mädchen, die immer alles zusammen mit ihrer besten Freundin machen. Sie versuchen, sich immer an deine Fersen zu heften und legen viel Wert darauf, die Freundschaft zu dir zu betonen. Aber sobald du Schwäche zeigst, wollen sie deinen Platz und lassen dich fallen. Sie sind null loyal. Selbstverständlich werden sie es nie bis nach oben schaffen, dazu fehlt ihnen die Persönlichkeit. Gefährlicher sind die, denen Sympathie einfach gegeben ist. Oder ein unverschämt gutes Aussehen. Diese Menschen mit dieser widerlich natürlichen Ausstrahlung, die man einfach mögen muss. Aber auch sie können es nur dann schaffen, wenn sie den unbedingten Willen dazu haben.

Das ganze System, das ich hier beschreibe, kommt Außenstehenden wahrscheinlich entweder vollkommen unrealistisch oder maßlos übertrieben vor. Aber es herrscht an jeder Schule, in jeder Stadt. Und bestimmt ist es später nicht anders: Wer hat den besseren Job, den besseren Mann, die klügeren Kinder?

Man kann im Leben nicht immer nur gewinnen. Aber man kann viel dafür tun, dass man häufig gewinnt. Mein Vorbild ist Kathryn Merteuil, die Hauptfigur aus dem Film *Eiskalte Engel*. Sie hat Stil und Sexappeal und ist besessen vom Prestige-Gedanken. Und zugleich ist sie eine emanzipierte Frau. Sie lässt sich nicht von Männern benutzen, sondern benutzt die Männer, um ihre Ziele zu erreichen. Und dabei sieht sie noch so unübertrefflich gut aus. Sie ist geübt in allem, was sie tut – auch beim Sex.

Eines der größten Vorurteile überhaupt ist, dass der Sex besser wird, je länger man darauf gewartet hat und je mehr man die andere Person liebt. Alles Quatsch! Sex ist vor allem Übungssache. Die extrem romantisch veranlagten Mädchen denken ja immer, dass es so abläuft: Nachdem sie ihren Auserwählten monatelang haben zappeln lassen, *schenken* sie ihm ihre Jungfräulichkeit. Am besten ist am Abend der Tat das ganze Zimmer mit Kerzen geschmückt und eine CD von Ronan Keating wird abgespielt. Die Gesichter des Liebespaares kommen sich immer näher, bis sich ihre Lippen schließlich zu einem erst langsamen, dann immer leidenschaftlicheren Kuss vereinigen. Liegen die beiden noch nicht auf dem Bett, trägt der Junge das Mädchen dorthin. Dann beginnt das Liebesspiel. Also eigentlich beginnt das Vorspiel, das in der Fantasie dieser Mädchen geschätzte drei Stunden dauern sollte. Der Junge geht auf Erkundungstour. Er bedeckt ihren ganzen Körper mit Küssen und hinterlässt eine Spur der brennenden Leidenschaft auf ihrer unberührten Haut. In Zeitlupe entledigen sich die beiden ihrer Kleider. Er verwöhnt sie am besten noch mit dem Mund. Ihre Hände krallen sich vor Verlangen ins Bettlaken. Beide sind schlussendlich (nach besagten drei Sunden) so erotisiert, dass sie quasi nach Erlösung lechzen. Ganz zärtlich macht er sie zur

Frau. Sie wird in bisher unbekannte Gefilde universeller Lust befördert.

Ohne Witz, so haben mir einige Mädchen ihre Traumvorstellung vom ersten Mal »Liebe machen« geschildert. Ich würde all diesen Mädchen gerne sagen, dass es wirklich so ist und dass Sex von Anfang an super viel Spaß macht, aber dem ist nicht so. In Wirklichkeit sehen das erste bis ungefähr fünfte Mal weit weniger lustvoll aus. Ist der Typ schon etwas erfahrener, geht es vielleicht schneller. Sind beide noch Anfänger, wird es richtig übel. Allgemein endet es für die Mädchen meist in einem animalischen Rumgeruckel. Anders kann ich es kaum beschreiben. Das Vorspiel dauert höchstens eine halbe Stunde, dann kann sich der Typ eh nicht mehr zusammenreißen. Ist er gerade dabei, sich in dir zu bewegen, denkst du die ganze Zeit: Haben wir's dann bald? Das Ganze ist glücklicherweise nach höchstens zehn Minuten zu Ende. Da man selbst keinerlei Erfahrungen hat, kann man erst mal auch nichts daran verbessern. Erst mit der wachsenden Anzahl von Partnern und Erfahrungen weiß man, was man tun muss, um wirklich befriedigt zu werden. Dann wird es mit jedem Mal besser.

Ich hatte schon an ziemlich vielen Orten Sex: traditionell im Bett, im Freien, auf einer Küchentheke, im Thermalbad. Und auf einem Männerklo. Das war mein bisher bester Orgasmus: Auf einer großen Party gab mir ein Junge einen Drink aus, mit dem ich schon vorher mal was gehabt hatte. Ich wusste, dass er es draufhat, also ließ ich mich darauf ein. Ich war an diesem Abend fast gar nicht betrunken und er auch nicht. Wir tanzten. Normalerweise lasse ich mich von den Jungs auffordern, aber in dieser Nacht überkam es mich und ich flüsterte ihm ins Ohr, dass ich Lust auf ihn hätte. Wir suchten nach einem geeigneten Platz, aber wir fanden keinen. Letztendlich gab es nur eine Alternative: das Männerklo. Wir schlichen also in einem unbeobachteten Moment in eine saubere Kabine und fielen sofort übereinander her. Wir schlossen nicht ab, der Reiz des Public

Sex törnte mich total an. Alles ging unglaublich schnell. Wir schoben unsere Kleidung aus dem Weg, er hob mich hoch und ich setzte mich auf ihn. Wir müssen uns wie Tiere benommen haben, ich hatte danach lauter blaue Flecken und seine Schultern waren mit langen Kratzern übersät. Aber das bemerkte ich in dem Moment nicht, ich platzte fast vor Erregung. Ich kam zuerst, der Orgasmus war wie eine Erlösung.

Obwohl ich oft und gerne Sex habe, bin ich nicht leicht zu haben. Wenn ein Typ mich will, muss er mich umgarnen. Er muss sozusagen höflich darum bitten. Neulich saß ich abends in einer Bar, als ein Typ namens Tim auf mich zukam. Tim sieht wirklich gut aus und ist ein gerngesehener Gast auf coolen Veranstaltungen. Er kann so ziemlich jede haben, und er weiß es auch. Er kam dann also zu mir rüber und meinte total ernsthaft: »Ich suche einen One-Night-Stand.« Ich konnte es erst mal gar nicht fassen. »Wie jetzt?«, fragte ich.

»Ja, ich suche einen One-Night-Stand. Ich bin ehrlich und sage gleich, was ich will. Ohne das Rumgelaber – wie geht's dir, was sind deine Hobbys und so. Und du bist echt heiß.«

Natürlich schmeichelte mir sein Kompliment, aber ich lehnte dankend ab. Ich bewunderte zwar seine Ehrlichkeit, aber irgendwie war mir das zu unromantisch. Wenn zwei Menschen ein erotisches Interesse aneinander haben, dann sollten sie es auch auf erotische Weise mitteilen. Und die Wahrheit ist da meist wenig betörend.

Ich bin ziemlich egoistisch, was meine Sexualität betrifft, ich ordne meine Bedürfnisse nicht denen eines Jungen unter. Trotzdem scheint es sie immer zufriedenzustellen. Ich bin aber auch ziemlich gut geworden, da ich im Gegensatz zu den anderen Mädchen recht erfahren bin. Aber so ist das allgemein bei mir. Entweder ganz oder gar nicht. Wenn ich nicht zu den Besten gehören kann, macht es mir keinen Spaß.

Ich hoffe, dass ich dasselbe auch in meiner Zukunft so durchziehen kann. Für die Berufe, die mich interessieren, muss

man wirklich gut sein, aber Noten waren nie m⟨
vertraue, was meine Zukunft angeht, vollkomm⟨
Kompetenzen und nicht auf glückliche Zufälle. Einig⟨
Klassenkameraden glauben ernsthaft, dass eine gute Stim⟨
oder eine Schultheater-Hauptrolle der Grundstein für ein Leben
als gefeierter Massenstar sind – so naiv wäre ich nicht.

Eine rosige Zukunft bedeutet für mich, in allem immer zu
den Besten zu gehören. Also erst mal ein Abi, so gut wie möglich, am besten mit einer Eins vor dem Komma! Ab der elften
Klasse werde ich mich wohl ein bisschen anstrengen. Manche
meinen, sie fangen erst zwei Monate vor der Abitur-Prüfung
an zu lernen, aber dafür ist mein Ehrgeiz viel zu groß. Ich
denke, mein Ehrgeiz ist eine meiner größten Stärken, denn als
Jurist oder Manager ist ein gesundes Maß davon sicherlich von
Vorteil.

Meine größte Schwäche ist mein Unvermögen, kreativ zu
sein. Ich kann gut fächerübergreifend kombinieren und alle
möglichen Quellen zitieren, ich mag Zahlen, da sie so univer-
sell sind. Neue Ansätze für ein altes Problem zu finden fällt mir
dagegen schwer. Eine Arbeit, bei der man sich auf feststehende
Grundlagen beziehen kann, wäre perfekt.

Wenn es um meine berufliche Zukunft geht, haben meine
Eltern total Angst vor dem Internet und davor, dass ich Bilder
von mir da reinstellen könnte. Sie wissen es zwar nicht, aber ich
habe jede Menge Fotos von mir im Netz, auch ein paar krasse
Absturz-Bilder. Aber ich kenne kaum Leute, bei denen das
nicht der Fall ist. Ich habe keine Angst, dass das irgendwann
meine Job-Aussichten verschlechtern könnte, in zehn Jahren
wird es sowieso so gut wie keinen Menschen mehr geben, von
dem man keine Privatfotos im Internet findet. Für viele Daten-
schützer klingt das katastrophal, aber wenn das alle machen,
denke ich mir, ist es doch auch schon wieder egal. Wir werden
später mal unsere ganze Lebensgeschichte googeln können, das
ist irgendwie cool.

Um noch mal zu meinen Eltern und ihrer Angst vor der Reaktion der Personalchefs zurückzukommen: Ich fände es völlig ungerechtfertigt, jemanden aufgrund seiner Feierbilder nicht einzustellen. Gut, wenn man darauf koksend oder kotzend über einer Toilettenschüssel zu sehen ist, dann schon. Aber wenn nur Partypeople und vielleicht ein paar Flaschen darauf sind, wäre das voll übel. In seiner Jugend muss man sich doch ausleben! Also auch mal über die Stränge schlagen und Erfahrungen sammeln. Außerdem macht ein großer Freundeskreis, den man automatisch bekommt, wenn man viel feiern geht, auch glücklicher. Und zufriedene Angestellte arbeiten immerhin besser. Wenn man in seiner Freizeit Spaß hat, dann hängt man sich auch mehr in seine Arbeit rein.

Ob ich an Gott glaube oder nicht, weiß ich gar nicht so genau. Ich habe mir nie viele Gedanken darüber gemacht. Offiziell bin ich natürlich Atheistin. Das kommt viel cooler. Ich gehe fast nie in die Kirche, nur wenn meine Eltern mich zwingen. In Weiß heiraten will ich aber schon. Aber erst ganz spät, so mit vierzig vielleicht. Seine große Liebe findet man sicher nicht mit 16. Wenn überhaupt, findet man sie bestimmt frühestens mit Anfang dreißig. Dass eine Liebe von der gemeinsamen Schulzeit bis ins hohe Alter hinein hält, mag zwar ganz selten vorkommen, aber mir wird das sicherlich nicht passieren.

Ich habe meinen Spaß mit Jungs, ganz unverbindlich. Das Leben ist zu kurz, um seine Jugend mit dem Warten auf die große Liebe zu verbringen. Das Leben ist auch zu kurz, um überhaupt jemals zu warten. Das Leben ist zu kurz, um lange darüber nachzudenken, was andere Leute über einen reden. Und, wie Paris Hilton sagte: Das Leben ist zu kurz, um in der Masse unterzugehen, darum zieh dich hübsch an, ganz gleich wohin du gehst. Wahrscheinlich ist sie eine kluge Frau.

Ich finde es abstoßend, Mitläufer zu sein. Besser, die Leute reden schlecht über mich als gar nicht! Und ich weiß, dass mich einige dieser kleinen Mädchen bewundern. Für alles, was ich auslebe. Sie wollen mit mir befreundet sein. Warum, ist mir klar, die Sängerin Jennifer Rostock bringt es in *Himalaya* auf den Punkt:

Eure Sympathie riecht nach
Lust an Sensation.

Vor Menschen, denen alles peinlich ist, muss ich mich nicht schämen. Ich will etwas, also tue ich es. Egal wie peinlich, schockierend oder albern es für andere auch ist. Letztens war ich mit ein paar Freundinnen bei mir zu Hause, Sekt trinken, Pizza essen und reden. Nebenbei lief eine Clipshow auf VIVA. Meine Freundin meinte dann: »Wer ist wohl so blöd, da so Sachen wie ›Daniel Schuhmacher, ich liebe dich‹ hinzuschreiben? Oder überhaupt irgendetwas?« Eine gute Stunde und zwei Sektflaschen später fanden wir es heraus. Denn die Albernheit hatte uns überkommen, und auf dem bunten Bildschirm war nun ganze fünf Sekunden lang »Wir sind die Geilsten und wir sind voll« zu lesen. Da wir ja nicht mehr ganz nüchtern waren, ist diese Aktion zu entschuldigen.

Alkohol ist überhaupt eine gute Entschuldigung, nicht nur für Kleinigkeiten. Unsere Generation hat ihn jedenfalls dazu gemacht. Die beste Freundin anbrüllen, den Freund betrügen, Geheimnisse ausplappern – alles entschuldigt, solange der Alkoholpegel stimmt. Manche nutzen das voll aus. Eishockey-spieler sind die Schlimmsten. Die, die ich kenne, sind allgemein schlimm. Aber in Bezug auf Alkohol und Ausreden am aller-meisten. Mike, ein befreundeter Eishockeyspieler, betrügt seine Freundin andauernd. Und da wird nicht nur fremdgeknutscht, da wird auch fremdgevögelt. Er ist wirklich der König der Seitenspringer, und wenn sie es mal rauskriegt, lautete die Ver-teidigung immer: »Ja, aber ich war doch so endsdicht!« Seine ganzen Exfreundinnen mussten das auch schon mitmachen, die eine länger, die andere kürzer. Aber er sieht verdammt gut aus, und das tröstet die meisten über seine zahlreichen anderen Feh-ler hinweg. Er ist einfach strunzdumm und triebgesteuert, wie alle Eishockeyspieler, die ich kenne. Nur im Bett, da sind sie gut. Aber ansonsten kannst du's vergessen!

Ich würde meinem Freund auch so einiges verzeihen, was er im Rausch getan hat. Fremdknutschen finde ich gar nicht schlimm, beim Fremdvögeln wird's da schon kritischer. Wenn wirklich keine Gefühle dabei waren, kann ich auch das verzeihen. Im Gegenzug würde ich natürlich dieselbe Nachsicht von ihm erwarten. Ich hätte eigentlich auch kein Problem mit einer offenen Beziehung, solange das vorher abgeklärt ist.

Natürlich begegnen einem auf Partys nicht immer nur Typen, mit denen man so etwas überhaupt in Betracht ziehen würde. Die meisten Gestalten, die einen anmachen, überstehen nicht einmal die Gesichtskontrolle. Und da sie es ja schon gewohnt sind, abgewiesen zu werden, hilft auch offene Abneigung nicht, um sie sich vom Hals zu halten. Die drei besten, wenn auch etwas eigenwilligen Möglichkeiten, unliebsame Gesprächspartner loszuwerden, sind folgende:

Erstens: Die Lesben-Show. Man schnappt sich eine Freundin, die diese Methode kennt, redet im Softporno-Style und knabbert ein wenig an ihr herum. Funktioniert leider nur in 15 Prozent aller Fälle, alle anderen finden das im Zweifelsfall noch geil. Dafür ist es aber eine wunderbare Methode, sich beispielsweise im Zugabteil mehr Platz zu verschaffen und die alten Leute zu verscheuchen.

Zweitens: *High School Musical.* Man unterhält sich mit seinem Gegenüber total ernsthaft darüber, wie sehr man Zac Efron vergöttert und wie viele Ashley-Tisdale-Poster im eigenen Zimmer hängen. Fortgeschrittene können auch noch Kommentare über Miley Cyrus oder die Jonas Brothers einfließen lassen. Dieses Vorgehen ist eigentlich fast immer erfolgreich.

Drittens, für die ganz harten Fälle: Intelligenz! So ziemlich alle Typen, die sich gegen Methode eins und zwei resistent gezeigt haben, sind damit zu verscheuchen. Keiner dieser Kerle erwartet, auf einer Party von einem heißen Feger zur

Astrophysik befragt zu werden. Die Strategie ist eigentlich todsicher.

Das Traurige daran ist, dass Intelligenz auch einige Typen verscheucht, die man gar nicht verscheuchen wollte. Darüber könnte ich mich total aufregen. Warum wollen so viele gut aussehende Jungs ein nettes, hübsches, mäßig gescheites, also alles in allem vollkommen durchschnittliches Mädchen lieber zur Freundin als eine, die richtig was im Kopf hat? Und dabei meine ich gar nicht mal mich. Ich habe es nämlich mittlerweile raus, mich dumm zu stellen, aber einige meiner Freundinnen haben da ein echtes Problem. Die sind nicht weniger hübsch und nett als die anderen Mädchen, aber sie weigern sich, ihre Interessen und ihren IQ zu verstecken, um den Jungs zu gefallen. Die haben es um einiges schwerer. Obwohl ich auch sagen muss, dass es löbliche Ausnahmen in der männlichen Bevölkerung gibt. Aber die meisten wollen halt immer noch ein Mädchen, das sie körperlich und geistig dominieren können. Das finde ich viel schlimmer, als ein Mädchen zuerst nur nach seinem Aussehen zu beurteilen, was ihnen ja auch oft vorgeworfen wird. Aber ich glaube, da sind Mädchen nicht viel anders. Um jemanden näher kennenlernen zu wollen, muss der erste Eindruck schon stimmen. Und den prägt nicht nur Optik allein, sondern auch Gestik und Haltung.

Ich bewerte Jungs – ohne genauere Kenntnis des Charakters – nach drei Kriterien: schön, heiß, attraktiv. Um als begehrenswert zu gelten, muss bei einem Jungen entweder eine Eigenschaft komplett vorhanden sein, oder zwei so halb. Als schön gilt bei mir ein Junge mit feinen, aber doch männlichen Gesichtszügen und reiner, meist blasser Haut. Prominente Beispiele zur Verdeutlichung wären Robert Pattinson oder Gaspard Ulliel.

So was findet man im wirklichen Leben leider selten, auch wenn es ab und zu vorkommt, aber dafür gibt es ziemlich viele heiße Jungs. Die haben ein gutes Gesicht, sind braun gebrannt und ihr Körper ist ihr Kapital, aber ihre Gestik rutscht gelegentlich in testosterongeladene Affigkeit ab. Sie wissen, dass sie gut aussehen, aber ich kriege sie trotzdem fast immer, denn bei ihnen muss man nur die richtigen Knöpfe drücken. Die stehen voll darauf, ihre Dominanz zu zeigen. Das sind dann auch die Kandidaten für eine Nacht. Sie sind leicht durchschaubar, und ich muss keine Angst haben, dass sie sich in mich verlieben. Wenn man eine Beziehung mit einem von ihnen will, läuft das auf keinen Fall über die sexuelle Schiene, aber es ist schwer zu widerstehen, denn sie sehen einfach so verdammt gut aus. Wie Ryan Phillippe, Tom Kaulitz oder Justin Timberlake.

Als attraktiv gilt in meinen Augen, wer nicht unbedingt schön oder heiß ist, aber ein interessantes Gesicht hat und auch sonst positiv auffällt. Viele Typen haben einfach eine unwiderstehliche Gestik oder Stimme oder wissen sich sehr gut zu kleiden. Sieht man sich nur ein Bild von ihnen an, sind sie nicht halb so toll wie in echt. Die Magie dieser Typen ist schwer zu beschreiben und bei jedem unterschiedlich. In meiner Umgebung würde ich einige Jungs als attraktiv bezeichnen, über die meine Freundinnen den Kopf schütteln. Andersherum ebenso.

Meine Eltern kriegen immer den totalen Raster, wenn ich von einem extrem gut aussehenden Menschen schwärme und ihn »geile Sau« nenne. Sie sagen, Aussehen sei nicht das Wichtigste bei der Partnerwahl, es käme ausschließlich auf die inneren Werte an. Diese Meinung kann ich einfach nicht teilen. Natürlich muss der Charakter stimmen, aber wenn man den anderen vollkommen unerotisch findet, hat es auch keinen Sinn. Würde mich mein Partner nicht sexuell anziehend finden, würde ich mich in der ganzen Beziehung nicht wohlfühlen. Aber das wollen sie nicht so recht einsehen. Mit meinen Eltern kann man über solche Sachen im Allgemeinen nicht sprechen, die werden dann immer wütend.

Der einzige Erwachsene, der anscheinend ein bisschen nachvollziehen kann, wie wir Jugendlichen so ticken, ist mein ungefähr vierzigjähriger Kirchengruppenleiter. Ich weiß, das klingt erst mal total bizarr. Schon allein, dass ich in einer Kirchengruppe bin. Meine Freundin hatte mich mal dahin mitgeschleppt. Zuerst war ich natürlich total dagegen, aber dann hatte ich einen schwachen Moment und bin mitgegangen. Und es war überraschend cool. Die Kirchenlieder und Gebete waren zwar nicht so ganz meins, aber wir machen auch gelegentlich normale Sachen. Und wir gehen nicht zuletzt wegen dem Leiter hin. Er kennt sich mit ziemlich vielen Dingen gut aus, zum Beispiel mit den aktuellen Charts, Stars, Büchern, Filmen oder Nachrichten, obwohl er weder einen Computer noch einen Fernseher besitzt. Ich frag mich immer, woher er die ganzen Informationen bekommt. Und er ist bewundernswert vorurteilsfrei. Bevor er etwas doof findet, schaut er es sich erst mal ganz genau an. Eines Tages haben wir dann angefangen, ihm von dem ganzen Scheiß zu erzählen, den wir in unserer Freizeit so machen. Ich meine, wir erzählen ihm halt so Sachen, so wer mit wem und wo, und wie voll wir mal wieder waren. Ich glaube, das interessiert ihn wirklich. Obwohl ich mir fast sicher bin, dass es ihm nicht immer gefällt. Aber er schimpft nie oder sieht schlechte Menschen in uns. Er sagt es, wenn er etwas nicht gut findet, aber er bewertet jede Situation unabhängig von der anderen. Ich denke, er versteht ein wenig, warum wir das alles tun, warum wir uns literweise Alk reinkippen und so. Zumindest besser als andere Erwachsene.

Zum Thema Alkohol – da ist mir was total Eigenartiges aufgefallen. Den meisten Leuten in meinem Alter schmeckt Alkohol überhaupt nicht, sie müssen sich fast zwingen, ihn hinunterzukippen. Dass Kindern und Jugendlichen das ganze Erwachsenenzeug, also auch Kaffee und Oliven, nicht schmeckt, ist ja bekannt. Aber meistens ändert sich das im Lauf der Zeit. Bei mir aber irgendwie nicht. Und ich bin nicht allein. Viele mögen Kaffee und Oliven mittlerweile schon, aber keinen Alkohol. Wir trinken ihn nie, weil es gut schmeckt; wenn wir uns das ekelige Zeug geben, dann soll es auch eine Wirkung haben. Ich könnte nie zum Essen einen guten Tropfen Wein genießen und ich befürchte, dass das so bleibt.

Dass wir so viel trinken, finde ich manchmal schon komisch. Ich bin eigentlich jedes Wochenende dicht, und den meisten 16-Jährigen geht es nicht viel anders. Neulich, als ich beim Arzt war und so einen Fragebogen ausfüllen sollte, war ich schon ein bisschen betreten. Da standen nämlich auch Fragen wie: Nehmen Sie regelmäßig Drogen? Rauchen Sie? Trinken Sie regelmäßig Alkohol? Rauchen und Drogen finde ich assi, aber ich trinke viel Alkohol, mindestens einmal pro Woche. Meine arme Leber!

Aber meine Gesundheit ist mir eh nicht so wichtig. Auch was Tattoos und Piercings angeht. Ich habe ein Zungenpiercing und einen Stecker am Schlüsselbein, und demnächst will ich auch ein Tattoo. Meine Eltern sind von dieser Idee ganz und gar nicht begeistert. Ein Piercing wächst ja zur Not wieder aus, meinen sie, aber ein Tattoo behält man sein ganzes Leben lang. Ich werde deshalb auch keinen großen Streit mit ihnen anfangen. Dann mache ich es halt mich 18, ich weiß ja sowieso noch nicht genau, welches Motiv ich wählen würde. Ich fände es übrigens nicht schlimm, mir den Namen eines anderen Menschen unter die Haut stechen zu lassen. Jetzt nicht in Übergröße, aber ganz klein vielleicht. Die meisten meinen ja, das sei das Blödeste, was man überhaupt tun kann, denn wenn man sich vom Träger dieses Namens trennt oder sich mit ihm streitet, muss man trotzdem für den Rest seiner Tage mit diesem Tattoo rumrennen. Aber das wäre kein Problem für mich. Mir gefällt die Vorstellung, meine Erinnerungen und Gefühle auf der Haut zu tragen.

Ich bin kein großer Philosoph

Patrick (17 Jahre)

Manchmal frage ich mich ganz extrem, wofür wir eigentlich leben. Oder vielmehr *warum*. Also, Leben ist schon verdammt geil, keine Frage, aber ein echter Grund ist das ja nicht. Ich mache nichts wirklich Besonderes, man könnte fast meinen, mein Leben wäre ziemlich umsonst. Dieser Inder zum Beispiel, der immer Sitzstreiks gemacht hat und dann erschossen wurde – der hat was Besonderes gemacht, der hat der Welt wirklich was gegeben.

Gut, in meinem Fall finde ich es nicht tragisch, dass mich die Welt nicht unbedingt braucht, das ist ja bei so ziemlich allen anderen auch der Fall. Wobei – ich werde zum Beispiel von meinen Eltern gebraucht ... sagen sie zumindest, netterweise. Und auch von meinen Freunden, spätestens in ein paar Monaten, wenn ich 18 werde, dann muss ich sie nämlich immer fahren. Obwohl sie mich ansonsten schon auch brauchen, in schweren Zeiten oder in großartigen Momenten, wenn wir Party machen. Irgendwie braucht mich auch mein Chef – ich mache momentan eine Ausbildung zum Fliesenleger. Gut, ist jetzt nicht der geilste aller Berufe, aber irgendwann werde ich damit mein Geld verdienen, und das ist doch das, was zählt.

Am meisten braucht mich meine Freundin Lara. Und zwar ganz extrem. Wir sind seit zwei Monaten zusammen und sie überschüttet mich so ein bisschen mit Liebe. Das war eh eine

ganz komische Geschichte! Wie ich in die Beziehung hineinge-
rutscht bin, weiß ich gar nicht mehr so genau, hatte wohl was
mit Alkohol und Party zu tun. Am nächsten Morgen meinten auf
jeden Fall alle, wir seien zusammen, ich hätte ihr das eindeutig
zu verstehen gegeben. So was nennt man dann wohl böses Erwachen. Ich muss sagen, am Anfang wollte ich ganz schnell wieder
aus der Nummer raus, vor allem, weil mir ein paar Freundinnen
ziemlich mysteriöse Geschichten über sie erzählt hatten. Aber
Lara tat mir dann so leid, sie war voll verknallt in mich, da habe
ich es nicht übers Herz gebracht. Außerdem, ey, eine Freundin
hat mir erzählt, sie müsse eine Pille nehmen, damit ihre Titten
kleiner werden, weil ihre Dinger sie sonst beim Sport behindern
würden. Und es stimmt halt echt, ihr Körper ist megatrainiert, sie
hat zwar kein Frauensixpack oder so was Ekeliges, aber ansonsten hat sie einen Body, von dem man nur träumen kann, auch
oberweitenmäßig. Und auch obwohl ich sie inzwischen besser
kenne, ist ein böses Erwachen bisher ausgeblieben. Sie vergöttert
mich halt total, das ist echt super. Ich kann mich eigentlich immer durchsetzen, und sie findet es auch noch gut.

Ich hatte schon immer viele weibliche Bekannte und Freundinnen, mit denen zwar nichts lief, aber die meinen Einblick in
die weibliche Psyche eindeutig erweitert haben. Ziemlich krass,
wie ich manchmal danebenlag mit meinen Einschätzungen.
Meiner Meinung nach müssen Jungs zum Beispiel Muskeln
haben, vor allem an den Oberarmen und im Brustbereich. Das
Mädchen muss sich ja an was festhalten können und der Junge
sollte sie auch beschützen, so bescheuert das klingt. Und es gibt
auch viele Mädchen, die das genauso sehen, zum Glück. Aber
es gibt auch einige, die darauf überhaupt keinen Wert legen.
Ein paar meiner Freundinnen – und die sind zahlreicher, als
man denkt – finden dürre Hemdchen verdammt geil. Am besten
noch so ein bisschen abgefuckt wie Pete Doherty oder Tyson
Ritter, dann ist es perfekt. Kann ich komplett nicht verstehen.
Da ist ja gar nichts dran, die wirken so schwach und sehnig.

Bevor mir diese Freundinnen versichert haben, dass sie total auf solche Typen abgehen, hätte ich nicht geglaubt, dass die Groupies haben. Dass sie cool sind, kann ich ja noch verstehen, aber dass Mädchen die tatsächlich *heiß* finden, ist schon etwas fraglich. Naja, wenigstens in einer Sache sind sich die meisten Mädels einig: Fett darf ein Junge nicht sein. Verständlich, ich fahre ja auch nicht gerade auf Beth Ditto ab.

Jungs werden schneller als schwabbelig eingestuft, bei Mädchen geht das im besten Fall auf Busen und Hintern, aber Typen kriegen dann immer gleich einen kleinen Bauch. Ein paar Kumpels von mir finden es ja total gemütlich, später mal rundlich zu werden. Ihre Freundinnen dagegen sehen bei dieser Aussage sofort rot und drohen – mehr oder weniger scherzhaft –, Schluss zu machen, falls das mal geschehen sollte.

Das kann ich aber auch gut nachvollziehen. Immerhin betreiben Mädchen einen Riesenaufwand, um gut auszusehen. Die fühlen sich ohne Make-up teilweise schon gar nicht mehr menschlich, auch wenn sie meiner Meinung nach ohne nicht viel schlechter aussehen. Außerdem müssen sie sich ja ständig überall enthaaren: Beine, Intimbereich, Achseln, wenn's dumm geht auch noch Arme und Oberlippe. Und wenn dann doch mal eine Stoppeln hat, gibt es Typen, die das noch monatelang rumerzählen, obwohl sie selbst einen riesigen Busch haben.

Die Mädchen, die ich so kenne, finden im Übrigen auch, dass Jungs sich unbedingt rasieren sollten. Brust- und Achselhaar geht bei denen jedenfalls gar nicht. Da habe ich auch wieder so Kumpels, die das gemütlich finden und Haarigkeit als Männlichkeitssymbol betrachten. Eine Freundin von mir meinte mal, wenn sie für einen Tag ein Junge wäre, würde sie versuchen, den ganzen anderen Typen auf Homie-Basis zu verklickern, was Frauen diesbezüglich wirklich wollen. Aber auch bei den Mädchen herrscht in so manchen Bereichen ein ziemlicher Irrglaube. Einige denken zum Beispiel immer, uns Jungs sei es total wichtig, gut im Bett zu sein. Das stimmt so aber nicht ganz! Es ist uns eigentlich

egal, ob wir gut im Bett sind, solange die Mädchen immer wieder ankommen. Und wenn man den entsprechenden Körper hat,
dann ist das der Fall. Natürlich ist es immer besser, gut zu sein,
aber wirklich wichtig ist es eigentlich nicht. Zumindest, solange
die eigenen Bett-Kompetenzen nicht über Mädchentratsch als
katastrophal in das kollektive Gedächtnis eingebrannt werden.

Ich fürchte ja, dass ich nicht der beste aller Freunde bin. Also
beziehungsmäßig gesehen. Mit dem Zuhören habe ich es nicht
so, und auch sonst sind meine bisherigen Beziehungen mehr auf
der körperlichen als auf der mentalen Ebene abgelaufen. Mir
fehlt bei manchen Sachen einfach das Verständnis. Eine meiner
Exfreundinnen stand übelst auf Nicholas Sparks. Dieser Spack
ist echt mein größter Albtraum. Beziehungsweise seine Bücher.
Und als wären die noch nicht schlimm genug, wurden ein paar
von diesen schrecklich kitschigen Werken verfilmt. Meine damalige Freundin hat am Ende von *Nur mit Dir* oder *Wie ein einziger
Tag* jedes Mal geheult. Das finde ich jetzt nicht so schlimm, das
tun doch bestimmt viele Mädchen. Aber dann hat sie mich durch
den Tränenschleier immer so vorwurfsvoll angeschaut, bis ich
sie mal gefragt habe, was das denn bedeuten soll. Die Antwort:
»Ich kann nicht verstehen, wie du so herzlos sein kannst, dass
dich das gar nicht berührt.« Klarer Fall von Kopf meets Wand!
Ich habe echt kein Problem mit Tränen – so peinlich es ist, beim
ersten Mal *Titanic* hatte ich auch ein bisschen Flüssigkeit in den
Augen. Aber bei einem Nicholas-Sparks-Film nicht zu weinen,
ist nicht herzlos, sondern normal. Für einen Jungen zumindest.
Es ist halt nicht jeder zum Romantiker geboren.

Aber ansonsten bin ich recht annehmbar als Freund, soweit
ich das beurteilen kann, charakterlich und hoffentlich auch
körperlich. Mädchen sagen zu mir auf Partys zwar eher »Du
siehst voll aus« statt »Du siehst toll aus«, aber ich denke mal,
das passt schon. Ich mache gerne Sport, das macht mich happy,
danach fühle ich mich immer so schön leer. Ganz so schlimm
kann es also gar nicht um mein Aussehen bestellt sein.

Mir ist aufgefallen, dass sich Mädchen im Allgemeinen viel mehr Gedanken machen als Jungs. Na gut, es gibt auch Jungs, mit denen du den ganzen Tag über Gott und die Welt labern kannst, aber Mädchen *wollen*, dass du den ganzen Tag mit ihnen über Gott und die Welt laberst. Ich glaube, da bin ich für sie kein so ergiebiger Gesprächspartner. Generell mache ich mir recht wenig Gedanken, ich bin eher praktisch veranlagt. Bevor ich länger grüble, versuche ich es einfach mit dem erstbesten Weg, der mir einfällt. Ich muss auch immer alles anfassen, um es richtig begreifen zu können. Vor allem im Museum regt das die Leute manchmal ganz schön auf. Aber hat nicht jeder seine Fehler?

Ich denke, es sind unsere Fehler, die uns als Menschen ausmachen. Nur bis zu einem gewissen Grad natürlich. Richtig üble Charakterschwächen und Marotten machen einen zwar auch besonders, aber dann halt im negativen Sinne. Aber kleine Ticks und unübliche Eigenschaften können durchaus liebenswert sein. Freunde sind dann immer die Menschen, die am besten über diese Fehler hinwegsehen können und die sie auch am besten kennen.

Mal abgesehen davon, dass ich immer alles anfassen muss, meinen meine Freunde beispielsweise, mein größter Fehler sei die Tatsache, dass ich nie so richtig ernst sein kann. Auf der anderen Seite sagen sie aber auch, das sei meine größte Stärke. Ich bin halt nicht der große Philosoph, und wenn sie über den Sinn des Lebens sprechen wollen, kommt von mir meistens ein scherzhafter Kommentar anstatt einer bereichernden Antwort. Aber wenn jemand echte Probleme hat, kommt er immer gern zu mir. Ich finde zwar keine konstruktive Lösung, aber dafür kann ich ihn optimal aufbauen. Natürlich ist das auch immer nur Verdrängungsarbeit, aber das ist doch erst mal besser als nichts! Auch in den schlimmsten Situationen den Humor nicht zu verlieren, halte ich für ganz große Kunst. Wenn man den Dreh erst mal raushat, dann lebt es sich viel leichter, denn nichts ist befreiender als ein Lachen.

Mit meinem Spaßvogel-Image kann ich auch ganz gut leben. Dafür, dass mir immer in den richtigen Momenten ein guter Spruch einfällt, bin ich meinem Hirn echt dankbar. Es ist voll krass, ich kann trinken, so viel ich will, und alle meine Körperfunktionen lassen allmählich nach, aber mein Mund labert immer noch irgendwelche lustige Scheiße.

Mein Ruf bewirkt, dass ich immer die geilsten Geschenke bekomme. Andere Menschen kriegen ja DVDs oder Gutscheine zum Geburtstag, ich dagegen bekomme ein buntes Sammelsurium an Gag-Geschenken. An meinem letzten Geburtstag gab es eine riesige Wundertüte, in der sich unter anderem folgende Dinge befanden: ein Herrentanga mit Schweinchenmotiv, eine CD mit den besten David-Hasselhoff-Songs, ein David-Hasselhoff-Fanshirt, eine Volkmusik-CD, auf der von den Wildecker Herzbuben bis hin zu Hansi Hinterseer wirklich alles vertreten war, ein SpongeBob-Spieleset (Ich wurde 17, nicht sieben!), ein gebasteltes Kamasutra mit zweifelhaften Stellungstipps, ein Barbie-Überraschungsei, diverse Nippesfiguren, ein Justin-Bieber-Poster, die *High School Musical*-DVD und ein Set pinkfarbener Prinzessinnendiademe.

Ich könnte jetzt natürlich fragen: Womit habe ich das verdient? Aber wenn ich mir die Fotos von meiner Party anschaue, auf denen irgendwelche Leute den Schweinchentanga und das Hasselhoff-Fanshirt anhaben, eine Gruppe in der Ecke das SpongeBob-Spiel zum SpongeBob-Strip-Spiel umfunktioniert, eine Freundin den Papier-Justin abknutscht und meine Kumpels mit Partykrönchen zu sehen sind, weiß ich doch, warum ich solche Dinge einem Klamotten-Gutschein hundertmal vorziehen würde. Vielleicht sollte ich auch noch erwähnen, dass an besagtem Abend mehrmals *Limbodance* und *Herzilein* aus der Anlage schallten.

Jeder Mensch hat sein Image, das er pflegt. Manchmal ganz bewusst, manchmal unbewusst. Jeder kennt ja diese Klischees, und jeder weiß, dass sie nicht der Realität entsprechen. Aber ein bisschen orientiert man sich schon daran. Es gibt Hunderte dieser Bilder: der typische Kiffer, der Hopper, der Punker, die Schönheitskönigin, die graue Maus, der Obermacker, der fette Vollidiot, der Emo, der Anführer, der Checker, der Spaßvogel, der Ken, die Intelligenzbestie, das Doppel-D-Monster...

Und so ein Klischee kann auch ein Schutzschild sein. Man bekennt sich zu einer Gruppe und gibt dem Rest der Welt ein Signal. Wenn man die Rolle des anderen kennt, weiß man ungefähr, wie er so eingestellt ist und wie er sich verhalten wird. Und man erahnt, wie er sich gerne selbst sehen möchte. Deshalb finde ich Vorurteile manchmal gar nicht so schlimm. Bei den meisten Leuten, über die ich mir eine Meinung gebildet habe, bevor ich sie näher kannte, wurde mein Bild nur verstärkt. Und das ist gar nicht mal negativ gemeint.

Gerade Jugendliche sind oftmals wegen ihrer Optik durchschaubar. Das Interessante ist, dass ich denke, ich sei individuell und stylish, wenn ich mir einen Diesel-Gürtel und Energie-Jeans kaufe. Aber eigentlich uniformiere ich mich damit ein Stück weit. Ich sage der Welt: Ich bin kein Game-Freak, der quasi vor dem Computer verwurzelt ist, sonst hätte ich das Hemd in der Hose und Markennamen wären Fremdwörter für mich. Aber ich habe auch keinen besonderen Mut, modisch gesehen, um mich in unerprobte Trendbereiche vorzuwagen. Und dann gibt es auch noch die Feinheiten wie Frisur, Duft, Schmuck, Rasur, Teint und so weiter, die man bis ins Kleinste deuten kann. Es gab so eine Zeit, da fand ich Lil Wayne derbe cool. Aus dieser düsteren Vergangenheit habe ich noch so manche Relikte im Kleiderschrank – peinlichen Goldschmuck und XL-Oberteile. Damals ein klares Statement: Ich wollte so aussehen wie er, um so zu leben wie er. Mit dieser Rapper-Attitude und den ganzen Frauen und geilen Autos.

Ein bisschen Gangster-Image fände ich schon cool, aber ich wäre nur ungern für meine pornösen Texte berühmt. Eigentlich ein Widerspruch in sich. Aber da ich eh nicht berühmt werde

– es sei denn, mir wird der Titel »Bester Fliesenleger des Jahrtausends« verliehen –, muss ich mir darüber keine Sorgen machen. Wofür ich wirklich gerne bekannt wäre, ist so was wie »Retter des Klimas / der Welt« oder »Freund von Megan Fox«.

Es ist ja schon merkwürdig, wofür manche Leute berühmt sind. Dieser eine Michael-Jackson-Imitator, Menderes, der bei *DSDS* mitgemacht hat, zum Beispiel. Über solche Casting-Formate bekommen sowieso ziemlich schräge Gestalten ihre lang ersehnte Aufmerksamkeit. Ich erinnere mich auch noch an so einen Nacktputzer und an diese dicke Frau, die die Haare schön hatte. Wobei ich zugeben muss, dass ich die *DSDS*-Castings schon lustig finde. Viele meiner Freunde lästern über die Sendung, aber im Nachhinein hat sie dann doch jeder gesehen, auch wenn angeblich die kleine Schwester daran schuld ist oder man nur »schnell in der Pause« umgeschaltet hat. Aber irgendwie übt das einen großen Reiz auf alle aus. Die einen freuen sich, dass sie selbst nicht so assi sind wie die Kandidaten, die anderen würden selber gerne mal an so einem Casting teilnehmen. Gar nicht unbedingt, um Superstar zu werden, sondern einfach nur aus Gaudi, auf einem Mallorca-Casting, wo man sich den persönlichen Bohlen-Diss abholen kann. Und die kleinen Mädchen schauen sich das Ganze an, um ihre pubertären Fantasien auf so einen singenden Schmalzbubi zu projizieren. Sogar die erklärten *DSDS*-Gegner ziehen sich die Sendung ab und an mal rein, um dann nur noch mal beteuern zu können, wie daneben das Konzept eigentlich ist.

Wo wir gerade bei Dieter Bohlen sind: Mich hat es neulich erst so richtig geschockt! Eine Freundin meinte, sie würde glatt was mit ihm anfangen, um einen Plattenvertrag zu bekommen. Der Typ ist knapp viermal so alt wie sie! Und eine andere legte noch eins drauf: »Ja also, Prinz Marcus von Anhalt und seine Milliönchen würde ich jetzt auch nicht von der Bettkante stoßen!« Da kann ich ja noch eher nachvollziehen, warum ein Mädel Pete-Doherty-Groupie werden will. Ziemlich krass!

Ich habe dann mal mehrere meiner Freundinnen gefragt, was genau ein hässlicher und alter Mann haben müsste, um sie trotzdem rumzukriegen. »Einen guten Chirurgen«, meinte die eine scherzhaft, und die meisten sagten – zum Glück –, dass es überhaupt nichts gäbe. Aber drei Mädchen haben allen Ernstes gemeint, Geld, Beziehungen und ein geiler Gärtner würden ausreichen. Traurige Welt! Ich will mir gar nicht vorstellen, wie so ein Schäferstündchen mit Prinz Marcus aussehen würde! Bestimmt wie in einem schlechten Porno – auf einem weißen Tigerfell vor dem lodernden Kaminfeuer. Er schiebt seinen Bauch, der in einen purpurnen Bademantel gehüllt ist, durch die Türe, ein Whisky-Glas in der Hand. Und zur Krönung des Ganzen ist *Careless Whisper* zu hören. Gut, wenn diese Mädchen denken, das macht sie glücklich …

Dabei hat man im Leben keine Garantie für irgendetwas. Schon gar nicht für Glück. Diese Garantie gibt kein Geld, diese Garantie gibt nicht mal die Liebe. Man kann ein Haus bauen und es kann einstürzen. Man kann unsterblich verliebt sein, bis der Tod dazwischenfunkt und wenigstens die Hülle des anderen sterblich wird. Doch das wird mich nicht davon abhalten, es doch zu versuchen. Scheitern kann jeder. Für das Glück kämpfen, das fällt vielen bestimmt schwer. Aber die, die kämpfen, tun es auf ihre Weise. Manche Menschen bauen ihr Leben auf eine Ideologie auf, auf ein ungreifbares, aber magisches Wort. Andere setzen alles auf eine Karte, ein besonderes Talent oder eine einmalige Chance. Ich denke, ich werde mein Leben auf greifbare Dinge aufbauen. Mit einer Familie, einem Ziel vor Augen. Und dann so ganz typisch ein Haus bauen, mit eigenen Händen. Kein flüchtiges Leben, in dem alles von heute auf morgen weg sein kann, in dem man seinem Nachbarn nicht vertraut und Freunden alles missgönnt, immer auf der Suche nach dem, was besser, größer oder teurer ist. Sondern ein greifbares Leben. Ein spürbares Glück, das man berühren kann. Ich glaube, dann ist es doch nicht umsonst.

Fürchterlich klischeehaft

Hanna (17 Jahre)

Der Klassiker unter den Fragen im *Diddle-Freundebuch* ist wohl: »Was willst du später mal werden?« In den frühen Phasen seines Lebens hat jeder eine passende Antwort parat. Ob Tierarzt oder Drachentöter, Prinzessin, Feuerwehrmann, Superstar, Archäologe oder Millionär, der Fantasie sind keine Grenzen gesetzt. Später dann, mit reifendem Verstand und voranschreitendem Alter, wird die Beantwortung immer komplizierter. Denn das Fatale an den meisten Jobs mit hohem Spaßfaktor, Aufwandsminimum und hoher Bezahlung ist, dass jeder einen haben will, aber nur den Wenigsten dieses Glück vergönnt ist. Und so finden sich die meisten spätestens in der Endphase der Pubertät damit ab, dass es viel zu wenige Prinzen, viel zu viele Superstar-Bewerber und gar keine Drachen gibt.

Aber eigentlich müsste ich mir nicht so viele Sorgen um meinen Beruf machen. Ich lerne ziemlich viel und bin deshalb auch ganz gut in der Schule, ein konstanter Zweierschnitt. Ich gehe auf eine reine Mädchenschule und bin superzufrieden damit. Bis zur siebten Klasse war ich auf einer gemischten Schule, aber das hat mir gar nicht gefallen, der Lärmpegel war extrem hoch und die Mädchen haben aus Angst, sich bei ihrem Schwarm zu blamieren, oftmals gar nicht mehr mitgearbeitet. Danach bin ich, auch aufgrund der besseren Zweigwahl, an die andere

Schule gewechselt. Und ich mag es dort. Nicht nur, weil man sich ohne Jungs viel besser konzentrieren kann und die Lehrer individueller auf die Stärken der Schülerinnen eingehen. Mädchen sind einfach viel spannender, wenn sie sich frei entfalten können. Unsere Klasse ist ein Sammelbecken der verschiedensten Persönlichkeiten, und diese jungen Frauen sind einfach wunderbar – humorvoll, schlau und selbstbewusst.

Ich komme überhaupt ziemlich gut mit anderen Mädchen aus. Liegt vielleicht auch daran, dass ich ein fürchterlich klischeehaftes Mädel bin. Meine Lieblingsheldinnen im Kindergarten waren Disney-Prinzessinnen und ich stand total auf die ganze Pferde-Sache, mit Urlaub auf dem Ponyhof und stapelweise *Wendys* im Regal.

Nach den blonden Ponys kamen dann die blonden Jungs. Ich stand schon immer auf die niedlichen und ungefährlichen Typen. Zuerst einmal bewunderte ich sie natürlich nur aus der Ferne, votete für meinen Favoriten bei *DSDS* und hängte mir Poster ins Zimmer. Doch das wurde mir später, als sich die Bekanntschaften mit echten Exemplaren mehrten, zunehmend peinlicher.

Mit zwölf hatte ich dann eine erste Beziehung, oder wie immer man das nennen will. Marco, mit Wuschelhaaren und dem süßesten Lächeln, das ein 13-Jähriger nur haben kann. Außer Händchenhalten und Bussi lief da natürlich erst mal gar nichts, alles andere hätte mich auch überfordert. Es war dann auch schnell wieder zu Ende, er wollte mehr Zeit zum Skaten haben. Man kann nicht wirklich sagen, er hätte mir das Herz gebrochen, aber für den ersten Liebeskummer meines Lebens war der Schmerz dann doch ausreichend. Zu Dauerbrennern wie *I will always love you* heulte ich mir bei meiner damals allerbesten Freundin die Augen aus dem Kopf, in der Gewissheit, nie wieder so lieben zu können. Zwei Stunden, drei Tempopackungen und vier Pralinenschachteln später waren die Tränen dann getrocknet. Die Poster kamen erst mal wieder zurück an die

Wand, mein Star hatte mich immerhin nie verlassen, und ich kehrte nun reumütig zu ihm zurück.

Heute bin ich seit fast einem Jahr mit Matze zusammen – und das sehr glücklich. Bevor wir zusammenkamen, stand ich schon ein halbes Jahr auf ihn. Ich hatte solche Angst, dass er meine Gefühle nicht erwidern könnte, dass ich nie etwas unternahm, um auf ihn zuzugehen. Meine beste Freundin ergriff dann nach ein paar Monaten die Initiative und sagte ihm, dass ich was von ihm wollte. Das habe ich aber erst später herausbekommen, hätte ich es gewusst, hätte ich sie umgebracht. Er hatte anscheinend auch was für mich übrig, und es war schnell klar, dass das mit uns etwas Festes werden könnte. An einem Abend haben wir uns dann bei ihm getroffen und er hat für mich gekocht. Danach küsste er mich. Es war ein langer und sanfter Kuss, den ich nie wieder vergessen werde.

Für uns beide war klar, dass wir damit zusammen waren. Ich kann mir manchmal gar nicht mehr vorstellen, dass ich ein Leben vor ihm hatte. Noch weniger, dass er auch eines vor mir hatte. Wir machen echt viel zusammen, Ausgehen, Kino, Einkaufen und alles, was zwei Menschen, die sich mögen, sonst halt so machen. Über unseren Sex rede ich kaum, nicht mal meinen besten Freundinnen würde ich detailgetreu davon erzählen. Meinetwegen kann man mich ruhig verklemmt schimpfen, aber ich finde, dass das Privatsache ist.

Ich könnte mir gut vorstellen, den Rest meines Lebens mit Matze zu verbringen. Das klingt natürlich blöd, wenn eine 17-Jährige das sagt. Aber ich will seine Hemden zum Schlafen anziehen und mir neben ihm die Zähne putzen, ich will für ihn kochen, mit ihm Kissenschlachten in unserem Wohnzimmer machen und mit ihm fernsehen. Ich will mein Müsli mit ihm essen und ihm einen Abschiedskuss geben, wenn er zur Arbeit muss. Ich will mich telefonisch versichern, dass es ihm gut geht, wenn wir getrennt sind. Ich will über seine Alltagsmarotten lachen, ihm seine Lieblingssüßigkeiten kaufen und seine Boxershorts neben meiner Unterwäsche auf die Leine hängen.

Das ist auch gar nicht so abwegig. Wir waren schon zusammen im Urlaub und alles, und manchmal übernachtet der eine beim anderen und dann kochen wir zusammen. Ich bin mir halt total sicher, dass er meine Gefühle erwidert. Bei den Beziehungen meiner Freundinnen kann man das teilweise nicht immer so sicher sagen, da ist auch nach durchschnittlich drei Monaten wieder Schluss. Aber zwischen Matze und mir ist ein ganz tiefes Vertrauen. Unsere Eltern meinen auch immer, wir wären wie ein altes Ehepaar, was wir hätten, sei so gar nicht unverbindlich und typisch jugendlich. Unsere Beziehung sei so erwachsen. Und es ist wirklich so: Ich fühle mich schon längst nicht mehr wie ein Kind. Auf Wikipedia ist unter dem Suchbegriff »Erwachsener« Folgendes vermerkt:

»Ein Erwachsener ist ein Mensch, der ein bestimmtes Alter überschritten hat und bei dem man deshalb davon ausgeht, dass er die volle körperliche und kognitive Reife besitzt, wenn nicht bestimmte Ausnahmen vorliegen. Das erwachsene Individuum hat somit jene notwendigen Fähigkeiten und Kenntnisse erworben, die es in hohem Maße befähigen, die für sein Leben und Fortkommen notwendigen Entscheidungen zu treffen. Erwachsene bekommen im Vergleich mit Jugendlichen sowohl mehr Rechte als auch Verantwortung.«

Mal abgesehen vom Alter erfülle ich in meinen Augen alle Kriterien. Jeder Lehrer würde mir bestätigen, dass ich ein äußerst verantwortungsbewusster Mensch bin. Zudem bin ich äußerst maßvoll im Umgang mit Alkohol und habe eine politische Meinung. Deshalb finde ich es unfair, dass ich immer noch nicht wählen darf und überhaupt so viele Grenzen einzuhalten habe. Ich freue mich jedenfalls darauf, erwachsen zu sein!

Viele Jugendliche bekommen ja geradezu Angstzustände, wenn sie daran denken, sie könnten später mal so wie ihre Eltern werden. Bei mir ist das anders. Natürlich ist die Vorstadt-Spießer-Harmonie auch für mich nicht Musik in meinen Ohren, aber es gibt eindeutig Schlimmeres, als mit einem liebevollen Mann und drei oder mehr Kindern in einer beschaulichen Kleinstadt zu wohnen, Teilzeit als Lehrerin oder Sekretärin zu arbeiten, CDU zu wählen und den *Musikantenstadl* zu sehen. Ich bin mir ziemlich sicher, dass sich viele von denen, die diese Entwicklung total ablehnen, letzten Endes in genau dieser Spießeridylle wiederfinden werden.

Manche lehnen das allerdings so verzweifelt ab, dass sie alles tun, um sich von ihren Eltern zu distanzieren. Drogen sind da ein beliebtes Mittel zum Zweck, und das finde ich richtig furchtbar. Drogen überhaupt. Menschen verändern sich total, wenn sie in Kreise geraten, in denen Rauschgift kursiert. Sie werden unzuverlässig, lassen sich gehen und geben ihren alten Freundeskreis für den neuen auf. Denn nur der bietet ihnen viel von dem Zeug, das sie ihre Probleme vergessen lässt.

Und die Drogen machen alles noch schlimmer. Die, die ihnen verfallen sind – und um ihnen verfallen zu sein, muss man nicht unbedingt im eigentlichen Sinn süchtig sein –, geben ihrem alten Leben die Schuld dafür. Sie wollen nicht einsehen, dass es ihr neues Leben ist, dem sie das alles zuzuschreiben haben. Sie werden resistent gegen alle guten Ratschläge von Menschen, die ihnen in ihrem Leben vor den Drogen wichtig waren. Sie fangen damit an, die Menschen anzuklagen, die doch eigentlich nur helfen wollen.

Bei meiner ehemals besten Freundin war das so. Das hat mich schon schwer getroffen, denn ich binde mich immer mit ganzer Seele an die Menschen, mit denen ich mich umgebe. Deshalb habe ich auch nicht so viele Freunde, nur zwei wirklich gute. Dafür aber viele Bekannte.

Freundschaften werden wohl nie wieder so persönlich sein wie in der Jugend. Als Teenager erzählt man seinen Freunden alles, offenbart quasi sein gesamtes Gefühlsleben. Erwachsene tun das, vermute ich, eher selten. Ich habe meine Mama noch nie mit ihrer besten Freundin heulen sehen oder die beiden tuschelnd und kichernd erwischt. Vielleicht liegt das daran, dass man, wenn man älter ist, weniger Probleme hat, die man einfach wegreden kann. Und weniger philosophische Probleme, keinen universellen Weltschmerz mehr.

Auch ist es für einen Erwachsenen völlig undenkbar, so viel über die Privatsphäre seiner Bekannten zu erfragen, wie wir es tun. So weiß ich eigentlich von jeder halbwegs guten Bekannten, was bei ihr gerade so mit Typen läuft, beziehungsweise was da schon mal lief. Besonders wenn Leute aus gleichen Freundeskreisen zusammenkommen, wird ihre Beziehung meist unfreiwillig ins Licht der Aufmerksamkeit gerückt. Insbesondere, wenn die frisch Verliebten auch unabhängig voneinander für Gerede sorgen können. So war es nicht nur bei meiner Freundin Mareike. Die lernte auf einer Party ihren zukünftigen Freund Thorsten kennen, und in den Ministranten-Stunden, in denen sich die Freundeskreise der beiden überschnitten, waren sie natürlich Gesprächsthema Nummer eins. Nach dem ersten Date – Thorsten hatte seine Herzdame zum Abendessen eingeladen und ihr eine Rose mitgebracht – wurde Mareike mit Fragen und augenzwinkernden Kommentaren bombardiert.

Dieser pubertäre und auch ein wenig schamlose Voyeurismus machte sogar vor eindeutig intimen Fragen nicht halt. Nach jedem Treffen wurden die beiden nach Fortschritten auf sexueller Ebene befragt. Als sie es dann endlich getan hatten, so ungefähr zwei Monate nach dem Dinnerdate, wussten es schon alle – Thorsten hatte es seinem Kumpel gegenüber angedeutet und der hatte nicht dichthalten können. Am »Morgen danach« im Jugendtreff schmierte jemand in einem Anfall von Albernheit »Herzlichen Glückwunsch, Mareike« und ein Kreideherz mit den Initialen M+T an eine Tafel. Als Mareike dann später zusammen mit unserem Pfarrer durch die Tür kam und das Kunstwerk erblickte, kriegten sich manche von uns gar nicht mehr ein vor Lachen. »Wen darf ich dafür schlagen?«, war ihre erste Reaktion, noch bevor unser Pfarrer sie schmunzelnd nach dem Anlass der allgemeinen Heiterkeit befragen konnte: »Herzlichen Glückwunsch zu was, zur Verlobung?«

Eine Beziehung im Fokus der Öffentlichkeit zu führen wäre mir persönlich unangenehm. Da bin ich dann manchmal ganz froh, dass ich mich auf wenige Menschen beschränken kann, mit denen ich über solche Themen rede. Man sollte seine Freunde generell sorgsam auswählen und sich bewusst für sie entscheiden. Sich zu viele Optionen offenzuhalten führt nur zu Wankelmütigkeit.

Dass Jugendliche so wenig entscheidungsfreudig sind, hängt wohl auch ganz stark damit zusammen, dass es kaum noch Druck gibt, erwachsen zu werden. Aber ich glaube, in diesem ewigen Zustand der Unreife zu verweilen ist auf Dauer auch nichts Tolles. Im Leben sollte man von Anfang an Prioritäten setzen. Es gibt Ansichten und Überzeugungen, die ich habe und an denen keiner was rütteln kann.

Ich bin von ganzem Herzen gläubige Katholikin und von der Botschaft Gottes überzeugt. Da gibt es zwar schon die eine oder andere Sache, die ich nicht so toll finde, aber im Großen und Ganzen scheint mir doch alles ziemlich plausibel. Ohne einen überirdischen Ansprechpartner wäre ich so manches Mal schon ganz allein gewesen. Es ist tröstlich zu wissen, dass einem immer jemand beisteht. Jemand, der einem Kraft gibt und gute Gedanken und dem man alles anvertrauen kann, obwohl er es eh schon weiß. Religion muss auch nicht immer langweilig und öde sein. Sieht man sich die Bilder vom Weltjugendtag an, kann man darauf eine überwältigende Energie erkennen. Ich denke, die meisten jungen Menschen würden sehr gerne glauben. Einige haben Angst davor, uncool dazustehen, aber viele bekommen den Glauben auch einfach nicht von ihren Eltern vermittelt. Ich würde meinen Kindern auf jeden Fall aus der Bibel vorlesen und mit ihnen beten.

Aufgrund meines Glaubens bin ich auch strikt gegen die Todesstrafe, Sterbehilfe oder Abtreibung. Kein Mensch sollte über einen anderen richten dürfen. Bei manchen Ausnahmefällen denke ich mir zwar, dass es vielleicht doch nicht ganz so verwerflich ist, zum Beispiel wenn ein sehr alter und kranker Mensch unbedingt gehen will. Aber ich würde so etwas niemals bei mir oder meinen Angehörigen anwenden.

Zudem finde ich, dass man als junger Mensch Respekt vor dem Alter haben sollte. Und wenn ich mal älter bin, würde ich ja dieselben Vorzüge genießen. Eigentlich sollte man vor Autoritäten überhaupt Respekt haben. Gerade mit Lehrern ist das ja so eine Sache. Die Unverschämtheiten, die sich meine Mitschüler manchmal gegenüber unseren Lehrern erlauben, halte ich für absolut niveaulos. Irgendjemand muss nun mal das Sagen haben. Und sich mit seinen Lehrern gut zu stellen ist weitaus effektiver, als sich ständig mit ihnen zu streiten. Immerhin benoten sie einen.

Generell bin ich ein recht kompromissfreudiger Mensch. Eine goldene Mitte zu finden, mit der sich alle arrangieren können, halte ich immer für den besten Weg, ein Problem zu bewältigen. Und ich glaube, genau darum geht es auch – man muss seine eigene Mitte finden. Wenn man jung und voller Übermut ist, schwankt man gerne vom einen Extrem zum anderen. Diese Trotzphasen müssen nicht sein, finde ich. Man kann seinen Platz im Leben auch finden, ohne sich ständig an allem reiben zu müssen.

Ein reines Herz

Ahmed (16 Jahre)

Mein größter Traum ist es, später mal einen Ford Mustang zu besitzen. Ich liebe Autos, und dieses ganz besonders. Der Ford Mustang kommt aus Amerika und hat so was Sportlich-Elegantes, während er gleichzeitig eine aggressive Power ausstrahlt. Schön, schnell und kraftvoll, was will man mehr?

Ich könnte mir gut vorstellen, später mal in den Automobilhandel zu gehen. Ich rede gerne mit Menschen, und ich glaube, das Verkaufen würde meinen Ehrgeiz wecken und mir wahrscheinlich sogar Spaß machen. Ein Praktikum bei Mercedes wäre da schon mal ein Anfang. Der Beruf eines Diplomaten würde mich aber auch reizen: Man arbeitet für einen Staat und ist abgesichert, außerdem bekommt man spezielle Autos und darf überall parken. Vielleicht ergibt sich ja mal was in der türkischen Botschaft in Berlin.

Momentan sieht mein Plan ganz konkret so aus: Ich bin jetzt in der zehnten Klasse und hänge mich noch mal so richtig rein, mein Ziel ist es, erst mal den mittleren Schulabschluss mit guten Noten zu bestehen. Danach möchte ich mein Fachabi machen und dann eine dreijährige Ausbildung zum Kaufmann.

Irgendwann in meiner Berufslaufbahn möchte ich ins Ausland gehen, am liebsten in die Türkei. Da meine Eltern von dort kommen, liegt das ja nahe. Eine abgeschlossene Ausbildung in Deutschland ist auf alle Fälle Gold wert – mein Bruder hat zum Beispiel hier eine Malerlehre gemacht und ist danach für ein paar Jahre in die Türkei gezogen. Er meinte, so eine Lehre käme für die dortigen Arbeitgeber fast schon dem höchsten türkischen Schulabschluss gleich. Ich denke auch, dass ich meinen Abschluss und das Fachabi schaffen werde, meine Noten waren eigentlich immer konstant und mit den Lehrern habe ich auch kein Problem. Ich behandle sie mit Respekt, und das ist eigentlich alles, was sie verlangen.

Ich wohne in Berlin und gehe auch dort zur Schule. Man hört in den Nachrichten ja üble Sachen über die Berliner Schulen, aber an meiner hält sich das Chaos in Grenzen. Unsere Lehrer sind echt in Ordnung, sie scherzen mit uns und gehen gerne in den Unterricht, da fliegen nie Stühle oder so was in der Art. Nur die Tatsache, dass die Leute ständig versuchen, ihre Schlüssel zu klauen, regt sie auf. Die Schlüssel werden aber nicht gestohlen, um mit dem Lehrerauto eine Spritztour zu machen oder bei ihnen zu Hause einzubrechen – die Leute wollen damit lediglich das Schultor öffnen. Wir sind nämlich den ganzen Tag über eingeschlossen, das Haupttor ist nur mit diesen Schlüsseln zu öffnen, und über die Schulmauern zieht sich Stacheldraht. Hat schon leichte Gefängnis-Atmosphäre.

Dabei wollen wir einfach nur schnell in der Mittagspause raus, denn genau gegenüber ist gemeinerweise ein Supermarkt! Die Schulleitung meint, das mit dem Tor müsse so sein, weil die Schüler außerhalb des Geländes nicht versichert sind. Aber das Argument zieht bei uns nicht, denn erstens wurde unser Angebot, eine schriftliche Erlaubnis der Eltern mitzubringen, abgelehnt, und zweitens ist das an anderen Schulen auch nicht so – da dürfen die Schüler zwar offiziell auch nicht raus, aber wer es doch tut, wird nicht bestraft.

Nur die volljährigen Schüler dürfen das Gelände verlassen, wann immer sie wollen. Die machen davon aber nicht so häufig Gebrauch, was schon alleine daran liegt, dass sich jedes Mal eine riesige Menschenmenge um das Tor herum bildet. Das ist echt hardcore, da herrscht ein Gedränge wie in der ersten Reihe bei Justin Bieber. Und manchmal ist das Ganze ziemlich gefährlich, einmal ist schon das Tor umgekippt, und der fallende Stacheldraht hat einem Schüler den ganzen Arm aufgerissen.

Die Tor-Sache regt mich zwar auf, aber ich finde sie nicht so schlimm, dass sie mich daran hindern würde, gerne in die Schule zu gehen. Im Gegenteil, meistens macht mir der Unterricht sogar Spaß. Mein Lieblingsfach ist Ethik, das finde ich besonders interessant, und auch der Sportunterricht ist ganz cool, wir ringen immer. Ansonsten mag ich auch die Unterrichtsstunden, in denen wir Experimente machen.

Und natürlich sehe ich in der Schule viele meiner Freunde, das ist mitunter das Wichtigste. Ich hänge häufig mit meinem besten Kumpel Emin ab. Er ist mit Abstand der Klassenbeste, hat eigentlich nur Einsen und möchte später Zahnarzt werden. Aber auch sonst komme ich mit allen klar, ich lasse mich nie in Schlägereien verwickeln. Bei uns fighten meistens Araber, Türken und Kurden gegeneinander, die Deutschen schlagen sich selten. Ich glaube, ich habe noch nie einen deutschen Kampf gesehen.

Das könnte aber auch daran liegen, dass der Anteil der deutschen Klassenkameraden an meiner Schule verschwindend gering ist. In meine Klasse gehen nur zwei, was dazu führt, dass ich manchmal finde, dass es verdammt wenig Deutsche in Deutschland gibt. Wie soll man denn da 'ne ordentliche Integration hinkriegen? Ich selber habe zwar kein Problem damit, mich anzupassen, auch weil ich außerhalb der Schule viele deutsche Freunde habe. Ich fühle mich als Deutscher, immerhin habe ich mein Leben lang hier gelebt. Aber zu Hause sprechen wir überwiegend türkisch, weil sich meine Mutter mit der Sprache so schwertut.

Mein Vater kam mit 21 hierher, um als Handwerker zu arbeiten, dann lernte er in der Türkei meine Mutter kennen und hat sie hierher mitgebracht. Mein Vater hat immer hart gearbeitet und gut für die Familie gesorgt. Er hat mir oft gesagt, dass er hier gut aufgenommen wurde und deshalb findet, dass wir uns integrieren sollen. Ich habe diese Einstellung total übernommen, und meine Mutter sieht das auch so, sie ist immer mit meinem Vater einer Meinung.

Was mir total gefällt, ist das deutsche Sozialsystem. In der Türkei kostet Lernen Geld, hier ist es ein Grundrecht. Und bei Arbeitslosigkeit bekommt man in der Türkei höchstens einen Arschtritt, hier wird einem wirklich geholfen. Mein Vater meint, dass man das nicht ausnutzen darf, und das haben wir alle total verinnerlicht. Mein Bruder Yasin wurde mal arbeitslos und hat sich nach zwei Monaten so schlecht gefühlt, dass er ganz schnell wieder arbeiten wollte.

Mit meinem besten Freund Emin rede ich häufig über Politik und die typischen Gesellschaftsthemen. Wir finden beide, dass Hartz IV gekürzt werden darf, wenn der Verdacht besteht, dass jemand sich überhaupt nicht um einen Job bemüht. Die Arbeitslosen sollen wirklich nach Arbeit suchen! Was uns beide sehr aufregt und ganz besonders Berlin betrifft, ist der Bau der Kanzler-U-Bahn vom Brandenburger Tor zum Hauptbahnhof. Berlin ist zwar pleite, aber für so ein überflüssiges, mehr als 700 Millionen Euro teures Projekt haben die Ratsherren dann Geld.

Ich vertraue Emin, er hat mich noch nie enttäuscht. Darüber bin ich echt froh, denn ich habe auch schon andere Erfahrungen gemacht. Vor ein paar Jahren in den Sommerferien war ich mal mit ganz vielen Gleichaltrigen in einem Camp. Es war eigentlich ziemlich gut dort, wir haben halt so die typischen Sachen gemacht, also Zeltaufbau, Lagerfeuer, Gemeinschaftsspiele. Am Abend saßen alle, die sich angefreundet hatten, zusammen und redeten. Besonders gut habe ich mich mit einem Jungen verstanden, der Manuel hieß. Wir waren in einer besonderen Situation, ganz alleine, ohne Eltern und Freunde, was den Kennenlern-Prozess ziemlich beschleunigt hat. Ich habe ihm sehr schnell vertraut und ihm Geheimnisse aus meinem »echten« Leben erzählt. Aber dann war meine Zeit im Camp vorbei, während er noch eine Woche bleiben sollte. Er hat mich gebeten, ihn noch mal zu besuchen, und ich habe zugesagt. Da ich zu der Zeit jedoch echt viel um die Ohren hatte, schaffte ich es leider nicht, mein Wort zu halten – das tat mir wirklich leid. Manuel war aber so sauer, dass er meine ganzen Geheimnisse verraten hat. Er dachte, weil ich ihn enttäuscht habe, muss er sich rächen.

Da ich in Neukölln, wo er wohnt, viele Bekannte habe, ist sein Verrat natürlich auch mir zu Ohren gekommen. Das gab schon Stress! Generell gibt es häufiger Konflikte unter den Bewohnern der verschiedenen Berliner Stadtteile, insbesondere unter denen von Kreuzberg, Neukölln und meinem Bezirk Wedding. Ich kenne mich gut in den verschiedenen Vierteln aus, weil ich häufig in der Stadt rumlaufe – ich fühle mich zu Hause zwar sehr wohl, aber wenn ich da mehr als drei Stunden rumsitze, will ich raus.

Das Stubenhocker-Dasein liegt mir nicht so. Ich habe viele Freunde und Bekannte, und da ich drei größere Brüder habe, mit deren Kumpels ich mich auch gut verstehe, treffe ich unterwegs so gut wie immer ein paar Leute, die ich kenne und mit denen ich mich dann unterhalten kann. Und manchmal ist es durchaus hilfreich, wenn man allein rumläuft und ein freundlich gesinnter Bekannter nicht allzu weit weg ist. Besonders in Kreuzberg geht es ganz schön krass zu, da liegen an jeder Ecke Nadeln rum und überall begegnet man aggressiven Leuten. Die Polizei ist da machtlos. Weil ich so oft draußen bin, kriege ich schon öfter mal Schlägereien mit. Ich bin gegen Gewalt, aber wenn ich mich in meiner Ehre verletzt fühle und diese Ehre nur im Kampf verteidigen kann, dann ist es, glaube ich, okay.

Einmal musste ich mit ansehen, wie ein Bekannter einen Nazi, der ihn zuvor blöd angemacht hatte, mit einem Schlagring ins Koma prügelte. So was ist dann schon nicht mehr in Ordnung, der Bekannte musste dafür auch ins Gefängnis. Waffen einzusetzen ist absolut daneben. Ein Kumpel hat mir mal ein Butterfly-Messer geschenkt, aber als ich zu meinem Vater ging, um ihn zu fragen, ob ich es behalten dürfe, hat er mir einen ewig langen Vortrag gehalten, von wegen, das sei hier illegal und das müsse ich respektieren.

Zum Glück bin ich noch nie in eine Prügelei geraten, bei der Waffen im Spiel waren. Obwohl mir eine Begegnung einfällt, bei der es echt eng wurde: Ich traf auf der Straße einen alten Bekannten, mit dem ich mich nicht unbedingt unterhalten wollte. Ich war gerade dabei, an ihm vorbeizugehen, als er mich ansprach: »Guck mal an, was für ein Freund, er sagt nicht mal Hallo!« Ich war ein wenig erstaunt über das Wort »Freund« und fragte: »Meinst du mich?«, woraufhin er anfing, mich anzumachen, und meinte: »Soll ich meinen Bruder herrufen?« Ich dachte, er blufft, und sagte: »Mach halt!« Doch dann rief er tatsächlich seinen großen Bruder.

Dem Himmel sei Dank war meiner auch gerade in der Nähe, und so standen wir da zu viert und gifteten uns an. Der vermeintliche alte »Freund« hatte seinem Bruder Blödsinn erzählt, von wegen ich hätte seine Familie beleidigt und so Zeug. Sein Bruder konfrontierte dann meinen Bruder mit dieser Anschuldigung, beide wurden immer gereizter. Irgendwann hat der andere Bruder dann noch zwei Kumpels gerufen, und die kamen dann auch sofort, die Hände verdächtig tief in den Jackentaschen vergraben. Mein Bruder meinte nur so: »Scheiße, die haben Messer, geh weg!« Es sah schon so aus, als würde es brenzlig werden, als meinem Bruder einfiel, dass er den Boss von den beiden Typen kannte, das ist so ein zwielichtiger Untergrundchef. Mein Bruder hat ihn schnell angerufen, woraufhin der seine Schützlinge zurückpfiff. Er fuhr sogar extra mit seinem geilen Auto vor, um das zu klären. Danach war alles in Ordnung; wenn ich die Typen heute auf der Straße sehe, grüßen wir uns freundlich.

Dass bei uns jeder jeden kennt, macht zwar einige Dinge komplizierter, aber im Notfall ist immer der Freund eines Bruders oder der Bekannte eines Freundes zur Stelle. Als mir vor zwei Jahren mal Schläge angedroht wurden, hat so ein Bekannter sofort reagiert, dafür bin ich echt dankbar.

Ich sehe zwar häufiger Jungs, die sich prügeln, aber in der letzten Zeit greifen auch immer mehr Mädchen zu diesem Mittel der Auseinandersetzung. Die hauen richtig rein und stürzen sich wie Furien aufeinander, total krass. Mädchen und Jungs untereinander prügeln sich natürlich nicht, das ist ein ungeschriebenes Gesetz, an das sich jeder hält. Wenn ein Junge Stress mit einem Mädchen hat, wird das verbal geklärt, oder ihr älterer Bruder muss sich an ihrer Stelle schlagen.

Das System ist so zwar gang und gäbe, aber es gibt auch viele Jugendliche, die überhaupt keinen Bock auf Schlägereien und das alles haben. Die wollen lieber über ihre Probleme reden, anstatt sich den Frust von der Seele zu prügeln. Irgendwann hat eine Gruppe von jungen Leuten mit verschiedenen Nationalitäten und aus verschiedenen Bildungsschichten sogar begonnen, private Treffen zu veranstalten, um uns eine Plattform zu bieten, unsere Probleme loszuwerden. Die ganze Sache läuft über Mund-zu-Mund-Propaganda und erfreut sich großer Beliebtheit. Der Club trifft sich bei einem älteren Mitglied zu Hause, wir waren da nie weniger als dreißig Leute. Jeder kann seine Freunde mitbringen, alle dürfen kommen.

Manchmal steht den älteren Menschen schon ein bisschen die Angst ins Gesicht geschrieben, wenn auf dem Weg zu diesen Treffen auf einmal zwanzig Jugendliche in die U-Bahn einsteigen. Dann haben sie wahrscheinlich gleich die Bilder von diesen Opfern im Kopf, die Rentner verprügeln. So was haben wir natürlich überhaupt nicht im Sinn, wenn wir zum Jugendclub gehen, ganz im Gegenteil!

Was mir bei den Treffen besonders gut gefällt, ist, dass alle gleich sind. Es wird kein Unterschied gemacht zwischen Gymnasiasten und Hauptschülern oder Deutschen und Ausländern. Die Probleme, über die wir am häufigsten sprechen, sind Ärger in der Schule, Schwierigkeiten mit den Eltern und Schlägereien. Zusammen wird dann nach einer Lösung gesucht. Neulich ging es beispielsweise um die Frage, ob man im Scheidungsfall zum Vater oder zur Mutter gehen soll, oder ob da generell noch was zu retten ist.

Und auch außerhalb der Treffen halten wir vom Jugendclub zusammen. Als ich mal mit einem Freund von mir, einem Rapper, in der Disco war und mitbekam, dass ein anderes Mitglied in eine Schlägerei verwickelt wurde, haben wir ihm gleich geholfen. Mädchen gibt es in unserer Gruppe nicht so viele, da die Treffen immer recht spät stattfinden, wenn es schon dunkel ist. Die Eltern lassen ihre Töchter nachts nur ungern alleine raus, da das manchmal wirklich gefährlich werden kann.

Meine Eltern finden das mit dem Jugendclub sehr gut. Eigentlich hatten sie noch nie was gegen die Dinge, die ich in meiner Freizeit mache. Ich spiele neben der Schule total gerne Fußball, und beim Tischtennis war ich auch eine Weile sehr ehrgeizig dabei – bei einem Turnier wurde ich sogar mal Dritter. Mit dem Boxen habe ich es ebenfalls versucht, und wenn du in Wedding einen Boxerruf hast, haben sie Respekt vor dir. Dass ich fast 1,90 Meter groß bin, unterstützt den Effekt noch.

Ich lege viel Wert darauf, respektiert zu werden, ich respektiere nur die Leute, die auch Respekt vor mir haben. Und ich bewundere Persönlichkeiten, die Visionen haben und alles für deren Umsetzung tun. Deshalb hat mir der Film *Scarface* über Al Capones Aufstieg zum Gangsterboss gut gefallen. Ähnlich interessiert mich die Biografie von Pablo Escobar, über den ich meinen Vortrag für die Prüfung zum mittleren Schulabschluss halten musste. Ich finde es faszinierend, wie ein einziger Mann so viel Macht haben konnte, und mich beschäftigt der Gedanke, was er alles hätte erreichen können, wenn er seine Macht anders benutzt hätte, nicht nur für internationale Drogengeschäfte.

Und Escobar hat nicht bloß Böses getan; zu seinen Angestellten war er stets großzügig und gnädig. Ein anderer Mann, mit dessen Lebenswerk ich mich eingehender beschäftigt habe, ist Tupac, der geniale Rapper, den sie 1996 erschossen haben. Sein Lebensmotto »Only God can judge me!« ist auch das meine.

Ich bin gläubiger Muslim und vertraue Allah! Ich bin mir absolut sicher, dass an der ganzen Religionssache was dran ist, immerhin nehmen Propheten wie Abraham in allen drei monotheistischen Weltreligionen eine wichtige Stellung ein. Ich unterwerfe mein Leben aber nicht strikt den Glaubensregeln, ich bete auch nicht fünfmal am Tag. Mein Vater meinte, obwohl er sich selbst fünfmal täglich auf den Teppich wirft, ich solle lieber für die Schule lernen, mit dem Beten könne ich später immer noch anfangen.

Ansonsten halte ich mich aber an die üblichen Gebote, die moralischen, sowie jene, die den Alltag regeln, ich esse kein Schweinefleisch und trinke keinen Alkohol. Komasaufen ist mir total fremd, Bier schmeckt mir nicht und Cocktails trinke ich wirklich selten. Drogen sind natürlich auch tabu, sie ruinieren die Gesundheit und machen ein fettes Minus in den Geldbeutel. Da mein älterer Bruder mal Probleme mit der Drogenszene hatte, achtet mein Vater da besonders auf mich.

Das mit dem Kopftuch sehe ich im Übrigen auch nicht so streng, ich bin der Meinung, dass man niemanden dazu zwingen darf, es zu tragen. Aber wenn sich eine Muslima aus Hingabe zum Schöpfer bedecken möchte, sollte das von der Gesellschaft akzeptiert werden. Meine Mutter trägt es erst seit zehn Jahren, und sie trägt es nur aus religiöser Überzeugung. Mein Vater hat damit gar nichts zu tun, ihm war bloß wichtig, dass sie Respekt vor Gott hat.

Mein Vater hat auch kein Problem damit, wenn meine Brüder und ich deutsche Mädchen mit nach Hause bringen – anders als die Eltern meiner Bekannten, die davon meistens nicht so angetan sind. Besonders kritisch wird es, wenn türkische oder arabische Mädchen einen deutschen Freund haben. Meine Familie ist da zum Glück ziemlich liberal, die deutsche Freundin sollte bloß den türkischen Grundwortschatz lernen, damit sich alle verständigen können.

Einer meiner Brüder hat sogar ein Kind mit einer Deutschen. Zuerst hat er ein Mädchen in der Türkei geheiratet, aber das mit ihnen hat nicht funktioniert, er ist dann abgehauen. Eine Zeit lang hat er nichts von sich hören lassen, das war echt hart für meine Eltern, aber dann haben wir ihn wiedergefunden, er wohnte bei seiner neuen Freundin, und bald darauf kam die kleine Lilly zur Welt. Sie ist sehr süß und der absolute Familienschatz.

Ich selber hatte schon zwei Freundinnen, beide waren deutsch. Die erste hieß Leonie und wir waren sechs Monate zusammen. Wir waren richtig verknallt, aber dann ist sie weggezogen, fünfhundert Kilometer von Berlin entfernt. Die Trennung war echt schwer für mich. Ich konnte sie danach noch einmal sehen – mein Bruder hat mich zu ihr gefahren und dafür werde ich ihm ewig dankbar sein.

Mit meiner zweiten Freundin ging das nicht so tief, wir waren drei Monate zusammen, dann habe ich Schluss gemacht. Sie war extrem zickig, wenn ich in der Schule auch nur neben einem anderen Mädchen *saß*, wurde sie schon eifersüchtig!

Wenn es um meine Traumfrau geht, bin ich nicht übertrieben wählerisch – sie sollte bloß ein reines Herz haben, und es wäre von Vorteil, wenn sie lustig ist, das ist alles. Momentan muss ich mich sowieso auf die Schule konzentrieren und hätte keine Zeit für eine Freundin. Ich möchte auch frühestens mit dreißig heiraten und dann mit 32 mit dem Kinderkriegen anfangen. Um eine Familie zu ernähren, braucht man ja auch Geld! Es gibt viel zu viele Leute, die einfach so drauflosmachen, Kinder kriegen und dann nicht klarkommen. Aber auch wenn ich spät damit anfangen möchte, ist mir eine eigene Familie total wichtig. Meinen Sohn würde ich gerne Ahmed Junior nennen, von der Idee bin ich total begeistert. Für ein Mädchen fände ich den Namen Eileen sehr schön. Es wäre auch cool, ein Haus in Deutschland zu bauen und eins in der Türkei; ich würde gerne in beiden Kulturen leben.

Und ich will natürlich den Ford Mustang. Denn immer, wenn ich dann aufwache und überhaupt keine Lust auf die Arbeit habe, kann ich mir denken: Ich muss zwar jetzt blöderweise arbeiten, aber – hey! – ich kann mit meinem Ford Mustang dorthin fahren!

Das motiviert mich schon jetzt ungemein.

Als hätte uns
die Zeit vergessen

Helene (15 Jahre)

Jeder schreibt seine eigene Geschichte. Ob eine kurze, aber spannende Novelle, ein öder Epos, eine lehrreiche Dokumentation, ein schlechter Schundroman oder eine einzigartige Liebesgeschichte daraus wird, ist von Mensch zu Mensch verschieden. Ich bin gerade erst bei meiner Einleitung angelangt, das Genre ist noch vollkommen undefinierbar, aber einige Richtungen wären wünschenswerter als andere – ein Abenteuerroman oder ein Märchen etwa.

Leider lässt sich bei der eigenen Geschichte so schwer etwas korrigieren oder hinzudichten – deshalb sollte man ganz auf die Protagonisten setzen können, damit am Ende doch noch alles gut wird. Meine größte Stärke ist sicherlich mein Schauspieltalent. Nicht im Theater oder so, sondern im täglichen Umgang mit anderen Menschen. Ich kann tiefgründig und verrückt sein oder aber total abgeklärt und angepasst. Bei neuen Begegnungen ist es wie ein Spiel für mich: Erst erkunde ich die Vorlieben meines Gegenübers, dann stelle ich seine Lieblingsversion von »Helene« dar. Und das funktioniert so gut, dass ich manchmal selbst nicht mehr weiß, wer ich eigentlich bin. Das ist gar nicht so krank, wie es erst mal klingt: Viele verschiedene Facetten zu besitzen gibt einem die Möglichkeit, ein und dieselbe Sache aus mehreren Blickwinkeln zu beurteilen.

Ich bin ein extremer Action-Junkie, Langeweile – auch geistige – ist für mich das Schlimmste. Deshalb brauche ich immer neue Probleme, die ich lösen kann. Okay, das klingt jetzt vielleicht wirklich etwas krank, aber immer wenn ich zum Beispiel mit einem neuen Freund zusammengekommen bin, will ich ihn nach kurzer Zeit wieder loswerden, denn kaum habe ich mich in die Rolle seiner Traumfrau hineinversetzt, wird sie mir schon wieder langweilig.

Das Problem ist, dass die Typen immer so dermaßen krass auf mich abgehen, dass es echt schwierig ist, die Sache zu beenden. Dann kommt der Schlussakt, das furiose Trennungsszenario, und da laufe ich dann zur Höchstform auf. Bei einem Exfreund habe ich mal eine echte Glanzleistung hingelegt – wenn ich kein so schlechtes Gewissen gehabt hätte, wäre ich richtig stolz auf mich. Ich war voll lieb, das war die netteste und perfekteste Schlussmache ever: »Ich hasse mich so sehr, ich bin der schlechteste Mensch auf der Welt!« Ich habe sogar etwas weinen können. Am Schluss hätte ich's dann fast noch versaut und hätte beinahe angefangen zu lachen, als er gegangen ist. Ich will kein schlechter Mensch sein, aber ich kann wirklich nicht anders.

Ich bin ziemlich gut darin, meine Wirkung auf andere Menschen einzuschätzen. Geht ein Gespräch in die falsche Richtung, bemerke ich das sofort und schalte um. Im Allgemeinen sind ihre Reaktionen auf mich deshalb auch überraschend positiv. Hinzu kommt, dass ich attraktiv bin. Stellt man diese Aussage in den Raum, wirkt es gleich so, als sei ich arrogant, aber das bin ich nicht. Ich hatte nur schon immer ein sehr gutes Verhältnis zu meinem Erscheinungsbild. Und meine Attraktivität kam nicht plötzlich mit dem Wachstum meiner Brüste oder dem Entdecken von Make-up. Ich sehe es den Menschen an, die mich betrachten. Ich sehe es in ihrem Blick. Das war auf eine ganz unterbewusste Weise schon immer so, und es war auch schon immer extrem hilfreich.

Ich bin fest entschlossen, Großes zu vollbringen. Mächtig und gefragt zu werden. Und ich bin bereit, dafür Opfer zu bringen. Man zahlt für alles im Leben einen bestimmten Preis, davon bin ich überzeugt. In meinem Lieblingsfilm *Troja* wird der Held Achilles vor eine schwere Wahl gestellt: »Wenn du nach Troja gehst, wirst du Ruhm ernten. Viele tausend Jahre lang wird man Geschichten über deine Siege schreiben. Die Welt wird sich an deinen Namen erinnern. Aber wenn du nach Troja gehst, kehrst du nie wieder heim. Denn deine ruhmreichen Taten gehen Hand in Hand mit deinem Untergang.« Die Alternative war ein langes Leben mit Großfamilie.

Im Gegensatz zu den meisten meiner Freunde würde ich mich für Ersteres entscheiden. Ein Name, der nie in Vergessenheit gerät ... Die Tatsache, dass dieser Wunschtraum so wahnsinnig unerfüllbar ist, deprimiert mich. Ich weiß, dass ich nie erreichen werde, wonach ich strebe. Ich werde nie Kopfgeldjägerin oder FBI-Agentin sein, höchstens Kriminalpolizistin in 'nem Scheißvorort von Stuttgart, niemals als *MTVHome*-Moderatorin arbeiten, höchstens als Tussi, die in Dauerglücksspielsendungen ihre Brüste zeigt. Ich werde niemals *NEON*-Redakteurin sein, denn dafür fehlt mir das Talent. Und auch niemals Schauspielerin, denn dafür ebenfalls. Ich werde folglich niemals Robert Pattinson, Johnny Depp oder Chace Crawford heiraten, ins Bett bekommen, oder wenigstens einmal – ein einziges lächerliches Mal – das Vergnügen haben, mit ihnen persönlich zu sprechen! Nur in meiner Fantasie, der ich mich ganz und gar hingeben werde, bis ich mich aufgrund von Alter und Gewohnheit mit der Realität arrangiert habe. (Ich sehe es ja ein: Ich bin mediengestört und meine Idealvorstellungen sind maßlos übertrieben.)

Am tragischsten wäre es einfach, mit zwanzig schwanger zu werden, dann den Typen, der ab 25 fett wird, zu heiraten und letztendlich mit drei oder mehr Kindern in einer beschaulichen Kleinstadt zu vergammeln, Teilzeit als Lehrerin zu arbeiten und

CDU zu wählen. Gott, bewahre mich vor diesem schrecklichen Schicksal!

Und ja, ich glaube an Gott. Punkt, Schluss, aus. Ich habe keine Lust, auch noch *daran* zu zweifeln. Außerdem würde ich, wenn es Gott nicht gibt, Selbstgespräche führen. Ach ja, und das Christkind gibt es auch. Und Jesus war verdammt genial. Vielleicht hilft *er* mir ja mal! Denn da bleibt ein Restfunken Hoffnung in mir, dass ich doch noch auf irgendeine Art und Weise ein spannendes Leben führen werde. Schon jetzt versuche ich, so viele Erfahrungen wie möglich zu sammeln. Ab dem Sommer gehe ich ein Jahr ins englischsprachige Ausland, ob Amerika oder Kanada ist noch nicht ganz sicher. Es gibt so viele Dinge, die ich noch sehen oder erleben möchte! Ich habe eine Liste, auf der all diese Sachen draufstehen. Da sie über hundert Punkte umfasst, nenne ich hier nur die ersten neun:

Erstens: Ich fände es total interessant, eine Zeit lang in einer völlig anderen Kultur zu leben. Mit Indianern im Tipi zu hocken oder mit Indern zu einem Ganesha-Schrein zu pilgern.

Zweitens: Einen richtig geilen Job haben! Ein paar habe ich ja schon erwähnt, wie FBI-Agentin zum Beispiel. Tourmanagerin von einem Superstar wäre auch cool. Oder Sekten-Guru. Beim Rauchen eines Shisha-Pots mit Apfelgeschmack bin ich mit Freunden auf diese wirklich grandiose Idee gekommen: Wir würden den heiligen Apfel anbeten, ich wäre der Apfst und die Mitglieder wären meine Apfeljünger. Ein neues Zeitalter würde beginnen – die Ära des Apfelglaubens. Wir würden im Adamskostüm um einen Apfelbaum herumspringen und unser Bewusstsein erweitern. Die zahlreichen Mitglieder würden mir all ihr Geld zukommen lassen, immerhin wäre ich ja die Sekten-Führerin. Wir würden einflussreich und mächtig werden und sämtliche Regierungen infiltrieren. Und die ganze Welt würde den allmächtigen Apfel preisen. Natürlich ist das totaler Quatsch, aber Scientology schlagen wir damit allemal.

Drittens: Für ein paar Minuten nichts denken. Schwer vorstellbar, aber es soll möglich sein.

Viertens: Drei Tage wach! Also 72 Stunden Party...

Fünftens: Erleben, wie Nahrung ohne Kalorien erfunden wird.

Sechstens: Fünf Minuten Ruhm im Leben. So viel steht doch jedem zu! Und wenn ich dabei nur mit einem Prominenten verwechselt werde.

Siebtens: Mit über achtzig mit meinen besten Freunden im Schaukelstuhl sitzen und Fotoalben von früher anschauen.

Achtens: Ein Stück Regenwald kaufen und zum Wohle des Klimas unberührt erhalten.

Neuntens: Elbisch lernen, die fiktive Sprache aus *Der Herr der Ringe*. Ist zwar komplett sinnlos, aber irgendwann will ich zu dem Aragorn meiner Träume sagen können: »Fae nîn phan echin«, das bedeutet so viel wie »Dein ist mein ganzes Herz«.

Was unserer Generation definitiv fehlt, ist die Massendynamik einer geeinten Jugendkultur. Während früher ein Großteil der Jugendlichen Anhänger einer ganz bestimmten Richtung war, musikalisch, ideell und klamottentechnisch gesehen, so splittet sich das heute total auf. Die einen machen einen auf coolen Hopper und laufen in Baggy-Jeans rum, die anderen haben in ihrem Zimmer Poster von Metallica hängen. An dieser Stelle frage ich mich, was vom Lebensgefühl der Jugendlichen des beginnenden 21. Jahrhunderts eigentlich übrig bleiben wird. Aus heutiger Sicht verbinden wir die Siebziger mit Sex, Drugs and Rock'n'Roll und die Achtziger mit Hairbands und ausgeflippten Neon-Leggins. Aber mit welchen Schlagwörtern werden wir uns in der Distanz von dreißig Jahren selber definieren?

Wahrscheinlich wird der Hip-Hop das dominierende Element sein, insbesondere die Gangsta-Rapper und ihre zeltartigen Hopper-Outfits. Irgendwie traurig, dass die Helden unserer Zeit vorbestrafte Machos sind, die das Rebellionsverlangen ihrer jugendlichen Hörer durch indizierte Texte befriedigen. Aber im Gegensatz zu früheren Jugendkulturen sind wir uns der Flüchtigkeit unserer Ideale durchaus bewusst. Die Anhänger populärer Strömungen in den früheren Jahrzehnten glaubten ernsthaft, dass sie diesen Lebensstil durchziehen könnten. Also mit sechzig immer noch Steine auf Gegendemonstranten werfen und durchlöcherte Hosen tragen. Uns dagegen ist bewusst, dass wir nicht für immer so bleiben können, und wir kämpfen nicht dagegen an. Was jetzt ist, ist jetzt, und was wir machen werden, wenn wir erwachsen sind, ist eine andere Sache.

Manchmal bedauere ich, dass ich nicht in einem früheren Zeitalter lebe. Bei genauerem Nachdenken fallen mir natürlich tausend Gründe ein, warum ich heilfroh sein sollte, in dem fortschrittlichsten und liberalsten aller Jahrhunderte geboren worden zu sein – aber trotzdem hatte Catalina de Erauso, geboren 1592 in Spanien, ein wesentlich ausgefüllteres Leben als ich. Als die in meinem Alter war, brach sie aus dem Kloster aus, um als Mann verkleidet die Weltmeere zu bereisen und Abenteuer zu erleben. Doch ich muss gar nicht so weit zurückblicken. Auch die Studentenbewegung von 1968 finde ich spannend – Woodstock, Demos gegen den Vietnamkrieg, die grenzenlose Freiheit und das Gefühl, die Welt verändert zu haben. Und natürlich auch der ganze Kult abseits der Revolte: In Hippieklamotten oder ganz ohne mit einem Joint in der Hand zu den Rolling Stones abzugehen, da wäre ich nur zu gerne dabei gewesen.

Wobei ich solche Augenblicke größter Freiheit auch schon selbst erlebt habe. Das Bezeichnendste daran ist, dass man sie nicht herbeiführen kann. Überhaupt, die extremste Freude, den größten Spaß hat man oftmals dann, wenn man ihn am wenigsten erwartet. Und man hat ihn fast nie dort, wo man ihn vermutet.

Letzten Sommer war ich mit mehreren Freunden in München. Wir wollten Party machen und danach an irgendeinem

Waldrand zelten. Es hatte lange gebraucht, unsere Eltern zu überreden, und wir wollten einen unvergesslichen Abend daraus machen. Den Nachmittag verbrachten wir in der Innenstadt. Wir stellten uns ungebeten auf Fotos japanischer Touristen dazu und stolzierten in Louis-Vitton- und Armani-Läden. Dort plapperten wir in einem unverständlichen Wirrwarr, der uns als Russen ausgeben sollte, probierten sündhaft teure Kleider an und murmelten Wörter wie »Wladimir« oder »Wodka« vor uns hin. Zwischendurch waren wir ungefähr zehnmal in jedem McDonald's, der unseren Weg kreuzte.

Bei Einbruch der Dunkelheit setzten wir uns in die erstbeste Kneipe, um vorzuglühen. Anschließend wollten wir versuchen, in den Edelclub P1 zu kommen. Warum ist mir bis heute schleierhaft – mal abgesehen von blasierten Bonzen in rosa Polohemden und ein bisschen C-Prominenz hatten wir dort keine interessanten Bekanntschaften zu erwarten. Vor Mitternacht sollte man dort ohne Einladung gar nicht auftauchen, also schlugen wir die Zeit mit U-Bahn-Fahren tot. Vor der Discothek standen wir dann eine Stunde an. Wir hatten uns ein wenig aufgeteilt, um nicht als Gruppe Minderjähriger aufzufallen, aber es half nichts: Ich wurde, wie erwartet, nach meinem Ausweis gefragt – Chance dahin. Ich musste auch nicht lange warten, bis die anderen zurückkamen.

Nur eine Freundin namens Lisa fehlte noch. Die rief uns wenig später an: »Leni, Leniii, ich bin gerade auf'm Klo. Drin! Ich glaube, ich hab gerade diesen Fußballer gesehen! Und die Frau in der Kabine nebenan meint, Jimmie Blue soll auch hier sein. Wartet nicht auf mich!« Natürlich warteten wir doch. Sie alleine in München rumlaufen zu lassen, wäre unverantwortlich gewesen. Sie kam auch früher als erwartet zum einfachen Fußvolk zurück, nach nur einer Stunde. »Ich sag's euch, das war so langweilig!«, meinte sie enttäuscht. »Ich bin mit so einer Gruppe amerikanischer Typen reingerutscht. Dann habe ich euch angerufen. Auf dem Weg zur Bar hat mich irgendein alter, ekliger Typ mit fettem Goldschmuck angelabert, er sei ein Prinz, und ob ich gerne mal sein Zepter sehen würde. Ich bin dann auf die Tanzfläche, die Musik war wirklich ganz gut, aber dann kamen schon die nächsten an, zwei Schweizer, die mir und so einer anderen Tussi unbedingt einen Drink ausgeben wollten. Ich glaube, die waren schon so gut dabei, dass sie die Preise für den Champagner total vergessen haben. Die Typen denken, dass sie dich mit den teuren Ringen an ihren schwitzigen Wurstfingern überreden können, mit auf ihre Suite zu kommen, und ein paar Frauen sehen echt so aus, als wäre das das Ziel ihrer Träume. Die Frauen sehen übrigens viel besser aus als die Typen, größtenteils unter 25 und verdammt gut gebaut!«

An diesem Punkt der Erzählung wurde Lisa vom Stöhnen der Jungs unterbrochen, die auf einmal ganz fürchterlich bedauerten, nicht reingekommen zu sein. Mittlerweile war es auch schon fast drei Uhr und die Müdigkeit überkam uns. Der Abend war gelaufen. Es hatte zwar nicht in einer Vollkatastrophe geendet, aber unsere über Monate aufgebaute Vorfreude wurde herb enttäuscht.

Möglicherweise war genau diese Vorfreude der Fehler im Plan. Die ungeplanten Erlebnisse, an die man keine Hoffnung verschwendet, sind im Rückblick nämlich häufig die besten. Das führt auch zu der Frage, ob Glück immer Zufall ist. Oder kann man es zu jedem beliebigen Zeitpunkt selber hervorrufen?

Ich glaube, das hängt vom Menschen ab. Und auch ein wenig vom Alter. Ist man älter, weiß man, was einen glücklich macht. Und dann kann man aufregende Augenblicke auch planen. Außerdem kann man Rückschläge gelassener hinnehmen. Aber dafür büßt man natürlich auch ein wenig diese Leichtigkeit ein, diese Stunden voller Schwerelosigkeit.

So war auch diese eine Nacht, die ich niemals vergessen werde – so aufregend wie eine ganze Jugend, so kurz wie ein Wimpernschlag und doch länger als eine Ewigkeit. Warum gerade diese Nacht so besonders war, kann ich gar nicht beschreiben.

Es war Silvesterabend und ich feierte mit einer kleinen Gruppe guter Freunde den Abschied vom alten Jahr. Die Eltern meiner Freundin waren selber unterwegs, und so machten wir es uns zunächst bei ihr zu Hause bequem. Wir quetschten uns auf ein Sofa, das nur für vier Personen gedacht war, und ließen die Sektkorken knallen. Wir schwelgten in Erinnerungen an die letzten zwölf Monate. Wenn man noch jung ist, passiert in einem Jahr so unglaublich viel Neues! Einige von uns hatten ihre ersten großen Ziele erreicht und andere hatten ihre erste Enttäuschung erfahren. Und auch über die Liebe und das Leben philosophierten wir. Wir waren eine Gruppe angeschwipster Jugendlicher, die eigentlich noch nichts wissen *konnten* über das Leben und die Liebe, und dennoch sprachen wir über alles. Wir verglichen unsere kleinsten Erfahrungen und Erlebnisse mit den ganz großen. Jede Wochenendschwärmerei wurde zu einer Romanze hochstilisiert, die sich an der von Romeo und Julia messen ließe. Wir träumten von einem Leben voller Freundschaft, Abwechslung, Wagnis, Leidenschaft, Geborgenheit, in einer Welt, die uns keinen Wunsch verwehren würde. Und als wir fertig waren, kam es uns fast so vor, als hätten wir alles schon einmal erlebt. Als hätten wir ein ganzes Leben hinter uns.

Gegen Mitternacht stürmten wir auf die Straßen, die von kleinen und großen Feuerwerken erleuchtet wurden. Die Euphorie überwältigte uns und auf einmal fingen wir alle an zu rennen. Ich weiß nicht warum, und ich glaube, es gab auch keinen bestimmten Grund. Wir rannten durch die Stadt, vorbei an kleinen Kindern, die Wunderkerzen schwenkten, vorbei an Häusern, aus denen laut die Klassiker vergangener Zeiten schallten, vorbei an alten Omas, die mit mürrischer Miene aus dem Fenster sahen. Wahrscheinlich waren wir nur einige hundert Meter weit gekommen, als wir neben einer Wiese anhielten. Doch es kam mir vor, als wäre ich einen ganzen Marathon gelaufen. Vermutlich war ich total erschöpft, aber ich kann mich nicht daran erinnern, um Atem gerungen zu haben. Mein

Kopf war leer, *ich* war leer, soweit das möglich ist. Es war keine schlechte Leere. Sie war eher wie ein Buch, dessen leere Seiten frei sind für alle erdenklichen Geschichten dieser Welt. Ich weiß nicht, was die anderen gefühlt haben und ob auch sie diesen kurzen unfassbaren, ungreifbaren Augenblick hatten. Als er vorbei war, schaute ich sie an. In ihren Gesichtern stand ein unbeschreiblicher Ausdruck.

Wir sanken auf die Knie und legten uns auf die Wiese. Es lag Schnee, aber keinen kümmerte es und keiner sprach ein Wort. Wir schauten in den Sternenhimmel über uns, der gelegentlich von Raketen durchzogen wurde. Es schien, als wären wir nicht mehr weit von der Unendlichkeit entfernt, als hätte uns die Zeit vergessen.

Das sind die grandiosen Kapitel einer Jugend. Freiheit, Freundschaft, Fantasie. Wenn man ein bisschen darüber nachdenkt, wird einem die Unbezahlbarkeit des Hier und Jetzt bewusst. Allein schon dafür lohnt es sich, alles andere auszuhalten. Den ganzen Gefühlsmist, der einen überrollt. Und dabei geht es nicht nur um Liebeskummer, sondern um alles. Manchmal überkommt mich so eine Traurigkeit. So eine Einsamkeit in mir drin. Als gäbe es auf dieser Welt mit knapp sieben Milliarden Menschen niemanden, der mich versteht.

Ich habe festgestellt, dass gegen diese Trauer nur Wut hilft. Aber keine unterdrückte, stille Wut, sondern eine ungezähmte, herausgeschriene. Manchmal therapiere ich mich mit so einer Schrei-Session selber, gelegentlich leisten mir Freunde dabei Gesellschaft. Dann springen wir wie die Irren in meinem Zimmer umher, brüllen uns gegenseitig an und schlagen mit Kissen und Kuscheltieren um uns. Dabei fühlen wir uns wie die letzten Rockstars und geben uns ganz unserer Freakigkeit hin. Dazu läuft aggressive Musik, am besten Trash-Metal. (Dass sich so was Musik schimpfen darf, macht gleich doppelt wütend.) Und wenn man nicht mehr kann, dann merkt man, dass die Trauer nachgelassen hat.

Und dann wünsche ich mir, dass alles, was ich will, Realität wird, und dass ich eines Tages in einem meiner Träume aufwache. Schon als kleines Kind habe ich davon geträumt, die Heldin einer Gutenachtgeschichte zu sein. Ich glaube generell, dass der Grund für sehr viele Eigenschaften und Angewohnheiten, die man sich im Laufe der Zeit aneignet, in der Kindheit zu suchen ist. Da ist zum Beispiel die Frage, ob man Weihnachten mag oder nicht. Ich bin früher jeden Morgen zum Adventskalender gerannt und habe mich unglaublich über die kleine Überraschung gefreut, die darin steckte. Zwei Nächte vor dem großen Tag konnte ich vor Aufregung kaum einschlafen. Am Heiligen Abend dann war ich dauerhaft in Hochstimmung, und das Warten während der Messe und dem gemeinsamen Abendessen versüßte alles noch! Nach der Bescherung schlief ich dann glücksselig ein, mit einer neuen Barbie im Arm, als gäbe es nichts Vollkommeneres auf der Welt als eine pinke Plastikpuppe. Von diesen festlichen Gefühlsmomenten aus Kindertagen zehrt man wahrscheinlich ein Leben lang. (Genauso übrigens wie von der Wunschvorstellung seines persönlichen Ken!)

Dieses reine Glücksempfinden in der Weihnachtszeit geht mit fortschreitendem Alter allmählich verloren. Zuerst wehrt man sich dagegen und hält mit jugendlichem Trotz an den liebgewonnenen Traditionen fest, die Jahr für Jahr an Glanz verlieren. Doch irgendwann muss man sich eingestehen, dass einem die ganze Sache nicht mehr so viel gibt. Konnte man Erwachsene, die die besinnliche Zeit als Stress empfinden, früher nie verstehen, ergeht es einem irgendwann genauso.

Mit der Leidenschaft in einer Liebesbeziehung ist es bestimmt ähnlich. Man wacht eines Morgens auf, nach dreißig Jahren, drei Jahren oder drei Monaten, und etwas ist anders. Die Liebe selber ist nicht plötzlich weg, nur ist sie eben nicht mehr so wie zuvor, kribbelnd und schmerzend. Mit jedem neuen Morgen verschwindet die Leidenschaft ein bisschen. Und sicherlich kann man nicht sagen warum, nicht wirklich.

Aber an ihre Stelle ist etwas anderes getreten. Zunächst Vertrauen und Gewohnheit. Dann Erinnerungen. Erinnerungen an die gemeinsame Jugend, die Anfangszeit als frisch verliebtes Paar. An Dinge, die man voll Aufrichtigkeit sagte, als die Worte noch nicht abgenutzt klangen.

Doch solche Erfahrungen liegen noch vor mir. Noch bin ich jung. In unserer Gesellschaft gilt Jugend als die wohl exklusivste Ware der Welt, falls man sie als Ware bezeichnen kann. Und sie ist definitiv die begehrteste. Dabei kann Jugend wirklich hart sein. Oft denkt man, man sei der einzige lebende Mensch mit derart intensiven Empfindungen. Der erste in der gesamten Menschheitsgeschichte, dem so viel Unglück widerfährt. Diese dramatisierte Gefühlswelt ist es, die Erwachsene so gar nicht verstehen können. Ist man zum ersten Mal unglücklich verknallt, kann man sich beim besten Willen nicht vorstellen, Mutters Weisheiten (»Von Liebeskummer stirbt man nicht!«) träfen auch auf einen selber zu.

Es heißt, die Jugend sei die beste Zeit unseres Lebens. Jetzt. Man mag es kaum glauben, aber wir sind mittendrin. Wenn ich mir das oft genug sage, wird es vielleicht Wirklichkeit. Doch manchmal denke ich: Natürlich haben wir eine geile Zeit, aber ob es wirklich die beste ist? Ich fühle mich nämlich keineswegs so, als säße ich in einer Achterbahn. Im Gegenteil, den Großteil meiner Zeit verbringe ich mit Warten. Und ich hasse Warten, ich habe Angst davor, in sechzig Jahren auf mein Leben zurückzublicken und mir einzugestehen, dass ich die Hälfte meiner Zeit damit verbracht habe.

Es gibt so Menschen, die alles richtig gemacht haben. Meine Nachbarin zum Beispiel. Die ist jetzt schon über neunzig und hatte ein tolles Leben. Sie war dreimal verheiratet, und irgendwie hatte sie auch drei verschiedene Leben. Ihr erstes Leben war im Krieg. Was die Menschen damals erlebt haben, können wir uns heute gar nicht mehr vorstellen. Ihr erster Mann fiel an der Front, als sie erst zehn Monate verheiratet waren. Sie

hatten eine gemeinsame Tochter, die ihren Vater nie kennengelernt hat.

Meine Nachbarin war eine starke Frau, sie hat sich und ihre
Tochter im zerstörten Deutschland gut versorgt. Später lernte
sie einen wohlhabenden Schweizer kennen, der für eine große
Filmgesellschaft arbeitete. So entdeckte sie in ihrem zweiten
Leben das Showgeschäft. Nur hinter den Kulissen natürlich,
aber von ihren Begegnungen mit den Idolen der Nachkriegszeit
erzählt sie noch jetzt, siebzig Jahre später. Sie sah die Glanz-
und Schattenseiten des Lebens, das diese Menschen führen. Sie
hätte nicht mit ihnen tauschen wollen.

Obwohl ihr zweiter Mann gut verdiente, bestand sie darauf
zu arbeiten, auch wenn das Frauenbild der damaligen Zeit ganz
anders war. Sie hat ihren Mann wundervoll umsorgt, er war
sehr gut zu ihr und sie waren sich in Treue ergeben. Es war eine
große Freundschaft, aber wohl keine große Liebe. Dieser Mann
starb Mitte der Siebziger bei einem Autounfall.

Eigentlich wollte sie nicht wieder heiraten. Sie hatte die unglaubliche und leidenschaftliche Liebe der Jugend erlebt und
den Schmerz über ihr frühes Ende mit dem kollektiven Schmerz
einer ganzen Nation verarbeitet. Dann folgten einige Jahrzehnte
des familiären Glücks mit einem großartigen Menschen. Doch
dann, mit 65, lernte sie ihren dritten Mann kennen. Er war ein
weiser Gentleman, so beschrieb sie ihn zumindest. Er ließ sie
die Narben der Vergangenheit vergessen, und zusammen be-
reisten die beiden die Welt.

Ich habe ihn noch kennengelernt, aber da hatte er schon
Demenz. Vor einigen Jahren ist er gestorben. Ihre Kinder sind
schon lange weggezogen, aber sie will ihre Wohnung nicht aufgeben. Sie sagt, alles erinnere sie an ihn. Und sie sei zu alt, um
sich von den liebgewonnenen Dingen zu trennen. Ich komme
sie manchmal besuchen und dann trinken wir eine Tasse Tee
zusammen. Man merkt dieser alten Frau an, dass sie zufrieden
ist. Sie hat alles in ihrem Leben getan, was sie tun wollte. Und

nun genießt sie ihre Zeit. Sie beobachtet die jungen Menschen. Der Tod ist nichts Schlimmes für sie, er wird sie mit all jenen wiedervereinen, die sie geliebt hat. Sie ist sich sicher, dass ihre Ehemänner auf sie warten.

Ich will jetzt nicht unbedingt, dass alle meine Männer vor mir das Zeitliche segnen. Aber ich will ein ähnlich abwechslungsreiches Leben. Mit allen erdenklichen Gefühlen. Ich will Menschen treffen, die erstaunliche Dinge gesehen haben, und Menschen, die nie über die Grenzen ihres Dorfes hinausgekommen sind. Ich will Wege gehen, die nur wenige vor mir gegangen sind, unerhört und wunderbar zugleich. Und ich will diese Zufriedenheit. Vor allem will ich diese Zufriedenheit.

Es bringt wohl nichts, sich an den Biografien anderer Menschen zu orientieren. Was einen dahin führt, dass man am Ende seiner Tage sagen kann »Ja, ich habe alles richtig gemacht!«, das muss wohl jeder für sich selbst herausfinden. Jeder schreibt nun mal seine eigene Geschichte.

Homies, Weiber, Gras

Matti (15 Jahre)

Sie wollen mir befehlen, wie ich mein Leben zu leben habe. Sie sagen, ich soll mehr lernen, weniger trinken, keinen Scheiß mehr machen. Ich soll ein angesehenes Mitglied der Gesellschaft werden – ihrer Gesellschaft. Politiker, Lehrer, Eltern. Einfach alle, die ihr Gehabe als natürliche Autorität bezeichnen. Aber wir hinterfragen diese Autoritäten nicht mal mehr, so wenig nehmen wir sie ernst. Wer unseren Respekt will, muss bei null anfangen.

Aber das wollen sie nicht einsehen. Die haben überhaupt keinen Plan, was abgeht. Ich werde niemals aus dieser beschissenen Stadt rauskommen, und mit einem Hauptschulabschluss habe ich kaum Perspektiven, egal was sie sagen. Die stempeln uns doch eh alle ab, bloß weil wir nicht so sind wie sie, überhaupt nie so sein wollen. Sie werden nicht mehr fertig mit uns.

Jugendliche, die sich unterordnen, die finden sie gut. Brav. Wir, die anderen, sind für die feinen Damen und Herren doch nur die, die in Zukunft die Drecksarbeit machen werden. Wenn's gut geht. Denn wir sind die Rütli-Kinder, die U-Bahn-Schläger, die Flatrate-Säufer, die potenziellen Hartz-IV-Empfänger, die PISA-Versager. Und warum sollten wir uns noch dagegen wehren?

Vielleicht haben sie ja recht. Aber sie sollen endlich begreifen, dass es ihre eigene Schuld ist. Sie verurteilen unsere Helden und Idole, machen sie dafür verantwortlich, dass alles den Bach runtergeht, damit sie nur nicht darüber nachdenken müssen, dass wir das Ergebnis ihrer eigenen Engstirnigkeit sind. King Bushido hat mal darüber gerappt:

Ich denke manchmal echt, dass es keiner begreifen mag,
ich hab eure Kinder so gemacht, das war leicht gesagt,
das Produkt meiner Umwelt. Ihr habt mich erschaffen
und jetzt guckt, wie euer Weltbild umfällt.
Es tut mir leid,
wenn ihr meint.
Ich hab sie nie dazu gebracht,
es sind eure Kinder.

Ihre Hilflosigkeit verschafft uns Genugtuung. Wenn sie uns verurteilen, verurteilen wir sie. Mein Vater gehört zu ihnen. Er ist erschüttert darüber, was er aus seinem eigenen Fleisch und Blut gemacht hat. Eigentlich rede ich nie normal mit ihm, wir streiten uns nur. Er ist doch selber ein Versager – er hat sich selbstständig gemacht und bis jetzt nur Verluste eingefahren. Würde meine Mutter nicht auch noch arbeiten gehen, wären wir wahrscheinlich schon pleite. Sie tut mir leid, der ständige Stress geht ihr total an die Nerven. Doch sie bezieht nie Stellung, bekennt sich nie zu mir, sie heult nur, wenn ich und Dad uns mal wieder eine halbe Stunde lang anschreien.

Seitdem mein großer Bruder ausgezogen ist, ist es ein bisschen besser geworden. Der hat ihnen auch nur Ärger gemacht, die Schule verweigert und einige krumme Dinger abgezogen. Er hatte sogar schon zwei Gerichtsverhandlungen am Hals. Kaum war er volljährig, ist er weggegangen. Womit genau er sein Geld verdient, weiß ich nicht, aber er hat eine schöne Wohnung und eine hübsche Freundin. Ich hoffe, er tut nicht Verbotenes. Und wenn doch, hoffe ich, dass sie ihn nicht kriegen. Mein Vater würde ihm, glaube ich, wünschen, dass er auffliegt.

Der ganze Stolz meiner Eltern gilt meiner kleinen Schwester, Klara. Sie ist 14 und Gymnasiastin, Klassenbeste und total intellektuell – jedenfalls tut sie so und liest nur dicke Wälzer aus vergangenen Jahrhunderten. Von Alkohol und Jungs lässt sie komplett die Finger. (Sie verpasst was!) Und sie hört auf meinen Vater. Er liebt sie so sehr, wie er mich hasst. Na gut, ob er mich wirklich hasst, weiß ich eigentlich gar nicht. Aber er mag mich nicht.

Dabei weiß er noch gar nicht alles. Dass ich regelmäßig kiffe, zum Beispiel. Meine Bong habe ich gut versteckt und den Stoff lasse ich nie lange rumliegen. Ich beziehe mein Zeug von Abramo, meinem kleinen Lieblingsitaliener. Er ist 13, sieht aber aus wie zehn, weil er so klein und rundlich ist. Wegen dem Gras ist er wohl in seiner Entwicklung stecken geblieben. Der Junge ist echt fertig mit sich und seinem Leben. Eigentlich ist er so was wie ein lebendes Beispiel zur Drogen-Prävention. Obwohl es das eigentlich gar nicht gibt, eine Prävention gegen Drogen. In den Schulen zeigen sie ja immer diesen einen Film, *Die Kinder vom Bahnhof Zoo*, und danach reden auch alle darüber, wie ekelhaft sie es fanden, als sich die kleinen Junkies auf Entzug gegenseitig angekotzt haben, aber am Abend gehen sie doch wieder weg und schmeißen sich irgendwas ein. Weil man sich selber immer für klüger hält. Man glaubt, man könnte die Sucht überlisten. Ich habe schon so einige Drogen ausprobiert, es hat aber alles nicht richtig gewirkt. Nur Koks, das war ganz gut, aber das war mir zu teuer.

Das richtig krasse Zeug finde ich ein bisschen zu hart. Aber ich kenne ein paar Leute, die da voll drauf stehen. Wenn andere Menschen einen DVD-Abend machen, machen die halt einen LSD-Abend. Noch sieht man es ihnen nicht an, aber ich denke mal, die werden bald ganz schön kaputt sein. Ich bleibe lieber beim Gras.

Natürlich weiß ich, was das Kiffen mit einem anstellen kann. Dass es einem das ganze Leben versauen kann. Obwohl es mir auf Dope dann auch egal wäre. Ich kiffe nicht täglich, aber mittlerweile öfter, als ich am Anfang geplant hatte. Es ist einfach zu geil. Mit seinen Homies abhängen und einfach nur einen durchziehen, das ist das wahre Leben. Und Weiber. Ja. Gras, Homies und Weiber.

Zumindest jetzt. Ich werde wohl kaum für immer so bleiben können. Aber ich werde lange so bleiben. Und wenn diese Zeit mal aufhört, dann wäre es einfach nur übergeil, wie Hugh Hefner zu leben. Mit drei scharfen Bunnys im Arm und mordsmäßig Kohle auf dem Konto. Mit Kohle kannst du sicher sein, dass die Mädels bei dir bleiben. Das ist bei denen doch immer so. Du gibst ihnen einen Drink nach dem anderen aus, und wenn du kein Geld mehr hast, dann gehen sie zum Nächsten.

Bei meiner Ex war es ähnlich. Sie war so richtig heiß und hat sich immer Kerle gesucht, die sie zum Essen einladen oder ihr Zeug kaufen. Ich fand sie so geil, dass ich gar nicht merkte, wie sie mich ausgenutzt hat. Nach zwei Monaten hat sie dann einen reicheren Macker gefunden und mit mir Schluss gemacht, die Schlampe. Das hat mich echt fertiggemacht. Danach war ich nur noch auf der Piste, ich habe mir den Liebeskummer quasi weggevögelt. Vor Kurzem kam sie dann wieder an, ihr Bonze hat sie verlassen. Aber bei der Alten gab's nur noch eins: Next!

Das Wichtigste bei Frauen und Freunden ist Loyalität. Es gibt nichts Schlimmeres, als hintergangen zu werden. Bei Frauen merkt man das gar nicht immer so leicht, bei Homies ist das einfacher. Als sich mein bester Kumpel mal für mich geprügelt hat, wusste ich, dass er echt an mir hängt. Ich würde dasselbe natürlich sofort für ihn tun.

Als wir neulich eine Shisha-Session bei besagtem Kumpel machten, haben wir überlegt, welcher Film wohl am besten zu uns passen würde. Dann kamen wir auf die Frage, welcher Film generell zu unserer ganzen Generation passt. Die Mädchen haben zuerst mit so romantischen Tanzfilmen angefangen, zum Beispiel mit *Step up*, irgend so einem typischen Mädchenfilm: Ghetto-Gangster mit Breakdance-Talent und üblem Elternhaus trifft auf Eliteschülerin mit Ambitionen zur Primaballerina.

Zwischendurch gibt's noch ein bisschen Drogen und Sex von Seiten des Typen und ein wenig Erfolgsdruck von den Eltern der Tussi. Warum bitte schön sollte diese Story auch nur annähernd zu unserem Leben passen? Wir Jungs tanzen eh nicht, das sollen die Chicas machen. Nur Engtanz geht klar.

Die Komödie *Superbad* hat dann am meisten Stimmen bekommen. Das ist so ein amerikanischer Teeniefilm, der auf supergeile Art auf alles, was davor schon mal gedreht wurde – von *American Pie* bis *Beim ersten Mal* –, noch einen draufsetzt. Darin geht es um die beiden minderjährigen Versagertypen Evan und Seth, die, um bei ihren Traumfrauen zu landen und dabei ihre Jungfräulichkeit zu verlieren, irgendwie Alkohol für deren Party besorgen müssen. Ihre einzige Chance ist ihr Kumpel Fogell, ein Oberhonk. Der hat nämlich einen gefälschten Ausweis – und jetzt kommt's – unter dem Namen »McLovin«. Wie Kanye West in *Forever*: »Superbad chicks giving me McLovin.«

In dem Film ist einfach alles drin – Alkohol, Freundschaft, Frauen, Party, Sex. Einige Erwachsene finden es wahrscheinlich traurig, dass dieser Streifen unserer Meinung nach am besten unsere Jugend beschreibt. Doch das ist nur ehrlich. Wir verstecken keine Pseudo-Botschaft in dem, was wir tun. Den meisten Jugendlichen geht es nun mal nicht um die Lage im Nahen Osten oder das Bruttosozialprodukt. Wir labern auch nicht pausenlos über Werte und Moral und all den konservativen Scheiß. Und ich glaube auch nicht, dass die ganzen Leute vor uns das getan haben. Denen ging es doch auch hauptsächlich um Alkohol, Sex und Party. In schlimmen Zeiten vielleicht noch um Rebellion. Aber viel anders wird es nie werden. Die Themen werden immer dieselben bleiben. Nur die, die über sie reden, wechseln.

Voll erwachsen zu sein muss traurig sein! Mit den ganzen schlimmen Erfahrungen, Pflichten und Problemen. Jung zu sein ist halt schon irgendwie geil. Die Wochenenden sind einfach unbezahlbar. Zusammengefasst könnte man sagen: Es ist einfach nur ein Absturz nach dem anderen – aber jeder einzelne ist doch irgendwie einzigartig.

Leider umfasst das Wochenende nur den Zeitraum zwischen Freitagnachmittag und Sonntagabend. Die Tage in der Schule kann man eh vergessen. So wie das ganze deutsche Schulsystem. Die reichen Muttersöhnchen werden aufs Gymnasium gedrängt, von uns können ein paar nach der vierten Klasse auf die Real, aber für den Rest bleibt nur die Hauptschule. Wir können zwar immer noch die mittlere Reife nachholen, aber man macht es uns viel schwerer. Wir gehen dann zehn Jahre auf die Schule, und am Ende hocken wir doch in der Frittenbude. Wer besser ist, kriegt vielleicht noch eine Ausbildung im Hotelfach oder im Bankwesen. Spannend.

Und weil wir das wissen, sind wir dementsprechend demotiviert. Sogar viele der Lehrer kommen rein und haben keinen Bock, uns was beizubringen. Die sitzen nur ihre Stunden bei uns ab. Ein Lehrer meinte neulich, ich solle an die Tafel kommen. Ich dann so: »Bitte nicht, ich muss unbedingt noch Mathe abschreiben!« Hat er durchgehen lassen. Solche Lehrer lassen wir dann auch größtenteils in Frieden. Aber dann gibt es da auch noch die anderen, die dann mit so Phrasen wie »Zucht und Ordnung« daherkommen. Ey, die können mich mal! Dann meinen die immer, die Kinder seien so viel schlimmer geworden. So unverschämt und respektlos. Früher hätten sie sich das nicht getraut. Aber es ist nun mal nicht mehr »früher«. Und wenn sie damit nicht klarkommen, dann haben sie Pech gehabt.

Am übelsten ist es übrigens immer, wenn sie mit ihren Prinzip-Sätzen anfangen. Als Schüler sollten wir uns so und so verhalten – aus Prinzip. Unsere Hosen hängen zu tief, das gehört sich nicht – aus Prinzip. Unsere Musik ist indiskutabel – aus Prinzip. Und nach jedem derartigen Satz gefallen uns unser Style und unser Rap nur noch besser. Ohne den Protest der konservativen Bürgerschar hätte der Hip-Hop niemals seine

Popularität erhalten. Fler, Bass Sultan Hengzt, King Orgasmus One oder Sido verkaufen so noch mehr Platten. Sie spielen mit der Ablehnung der Elterngeneration, so wie Bushido in *Keine Entschuldigung*:

Ich hab so viele schon verletzt, so viele schon gequält.
Zehntausend Lehrer, die die Texte nicht verstehen.
Geht und fickt euch, nennt es unterste Schublade,
weil ich Sachen, die mir nicht gehören, gern kaputt schlage.

Bushidos Texte hören nicht nur Hauptschüler wie ich, auf den Konzerten sind Fans aus allen Bildungsschichten. Aber ob die so wie ich verstehen, wovon er rappt, das bezweifle ich. Obwohl ich ja auch nicht der oberkriminelle Jugendliche bin. Ich bin bis jetzt immer um die Polizei herumgekommen, ich hab auch noch nie was richtig Krasses gemacht, also einen richtig großen Diebstahl oder so. Aber ich gehe schon manchmal mit Freunden zocken. Nur zum Spaß, so Kleinigkeiten. Und wer am Ende am meisten hat, ist Sieger.

Auch sonst erwischen uns die Bullen nie mit Alk oder Gras. Nur einmal, da wurde es ganz schön knapp. Das war an einem Freitagabend, wir zogen total dicht durch die Straßen. Und irgendwann saßen wir dann so rum, kiffend, als ein Kumpel meinte: »Hey, da sind die Bullen!« Das sagte er aber in einem so monotonen, unaufgeregten Ton – lag wahrscheinlich am Gras –, dass wir anderen es zuerst überhaupt nicht gecheckt haben. Wir blieben seelenruhig sitzen. Erst als das grün-weiße Auto nur noch dreißig Meter von uns entfernt war, haben wir es mitgekriegt. Dann sind wir gerannt, was unsere Beine hergaben. Die Bullen haben uns noch »Stehenbleiben!« nachgerufen, aber so blöd war dann keiner von uns. Ich konnte irgendwann nicht mehr und habe mich hinter einer Mülltonne versteckt. Da bin ich dann auch eine ganze Zeit lang geblieben. Ich hatte echt so was von Schiss.

Freunde von mir hatten an diesem Abend weniger Glück. Die waren auf einem Kinderspielplatz, und weil ihnen so kalt war, haben sie ein Feuer im Sandkasten gemacht. Dummerweise waren sie so voll, dass sie den halben Spielplatz abgefackelt haben. Den Rauch hat dann zu allem Überfluss auch noch die Polizei gesehen. Die mussten sogar vor Gericht. Wenn ich mal von den Bullen erwischt werden würde, dann wär's mit meinen Eltern wohl ganz aus. Die würde mich so ficken! Daran denke ich immer als Erstes, wenn es mal brenzlig wird.

So knapp wie in der Nacht mit dem Gras war es nur noch ein einziges Mal, und zwar, als mein Kumpel Pascal sich das Auto seiner Mutter borgte. Das tut er manchmal, wenn er weiß, dass sie für einen längeren Zeitraum außer Haus ist. Dann cruisen wir so durch die Gegend, natürlich illegal, er hat ja keinen Führerschein. Aber beim letzten Mal hatten ich und ein anderer Freund ein total komisches Gefühl und sind ausgestiegen. Wir waren zu viert im Auto, Pascal am Steuer. Er und sein Beifahrer haben noch über uns gelacht, als wir den Wagen verließen, aber nur hundert Meter weiter wurden die beiden dann von der Polizei angehalten. Da gab's kein Entkommen. Die Bullen haben erst mal bei Pascals Mum angerufen und einen Drogentest gemacht, bei beiden. Bei Pascal war kaum was nachzuweisen, aber sein Beifahrer hatte nur ein paar Stunden zuvor einen durchgezogen. Also wurden seine Eltern auch gleich verständigt. Sein Vater ist Stadtrat, und dem war das natürlich endlos peinlich. Jetzt reden alle über ihn und seinen Sohn. Ich bin echt so froh, dass ich noch rechtzeitig ausgestiegen bin. Manchmal hat man eben so eine Intuition, und die rettet einen dann.

Wenn man vor Gericht muss, hört der Spaß auch irgendwie auf – für mich zumindest. Manche von meinen Kumpels dagegen finden sich sogar dann noch cool und würden sich das Gerichtsschreiben am liebsten über das Bett hängen. Es hat zwar schon was Geiles, aber du bist halt so richtig gearscht, wenn dann was in deinem polizeilichen Führungszeugnis drinsteht.

Leider haben die geilsten Aktionen auch immer was Illegales. Die beste Party meines Lebens zum Beispiel. Es war eine Geburtstagsfeier, und Martin, gerade 16 geworden, lud alle Leute ein, die er irgendwoher vom Sehen kannte. Als Location suchte er ein Haus aus, das schon seit zehn Jahren leer stand, weil sich die Erben streiten oder so. Da es ziemlich abseits liegt, hatten wir keine große Angst, von Anwohnern entdeckt zu werden – auch wenn das Ganze natürlich Hausfriedensbruch war.

Vor der Party gingen wir erst mal einkaufen. Die Pussy-Getränke konnten wir selbst besorgen, aber für das geile Zeug, Feiglinge und so, mussten wir erst jemanden suchen. Wir haben dann so einen Obdachlosen angelabert, und für ein wenig Kleingeld war er dabei. Wir haben ihm das Geld gegeben und gesagt, was er mitbringen soll. Ein bisschen Angst hatte ich schon, dass er mit der Kohle einfach so verschwinden würde, aber er kam dann recht bald mit der Bestellung zurück. Ich frage mich echt, ob die in den großen Supermarktketten das nicht durchschauen! Gerade vor großen Partys oder Schulbällen stehen Dutzende Jugendliche vor dem Laden, und nur ein paar Leute gehen rein, die dann aber gleich tütenweise Alkohol kaufen. Wahrscheinlich durchschauen sie es schon, aber was wollen sie tun?

Nachdem wir alles hatten, fuhren wir zum Haus. Da war es so 15 Uhr. Wir sind über ein kaputtes Fenster eingestiegen und haben die Tür geöffnet, haben überall alte Matratzen und Polster hingelegt, die Anlage aufgebaut und einen Schrank zur Bar umfunktioniert. Als alles fertig war, kurz vor 19 Uhr, öffneten wir die ersten Flaschen. Da waren wir zwar erst zu zehnt, aber Vorglühen im kleinen Kreis ist eh viel besser. Mit der Zeit haben wir mit ganz komischen Trinksprüchen angefangen und auf jeden möglichen Scheiß einen gehoben – auf Angelina Jolie, Barack Obama und Nike zum Beispiel. An dieser Stelle muss ich einfach den geilsten Standard-Spruch ever bringen: Wer ständig säuft, hat auch ein geregeltes Leben!

Dann kamen die Gäste und es wurde es verdammt genial. Im Garten dieses Hauses hatten wir ein Planschbecken aufgestellt, um die Getränke zu kühlen, aber irgendjemand hatte die ganzen Flaschen rausgestellt, und jetzt hüpften die Ersten in Unterwäsche im Wasser umher. Davon inspiriert meinte ich: »Kommt, wir spielen Strip-Poker!« Da aber keiner pokern konnte, geschweige denn Karten dabeihatte, endete es damit, dass sich ungefähr vierzig Gäste einfach so auszogen. Nicht ganz, aber weit genug. Man muss sich folgendes Szenario vorstellen: Ungefähr sechzig Menschen, über die Hälfte davon kaum bekleidet, tanzen und trinken zu geiler Musik, es ist warm, allen geht es gut. Und alle sind echt besoffen.

Plötzlich kamen zwei Mädchen auf mich zu und machten erst mit mir und dann auch noch miteinander rum. Ich war im Paradies! Auch dass sie danach gleich zum nächsten Typen gingen, konnte mein Glück nicht trüben. Ehrfürchtig und total dicht kniete ich mich auf den Boden. Bald hatte ich mich aber wieder gefangen und stürzte mich erneut ins Partygeschehen. Eine Freundin hatte mehrere Tüten dabei und ich kaufte ihr eine ab. War nicht der beste Stoff, gestreckt mit Zigarettentabak, aber es reichte für eines der krassesten Drogenerlebnisse meines Lebens, der Alkohol kam ja auch noch dazu. Alles unmittelbar um mich herum bewegte sich unnatürlich langsam, aber alles, was weiter weg war, raste nur so an mir vorbei. Ich saß bestimmt eine halbe Stunde nur so da und bestaunte fasziniert meine Umgebung. Bis die Wirkung nachließ, leider.

Danach lief ich ein bisschen verloren auf dem Grundstück rum. Irgendein Junge, dessen Gang sehr stark an den von Jack Sparrow erinnerte, teilte jedem mit verklärtem Blick mit: »Ich *spüre*, dass meine Schuhe noch im Haus sind!« Als dann auch noch zwei meiner Kumpels mit irgendeinem Ausdruckstanz begannen, der Figuren wie »Stromschlag« oder »Ich umarme die Welt und springe darüber« beinhaltete, bekam ich den totalen Lachflash. Ich stand einfach nur da und lachte Tränen.

Dann begann auch ich zu tanzen. Ein paar Leute fingen an, sich auf der Stelle zu drehen. Immer mehr machten mit. Oh Mann, was würde ich dafür geben, das auf Band zu haben. Ich drehte mich mit ausgebreiteten Armen und hörte nicht mehr auf. Wenn mich nicht irgendwann jemand in den Pool gestoßen hätte, würde ich mich wahrscheinlich heute noch drehen. Das war einer dieser unbezahlbaren Momente des Lebens. Für mich könnte es immer so weitergehen, mit Musik, Partys und Rausch.

Mit dem Gedanken, mal Kinder zu bekommen, kann ich mich dagegen nicht so sehr anfreunden. Obwohl ich Kinder total gerne mag. Die geben einem so ein Gefühl von Frieden. Aber wenn man eigene Kinder hat, ist das Leben ja irgendwie vorbei. Gut, wenn man dann schon alt ist, ist das auch schon wieder egal, dann könnte es vielleicht ganz cool sein. Aber wenn man noch jung ist, gehen Kinder echt gar nicht. Auf MTV läuft ja manchmal diese Serie, *16 and Pregnant*, die hat mich voll abgeschreckt.

Die Frau, mit der ich Kinder kriegen wollen würde, habe ich definitiv noch nicht getroffen. Vielleicht gibt es so was auch gar nicht. Ich habe zwar manchmal mit der einen oder anderen Lady was am Laufen, aber so richtig tief geht das nicht. Natürlich gibt es diese kleinen, niedlichen Mädchen, die voll auf den ganzen romantischen Kram stehen. Aber die wilderen, unabhängigeren Mädels sind mir echt lieber, die stressen nicht so krass rum. Dafür ist es schwierig, sie sich als Freundinnen vorzustellen. Die Ische kann noch so geil sein – wenn man zu ihr sagt »Komm Baby, blas mir einen!« und sie es tut, ist sie halt eine Schlampe. Das schließt eine Beziehung zwar nicht automatisch aus, erschwert die Sache aber ungemein. Welcher Typ möchte beim Rummachen schon gerne mit den hundert anderen verglichen werden, die schon vor ihm ihre Zunge und anderes im Mund irgendeines Mädchens hatten?

Ich habe mal gelesen, dass die Bakterien, die bei einem Zungenkuss übertragen werden, bis zu sieben Jahre fortleben. Über Umwege habe ich bestimmt schon Schleimhautbakterien von fast allen meinen Freunden. Offiziell und bakteriell verbunden. Es gibt echt so Mädchen, bei denen man weiß: Wenn ich jetzt mit der rummache, habe ich danach die Bakterien der halben Stadt. Extrem bizarres Gefühl!

Das ist für mich aber nicht der einzige Grund, mich nicht auf eine Beziehung mit einer Schlampe einzulassen. (Wir gehen hier übrigens davon aus, dass es eine heiße Schlampe ist.) Der andere Grund ist, dass diese Mädchen ihre Reize so geschickt einsetzen können, dass sie alles bekommen, was sie wollen. Ich würde mich neben so einer immer ein wenig wie ein doofer Gartenzwerg fühlen. Erschreckende Vorstellung.

Erschreckend ist übrigens auch, dass es mal eine Jugend gab, die ohne YouTube aufgewachsen ist. Diese überaus schockierende Erkenntnis ereilte mich neulich im Schlaf. Überhaupt: Die Welt, in der ich lebe und deren Bestandteile für mich ganz selbstverständlich sind, ist noch gar nicht so alt. Wie es war, bevor das Internet erfunden wurde, Snoop Dog seinen ersten Text schrieb und Fotohandys aufkamen, kann ich mir überhaupt nicht vorstellen. Will ich auch gar nicht, das muss echt ein trauriges Leben gewesen sein.

Generell sehe ich im Fortschritt überwiegend positive Seiten. Klar, solche Erfindungen wie die Atombombe hätten jetzt echt nicht sein müssen. Aber ansonsten gibt es doch unglaublich viele Vorteile. Und die ganze Globalisierungssache nimmt uns zusätzlich die Angst vor der Fremde – egal wo auf der Welt man sich befindet, bei McDonald's fühlt man sich doch immer zu Hause.

Die Möglichkeiten des Fortschritts nicht zu nutzen, halte ich für absolut bescheuert. Meine Oma weigert sich zum Beispiel immer noch, ein Handy zu benutzen oder sich einen Computer anzuschaffen. Dabei finde ich, dass man für so was nie zu alt ist. Dass man sich im Leben ständig fragen muss, ob man für eine Sache nun schon zu alt, beziehungsweise noch zu jung ist, ist doch eh blöd. Und selbst wenn man es sich selber nicht fragt, dann fragen sich andere für einen.

Ich glaube, man sollte sich generell nicht so viele Gedanken machen und einfach sein Ding durchziehen. Und man sollte immer seine Meinung sagen. Ich bin für gewöhnlich ziemlich direkt. Manchmal empfinden andere das als verletzend, und ich denke mir, ich sollte ein wenig diplomatischer werden, aber wenn ich die Dinge, die mich stören, nicht ausspreche, tut es keiner. Das wäre dann ja auch blöd. Wenn man immer den Weg des geringsten Widerstands geht, ist man einfach nur ein Mitläufer.

Für manche Probleme will ich keine Lösung. Ich bin jung, ich mag keine Kompromisse eingehen. Wenn ich ein Ziel habe, renne ich erst mal blindlings darauflos – vielleicht habe ich ja Glück. Mit List und Arbeit kann ich es später auch noch versuchen.

Rückschläge verkrafte ich eigentlich ganz gut, vermutlich besser, als ich es tun werde, wenn ich älter bin. Jetzt kann ich mich ja einfach mit der nächsten verrückten Idee ablenken. Durch meine 15-jährige Lebenserfahrung weiß ich außerdem, dass man etwas, das man unbedingt will, erst viel später bekommt, wenn man es nicht mehr braucht. Das nennt man dann wohl Ironie des Schicksals.

Irgendwie glaube ich an das Schicksal. Vielleicht ist das ja auch Gott oder so. Und das Schicksal und dein Wille bestimmen über dein Leben. Vielleicht bringen sie dich am Ende nicht dorthin, wo du am Anfang hinwolltest. Aber bestimmt entfernen sie dich von dem, was du auf gar keinen Fall willst. Hoffe ich zumindest.

Die Entmystifizierung
des Lebens

Jana (17 Jahre)

Im Prinzip habe ich keinen Plan zum Glück, nicht mal eine Ahnung. Mir ist egal, wohin das Leben mich verschlägt oder welchen Beruf ich – an was für einem Ort der Welt auch immer – ausüben werde. Es ist nicht schlimm, wenn irgendwas mal nicht klappt, für mich zählt nur, dass ich letztendlich glücklich oder zumindest zufrieden bin. Der Weg dahin ist variabel.

Ich glaube nicht an die Liebe, schon gar nicht an die ewige. Mit wem man einen Abschnitt seines befristeten Daseins verbringt, ist allein vom Zufall und den Genen abhängig, sowie von einer gewissen Überschneidung der anerzogenen Werte. Ich kann mir einfach nicht vorstellen, ein ganzes Leben mit nur einem einzigen Mann zu verbringen, ohne mich zu langweilen. Verliebtheit ist doch nichts anderes als der menschliche Urtrieb, sich zu reproduzieren. Irgendwann setzt dann die Macht der Gewohnheit ein, man ist zu faul, sich erneut umzustellen – Mutter Natur will so die fürsorgliche Aufzucht des Nachwuchses gewährleisten.

Ein traditionelles Familienmodell käme für mich nicht infrage. Das Gefühl frischer Verliebtheit mag ich wahnsinnig gerne, ich glaube aber nicht an die Beständigkeit dieses Zustands. Bei all meinen Exfreunden war es jedenfalls so. Richard Dawkins, Autor des umstrittenen Buches *Der Gotteswahn*, ging da noch weiter: »Sich zu verlieben ist eine Art von Wahn. Denn unter all den Partnern des anderen Geschlechts mag es einen geben, der am besten zu uns passt. Aber niemals ist er hundertmal besser geeignet als alle anderen. Dennoch blasen wir den Wert des einen über jedes Maß auf, wenn wir uns verlieben.«

Genauso wenig, wie ich an wahre Liebe glaube, glaube ich an Gott. Ich habe mich nicht bewusst entschlossen, den Glauben abzulehnen, ich habe ihn einfach nie richtig kennengelernt. Und dabei auch nichts vermisst. Wenn andere sich als Mitglieder einer Glaubensgemeinschaft besser fühlen, akzeptiere ich das. Ich habe auch nichts gegen spezielle Religionen, im Gegensatz zu vielen meiner Freunde, die gelegentlich gegen die konservative Weltanschauung der Kirche wettern.

Vielleicht fehlt mir das Vertrauen in Gott und die Liebe, weil ich das Gefühl habe, dass ich niemals zu ihnen finden werde. Nicht jeder hat das Glück, geliebt zu werden. Ich kann mich dieser Realität nicht verschließen, ich habe es versucht, aber es geht nicht. Mit der Entmystifizierung des Lebens habe ich mich bereits abgefunden.

Dafür habe ich einen anderen Traum – und wenn mir das Leben die Liebe verweigert, dann könnte wenigstens er in Erfüllung gehen. Ich will Mode machen. Nicht so wie die kleinen Mädchen, die die *Glamour* lesen und von einem Leben im Scheinwerferlicht träumen.

Meine Mode entsteht aus mir selbst heraus, macht mich zufrieden, beruhigt mich und heilt. Schon mit acht Jahren habe ich begonnen, Kleider für meine Puppen zu entwerfen und nähen zu lernen. Mittlerweile arbeite ich in meiner Freizeit parallel an mehreren Projekten, zum Beispiel designe ich zusammen mit einem kommunal bekannten Künstler Kleidung aus Verpackungen, Tüten und Müll – dieses Experiment nennt sich »Trash Dress«. Außerdem entwerfe ich pro Saison bis zu fünf Teile für einen kleinen Internetvertrieb, der sich auf Vintage und Jugendmode spezialisiert hat.

Mein Stil ist nicht opulent und verspielt, eher minimalistisch, mit geraden Formen und gedeckten Farben. Liegt wohl daran, dass ich mich hauptsächlich durch meinen Alltag inspirieren lasse. Manchmal fällt mir auch tagelang gar nichts mehr ein, aber dann, mitten in der Nacht, kommt mir die genialste Idee überhaupt und ich stehe um drei Uhr auf und skizziere bis in die frühen Morgenstunden.

Mir ist natürlich total bewusst, dass die Chancen auf einen lukrativen Job in dieser Branche gering sind, aber wenn man es nicht mal versucht, kann man nur verlieren. Und ich vertraue meinem Talent. Am ehesten scheitert das alles sowieso an den finanziellen Hürden. Ich will auf das Fashion Institute of Technology in New York gehen, doch dafür bräuchte ich ein Stipendium.

Hätte ich einen einzigen Wunsch frei, wäre es eine Kreditkarte ohne Limit. Denn mit Geld lässt sich alles kaufen. Die Romantiker würden hier wohl vehement protestieren: Glück, Gesundheit und Liebe lassen sich niemals mit schnödem Mammon kaufen, würden sie sagen. Das sehe ich etwas anders. Sich tagtäglich mit schönen Dingen zu umgeben, kann glücklich machen. Sich nicht um die Monatsmiete oder den Strompreis sorgen zu müssen, kann glücklich machen. Von allen Menschen zuvorkommend behandelt zu werden, kann glücklich machen. Teilweise lässt sich mit Geld auch Gesundheit kaufen: modernere Krankenhäuser, bessere Ärzte, teurere und aufwendigere Behandlungsmethoden. Bliebe noch die Liebe. Und ich glaube, auch die ist größtenteils käuflich. Wer Geld hat, kann großzügig sein – und das öffnet häufig die Herzen der Menschen. Und selbst wenn wahre Leidenschaft und tiefe Zuneigung durch Geld allein nicht zu erlangen sind, kann man zumindest den Anschein davon kaufen. Und Treue ist definitiv käuflich.

Im Kleinen wäre mir erst mal wichtig, genug Geld zu verdienen, um ausziehen zu können. Nicht, dass ich unbedingt von meinem Vater weg möchte, aber Unabhängigkeit ist mir sehr wichtig. Da meine Eltern seit vier Jahren getrennt leben, fällt es mir nicht schwer, mich abzunabeln. Bei mir und auch bei anderen Scheidungskindern habe ich das beobachtet: Je älter man zum Zeitpunkt der Trennung ist, desto mehr distanziert man sich von beiden Elternteilen zugleich. Wahrscheinlich um keinen zu bevorzugen.

Die Bindung zu meinen Eltern ist nicht so eng wie beispiels-weise die zu meinen Freunden. Ich hätte kein Problem damit, auf der anderen Seite der Welt zu wohnen und sie nur ein- oder zweimal im Jahr zu sehen. Nach der Trennung habe ich gelernt, selbstständig einen Haushalt zu führen, ich weiß, mit welchem Putzmittel man spezielle Flecken beseitigen kann oder wo im Supermarkt die günstigen Angebote zu finden sind. Andere in meinem Alter haben davon keinen blassen Schimmer.

Am liebsten würde ich, wie gesagt, schon jetzt ausziehen und selber Geld verdienen. Also richtiges Geld, nicht nur so Schülerjobs. Aber das geht nicht – wegen der Schule. Ich bin eigentlich eine ganz gute Schülerin, aber manchmal habe ich keine Lust mehr, jeden Tag denselben Frontalunterricht über immer ähnlichen, sinnlosen Lernstoff über mich ergehen zu lassen. Als ich mal mit ein paar Freunden aus einer dreistün-digen Klassenarbeit herauskam, waren wir alle so fertig und unmotiviert, dass wir uns einen Masterplan überlegten: Wir würden die Schule verlassen, nur noch Party machen, alles vom Leben mitnehmen, was ginge, und mit 25, also kurz bevor der Mensch zu altern beginnt, an einer Überdosis sterben.

Dazu fehlt mir natürlich der Mut, aber einen gewissen Reiz hat dieses Leben schon, getreu dem Motto: »Live fast, love hard, die young!« Aber wahrscheinlich ist selbst diese Art von Leben nur dann geil, wenn man Rockstar ist. Und Rockstars haben Geld. Womit wir wieder beim Thema wären.

Musik macht mich wirklich glücklich. Nebel und Musik. Keinen Gedanken mehr an Zukunft oder Vergangenheit ver-schwenden. Sich an der Gegenwart berauschen. Sein. Sich vom

Wummern der Bässe tragen lassen, bis die Beine ihre Kraft verlieren. Da ist keine Erschöpfung, keine Müdigkeit. Alles verliert seine Bedeutung. Ich liebe das.

Der ganze Traditionskram dagegen liegt mir gar nicht. Viel zu viele Rituale tragen nur zum kollektiven Stumpfsinn der Gesellschaft bei, insbesondere wenn sie so oberflächlich sind wie das Beschenken an Weihnachten. Warum kann man seinen Freunden nicht einfach in den Momenten eine Freude machen, in denen die Zuneigung von Herzen kommt? Außerdem sollte man meiner Meinung nach nur dann etwas schenken, wenn man sich intensiv mit der Suche nach einem geeigneten Gegenstand beschäftigt hat. Bevor mir meine Tanten den zehnten Theologie-Ratgeber von Anselm Grün unter den Baum legen, werde ich lieber gar nicht beschenkt. Auch Freunde und Bekannte haben schon ähnlich skurrile Präsente erhalten: einen »Hau mich nicht«-Helm, die *Deutschland sucht den Superstar*-DVD (dritte Staffel), eine Tüte Gras – und damit ist nicht das auf der Wiese gemeint –, ein *Herr der Ringe*-Schwert, einen »LIEBE«-Gutschein, eine Karte für das Abschiedskonzert der Zillertaler Schürzenjäger oder ein »Manfred«-Schlüsselanhänger für ein Mädchen. Bis auf die Tüte Gras und den »LIEBE«-Gutschein dürften diese Zuneigungsbeweise in materieller Form an ebendieser zweifeln lassen.

Im letzten Jahr habe ich mich getraut, meiner Familie und meinen Freunden die Wahrheit zu sagen und ihnen zu offenbaren, dass ich in Zukunft keine Geschenke mehr bekommen möchte und im Gegenzug auch nichts mehr schenken werde. Meine Familie nahm es einigermaßen gelassen auf, meine Freunde waren regelrecht beleidigt. Die meisten können einfach nicht verstehen, dass mir das Fest der Liebe so gar keinen Anlass zu Sentimentalität und Hochstimmung gibt. Sie fühlen sich im Weihnachtsmärchen geborgen und können die passende Stimmung pünktlich zum Fest abrufen. Inzwischen haben sie sich aber an meine Einstellung gewöhnt. Und es freut sie umso mehr, wenn ich ihnen mitten im Jahr ein kleines Geschenk mache, vor einer Prüfung oder nach einem gemeinsamen Erlebnis. Ich finde es viel besser so, aber wenn sich die Umstände ändern sollten, würde ich auch wieder mit dem Schenken anfangen. Veränderte Umstände sind beispielsweise Kinder. Denen kann man nicht einfach so erklären, dass sie am 24. Dezember keine Geschenke bekommen, weil sich ihre Mami dem Konsum verweigert.

Ob ich mal Kinder haben will, weiß ich noch nicht. Ich weiß nur, dass ich nicht will, dass sie so über mich denken wie ich über meine eigenen Eltern. Es ist nicht so, dass ich meine Eltern nicht mag, aber für das Leben, das sie führen wollen, hätten sie sich keine Kinder anschaffen dürfen.

Wahrscheinlich werde ich kinderlos bleiben. Das ist schon wieder so ein Gefühl von mir. Ich habe auch nicht vor zu heiraten, denn wenn ich das tun würde, würde ich mich sicherlich scheiden lassen. Wie meine Eltern. Und dann sitze ich da in einem Scherbenhaufen geplatzter Illusionen.

Ich frage mich echt, was der Sinn des Lebens ist. Warum tun wir uns das alles an? Ich meine, den glücklichsten Abschnitt unseres Lebens haben wir in einem Alter, in dem wir ihn überhaupt nicht genießen können – als Kleinkinder. Denn nur als kleines Kind ist man völlig frei. Man lebt in den Tag hinein. Nichts, abgesehen von Hunger und Müdigkeit, stresst einen.

Sobald man in die Schule kommt, geht es abwärts. Anfangs habe ich das gar nicht so bemerkt. Ich dachte mir, das mache ich jetzt, und dann kommt eine Zeit, in der es besser wird. Diese Zeit kam aber nicht. Stattdessen musste ich auf der weiterführenden Schule noch mehr Zeug machen, das mir nicht gefiel, Dinge lernen, die ich mit hundertprozentiger Wahrscheinlichkeit nie wieder brauchen werde, mich an Aufgaben abarbeiten, von denen andere dachten, sie müssten mich interessieren.

Und dann habe ich begriffen, dass es nicht aufhört, wenn die Schulzeit zu Ende ist. Ich werde, falls ich studieren sollte, die ganze Zeit nur lernen und mich nebenbei mit ätzenden Jobs über Wasser halten. Danach wird's auch nicht viel besser: eine Vierzig-Stunden-Woche, kaum Freizeit, knapp bemessener Urlaub. Wenn ich Glück habe, macht mir mein Beruf Spaß und mir fällt nicht auf, dass ich den Großteil meiner Zeit nur arbeite. Wenn ich Pech habe, was ich ja befürchte, hasse ich meinen Beruf und warte auf die Rente. Bis ich so weit bin, haben sie das Rentenalter bestimmt schon auf 75 erhöht. Meine Bezüge werden auch ziemlich niedrig sein, da es im Deutschland der Zukunft ja viel zu viele Rentner und viel zu wenig Berufstätige geben wird. Dann bin ich also alt, möglicherweise krank und schwach und zu allem Überfluss auch noch knapp bei Kasse. Das ist dann der einzige Zeitraum meines Lebens, in dem ich theoretisch machen könnte, was ich will. Und dann sterbe ich.

Ich habe keine Angst vor dem Tod, ich will nur nicht, dass er wehtut. Wenn er kommt, dann wird es okay sein. Ich glaube, der Mensch altert, um ihm den Abschied vom Leben leichter zu machen. Wenn dein Körper langsam den Geist aufgibt, dann findest du es vielleicht auch nicht mehr so schlimm, wenn sich dein Bewusstsein verflüchtigt. Altern ist gruselig, ich will nicht langsam verwelken. Aber eine Wahl habe ich auch nicht.

Alte Leute finde ich überhaupt gruselig. Ich könnte niemals in einem Altenheim arbeiten. Es ist böse, das zu sagen, aber sie ekeln mich ein wenig an. Ich versuche, mir das nie anmerken zu lassen, wenn ich mal mit ihnen in Berührung komme, aber ich glaube, sie spüren es trotzdem. Ich habe auch keinen besonders guten Draht zu meinen eigenen Großeltern. Die einen leben drei Autostunden von mir weg, die andern sind mir unsympathisch. Meine Oma springt die ganze Zeit in die Kirche und mein Opa ist unemotional und unfreundlich. Mittlerweile sind die beiden in einem betreuten Wohnheim, nachdem meine Oma auf meinen Opa draufgefallen ist und beide in die Klinik mussten. Obwohl das schlimm ist, klingt es irgendwie lustig. Grotesk.

Ich hasse Sport. Die Schule hat mir jegliche Lust daran versaut. Ich war nie besonders aktiv, nie in einem Turnverein oder einer Tanzgruppe, meine Eltern hatten glücklicherweise auch nie das Bedürfnis, als Familienausflug einen Berg zu besteigen oder eine Fahrradtour zu machen. Aber trotzdem war mir Bewegung nie zuwider. Wenn ich einen Sinn darin sah, mich anzustrengen, habe ich es immer getan, und als Kind bin ich gerne herumgeklettert oder umhergerannt.

Doch dann lernte ich den Schulsport kennen: In einer miefigen Turnhalle mussten wir sinnloserweise zehnmal in Kreis laufen, Bälle gegen die Wände werfen und auf komischen Geräten herumturnen. Am allerschlimmsten war das Bodenturnen. Ich *kann* nun mal kein Rad und keinen Handstand. In meinen bisher zehn Schuljahren haben zehn Lehrer versucht, mich doch dazu zu bringen. Die netten haben es nach einigen missglückten Versuchen schmunzelnd aufgegeben, die anderen zwangen mich und die anderen Unglücklichen, die mein Schicksal teilten, es wieder und wieder zu probieren. Es endete *immer* schmerzhaft.

Auch abseits dieser Folter war es im Sportunterricht nicht so toll für mich. Beim Wählen von Sportmannschaften war ich immer eine der Letzten – Kinder können grausam sein. Richtig deprimierend waren auch die Bundesjugendspiele. Bis zur achten Klasse bin ich brav hingegangen, inzwischen bin ich an diesem Tag immer zufälligerweise krank. Es war einfach zu demütigend. Soweit ich mich erinnern kann, war es bei den Bundesjugendspielen immer unerträglich heiß. Unter der sengenden Sonne rannte, warf und sprang ich dann, was meine Körperkräfte hergaben, um wenigstens einmal eine Siegerurkunde statt einer Teilnehmerurkunde mit schlechter Punktzahl zu erhalten. Völlig utopisch. Jedesmal verließ ich den Sportplatz bis auf die Knochen durchgeschwitzt und mit krebsrotem Gesicht in der Gewissheit, wieder versagt zu haben. Ich meine, ich hatte mich mehrere Stunden lang mit vollem Einsatz angestrengt und wurde trotzdem schlecht bewertet. Wo ist da der pädagogische Nutzen?

Obwohl ich körperliche Ertüchtigung vermeide, bin ich dünn. Das liegt allerdings nicht an guten Genen, sondern schlicht und einfach daran, dass ich sehr auf mein Gewicht fixiert bin. Denn dünn zu sein bedeutet meistens auch, schön zu sein oder zumindest einen einigermaßen schönen Körper zu haben. Dafür tue ich viel, denn eigentlich bin ich etwas fülliger, schon von meinen Genen her.

Ich war nie fett, aber immer etwas schwabbelig, bis ich mit zwölf angefangen habe, mein Gewicht zu reduzieren. Anfangs habe ich versucht, mich zu überwinden und mehr Sport zu treiben, aber das hat nichts gebracht. Danach habe ich nur noch Salat und andere gesunde Sachen gegessen – ebenfalls so gut wie erfolglos. Doch dann habe ich mit ein paar Freundinnen geredet, die ähnliche Probleme hatten. Sie meinten, gar nichts mehr zu essen und sich gelegentlich auszukotzen, sei die beste Crash-Diät, die man sich vorstellen kann. Solange man es nicht übertreibt.

Zuerst war ich schockiert. Magersucht und Bulimie, das waren die Begriffe, an die ich dachte. Krankheiten. Aber dann habe ich es doch versucht. Und es funktioniert erstaunlich gut. Bis heute mache ich das manchmal, allerdings nur sehr selten. Ich würde mich auch niemals als krank bezeichnen, auch wenn das ja niemand tut, der tatsächlich magersüchtig ist. Aber ich habe ein gesundes Gewicht, knapp sechzig Kilo bei einer Größe von 1,75 Metern. Mehr abnehmen will ich gar nicht, aber zunehmen auch auf keinen Fall. Überraschend viele Teenager kotzen sich hin und wieder aus, um ihre Traumfigur zu erreichen. Und nur ein kleiner Teil wird ernsthaft krank. Damit will ich nicht dafür plädieren, zu hungern oder sich den Finger in den Hals zu stecken – ich versuche nur zu erklären, warum wir das tun.

Ich achte so sehr auf mein Gewicht, um mich selbst schön zu finden. Um zu H&M zu gehen, Größe 34 oder 36 herauszunehmen und mir sicher zu sein, dass ich da reinpasse. Das bedeutet auch, dass die Klamotten an mir dann fast genauso gut aussehen wie an den Models, die sie präsentieren. Das Problem an der Mode der letzten Jahre – und wie es aussieht, auch an der der nächsten Zeit – ist, dass sie nur an großen, schlanken Menschen gut aussieht. Für fülligere Mädchen sind die Schnitte unvorteilhaft. Ragen unter einem Babydoll-Kleidchen, das sowieso schon ein bisschen schwanger macht, keine wohlgeformten Beine hervor, sondern dicke Schenkel und kräftige Waden, sieht es einfach nur doof aus.

Das alles ist natürlich kein Problem für Leute, die sich eh nicht allzu viel aus Fashion machen. Aber es gibt ja auch andere Vorteile, wenn man schlank ist – viele meiner Freundinnen nehmen zum Beispiel ab, um den Jungs zu gefallen. Da ist das anschließende Erfolgserlebnis nicht so sicher, aber bei einigen hat es funktioniert. Was ein flacher Bauch und dünne Beine doch bewirken können! Die Körpersprache von dünnen, gesunden Menschen signalisiert Disziplin und Erfolg. Selbstbewusst zu sein ist einfacher, wenn der eigene Körper keine Angriffsfläche für Spott bietet.

Trotzdem fällt es mir schwer, mich zu akzeptieren, mich schön zu finden. Ich liebe klare und schlichte Schönheit. Eine unaufdringliche Perfektion. Aber nur bei Leuten, die ich aus der Ferne beobachten kann. Perfekte Menschen in meiner näheren Umgebung sind mir unheimlich, zu glatte Typen ohne liebenswerte Fehler finde ich langweilig. Makellosigkeit ist nur schön, solange man sie nicht hinterfragen muss. Und das tut man bei den Menschen, die man näher kennenlernt, automatisch.

Die Leute, mit denen ich befreundet bin, sind allesamt mehr oder weniger liebenswerte Freaks. Da ist zum Beispiel Manu, ein fast dreißigjähriger Künstler, mit dem ich manchmal designe. Eigentlich verdient er den Titel Künstler gar nicht wirklich, er ist eher die Imitation eines Künstlers – exzentrisch, ein bisschen verrückt, ein bisschen genial. Aber ich glaube, das ist nur seine Fassade. Manu ist ein begnadeter Selbstdarsteller, seine Kunst ist für ihn Mittel zum Zweck. In der Kölner Szene denken zum Beispiel alle, er sei homosexuell – er meinte, er würde besser ankommen, wenn er das erzählt. Und anscheinend funktioniert es wirklich. Er hängt eigentlich nur mit Leuten ab, die jünger sind als er, viel jünger, aber nicht, um sich an die kleinen Mädchen ranzumachen, sondern nur, weil die ihn bedingungslos bewundern. Ich tue das auch irgendwie, obwohl ich ihn durchschaut habe. Er hat etwas Faszinierendes. Aber auch etwas Jämmerliches.

Tim, mein bester Freund, ist auf den ersten Blick ganz normal, aber auf den zweiten Blick hat er ein ernsthaftes Persönlichkeitsproblem. Alle Jungs hassen ihn, die Mädchen dagegen lieben ihn. Nicht weil er so gut aussieht, sondern weil er so unendlich tiefes Verständnis und eine überraschende Reife ausstrahlt. Doch die meisten Mädchen wollen ihn nicht als festen Freund, sondern nur als Kumpel. Er ist dauerhaft unglücklich verliebt. Und wenn's mit der Angebeteten doch mal klappt, macht sie innerhalb von drei Monaten Schluss, weil sie herausgefunden hat, dass er gar nicht so reif ist, wie sie dachte.

Tim ist ein richtiger Schmusebär mit kindlicher Ader. Und er ist vollkommen unerotisch. Das liegt nicht an seinem Aussehen, sondern an seiner Gestik. Trotzdem ist da etwas zwischen ihm und mir – keine Liebe, definitiv nicht, eher so eine körperliche Anziehungskraft. Wir schmusen oft und intensiv. Aber keiner von uns würde diese wunderbare Freundschaft durch eine Beziehung zerstören wollen. Ich würde eher mit ihm schlafen als ihn zu küssen. Aber das alles bleibt unausgesprochen und das ist auch besser so.

Meine Freundin Alisa deprimiert mich. Manchmal weiß ich nicht, warum ich überhaupt mit ihr befreundet bin. Es liegt nicht daran, dass sie so eine schlechte Freundin wäre, ganz im Gegenteil, sie hängt sehr an mir und hat mich noch nie absichtlich verletzt oder belogen. Sie deprimiert mich, weil sie so ziemlich alles hat, was ich gerne hätte. Und weil es ihr zuzu-fliegen scheint. Ihre Eltern sind die totalen Familienmenschen und haben jede Menge Geld. Alisa selbst ist wahnsinnig be-liebt. Kaum ein Junge, der sie nicht mag und der sich nicht eine Beziehung mit ihr vorstellen könnte. Die Typen finden sie nicht nur heiß, obwohl sie das wirklich ist, sie halten sie auch noch charakterlich für den Oberhammer. Und die Mädchen mögen sie auch. Zudem ist sie ziemlich intelligent und talentiert. Aber sie drückt es einem nie rein, manchmal jammert sie sogar an sich herum. Nicht so fishing-for-compliments-mäßig, sondern ganz ernsthaft. Ich finde, das steht ihr nicht zu. Nicht jeder hat das Recht auf Selbstmitleid.

Meine anderen Freundinnen haben dieses Recht schon eher. Die einen haben ständig die falschen Typen am Start und glau-ben hinterher, es wäre die große Liebe gewesen, die anderen sind ein wenig kaputt. Machen ständig Party, um die Lange-weile zu verdrängen, nehmen Drogen und lassen die Schule schleifen. Die Wahl meiner Freunde färbt auch auf die Wahl meiner Partner ab. Meine bisherigen Beziehungen endeten immer unschön. Dass ich den Glauben an die Liebe verloren habe, erwähnte ich ja bereits.

Als ich 13 war, hatte ich eine ganze Reihe Freunde. Ich war damals schon ein bisschen anders, ich hatte die kitschig-puber-täre Phase ausgelassen und wirkte auf ältere Typen attraktiver. Die wollten auch mehr als nur ein bisschen Händchen halten, aber ich fand den Sex nicht gut. Im Gegenteil, er widerte mich an. Sie haben mich zu nichts gezwungen, aber ich dachte, wenn ich da nicht mitmache, dann halten sie mich für ein kleines Mädchen. Sie haben mir das Gefühl gegeben, besonders zu sein. Besser als alle anderen 13-Jährigen.

Zu der Zeit hatte ich zwei beste Freundinnen in meinem Alter, aber die waren noch nicht so weit. Die haben noch für Pferde und Telenovela-Stars geschwärmt und fanden es ultra-cool, dass ich schon Freunde hatte. Sie fanden *mich* ultracool.

Aber ich habe ihnen nie erzählt, dass ich Sex hatte, es hätte sie bestimmt verschreckt.

Bis heute finde ich Vögeln einfach nicht so toll. Manchmal frage ich mich, ob ich einfach zu viel davon erwarte oder ob da was anderes bei mir schiefläuft. Überall wird Sex als das Wunderbarste überhaupt angepriesen, aber für mich ist es das definitiv nicht. Es ist auch überhaupt nicht ästhetisch. In Filmen sieht man immer zwei makellose Körper, die sich in einem sanft beleuchteten Raum wie nach einer Choreografie bewegen, im wahren Leben sind es zwei blasse Durchschnittskörper mit Fettpölsterchen, blauen Flecken und Pickeln, die im grellen Licht einer Neonröhre schwitzen und keuchen.

Genauso wenig wie diese ästhetischen Sexzenen gab es in meinem Leben wunderschöne leidenschaftliche Küsse. Niemals war da dieses magische Knistern, niemals bewegten sich unsere Köpfe in Zeitlupe aufeinander zu, niemals berührten seine Hände dabei mein Gesicht. Wahrscheinlich sind diese Küsse nur ein Hollywood-Mythos. Obwohl ich Knutschen ansonsten eigentlich mag. Daran, wie ein Mensch küsst, erkennt man viel über seinen Charakter. Und Küsse sind so schön unverbindlich. Ich habe schon viele Menschen geküsst, auch ein paar Mädchen, nur so zum Spaß.

Wie sich ein Kuss anfühlt, hängt von dem Motiv ab, das dahintersteckt. Wenn es der erste Kuss ist, versucht man, den anderen zu beeindrucken, später will man so viel Zuneigung wie möglich hineinlegen – diese Küsse fühlen sich dann warm an, man verspürt Geborgenheit. Sie sind ein bisschen wie ein Siegel oder ein Versprechen, eine Versicherung. Ist man mit diesem Menschen schon länger zusammen, kommt es häufig zu Show-Küssen. Die werden vorrangig auf öffentlichen Veranstaltungen verteilt, meist küsst der Typ sein Mädchen, um sein Territorium zu markieren. Diese Küsse sind härter, schneller, kürzer. Dann gibt es noch die feucht-fröhlichen Feier-Küsse: Ein Junge und ein Mädchen verstehen sich gut, haben vielleicht auch schon ein bisschen was getrunken, und dann kommt es zu einem mittellangen Kuss, der beiden Beteiligten ein Lächeln auf die Lippen zaubert. So ein Kuss zelebriert die eigene Freiheit und bleibt eigentlich immer ohne Nachwirkungen. Ähnlich verhält es sich mit einem Kuss zweier heterosexueller Mädchen. Der wird vor männlichem Publikum ausgetauscht und dient der Provokation.

Ich habe noch nie jemanden geküsst, von dem ich sagen könnte, er sei schlecht gewesen. Kann man überhaupt schlecht küssen? Jeder hat schon mal von Horror-Szenarien wie dem der sich ineinander verhakenden Zahnspangen gehört. Ist mir noch nie passiert. Ich kenne einige Leute, über die man sagt, sie könnten schlecht küssen, aber als ich selbst mal das Vergnügen hatte, erwiesen sich diese Vorurteile als unberechtigt. Vielleicht hatte ich auch immer nur großes Glück. Oder ich bin selbst so schlecht, dass es mir nie auffällt.

Alkohol schafft ein Wir-Gefühl

Dennis (16 Jahre)

Ich mag mein Leben so, wie es zur Zeit ist. Es hätte um einiges schlimmer kommen können. Ich bin, glaube ich, recht beliebt. Angesagte Leute laden mich auf ihre Partys ein und bei den Mädels habe ich auch Erfolg. Mir ist noch nie was wirklich Schlimmes oder Trauriges passiert. Meine Eltern sind gesund und glücklich zusammen, meine Großeltern ebenfalls, meine Noten sind ganz passabel und mit meinem Aussehen bin ich auch zufrieden.

Mein traumatischstes Erlebnis war da höchstens noch der 18. Geburtstag, auf dem ich mit einigen Kumpels war. Natürlich floss der Alkohol dort in Strömen, wir becherten einen Kasten Bier weg, einfach so. Kurz vor Mitternacht leerten wir zu dritt eine Tequila-Flasche. Den Rest des Abends lag ich ultravoll auf dem Boden und reiherte ins Blumenbeet, neben dem ich dann auch einschlief. Im Inneren des Hauses zog währenddessen pünktlich zur Geisterstunde eine Stripperin ihre Show ab.

Da ist man *ein Mal* auf einer Party mit Stripperin und dann verschläft man sie! Das Beste war noch, dass mein Kumpel später meinte: »Hast nichts verpasst, ihr Gesicht war eh hässlich.« Ihr Gesicht ... eine Stripperin ... hallo?

Dass die jungen Männer von heute alle ein Haufen abgebrühter, gehirnamputierter und triebgesteuerter Idioten sind, wie einige meinen, halte ich für völlig übertrieben. Ebenso wie den

Begriff »Generation Porno«. Es mag schon sein, dass die Konfrontation mit Schmuddelfilmchen immer früher einsetzt. Wann ich zum ersten Mal einen Porno im Internet gesehen habe, weiß ich schon gar nicht mehr. Ich kenne auch keinen Jungen, der noch nie einen gesehen hat. Wieso sollten wir ein Problem mit Pornografie haben, wenn sich doch in jedem Video von 50 Cent halbnackte Latino-Ladys auf teuren Autos rekeln und uns ihren Hintern entgegenstrecken, mit einem Blick, der nur das *Eine* beabsichtigen kann. Ich bezweifle auch ganz stark, dass unser Bild von Sexualität und Partnerschaft durch Titel wie *Snow Job – Heiß im Eis* oder *Arschibald der Pornobuttler* ernsthaft beschädigt worden ist! Wirklich hängen bleiben sowieso nur die besonders abstoßenden Streifen, wie *Two Girls one Cup*. (An dieser Stelle empfehle ich keinem, diesen zu googeln!) Abartig. Es gibt im Netz ja nichts, was es nicht gibt!

Mein größter Vorsatz für die Zukunft ist, niemals über nachfolgende Generationen zu schimpfen! Wahrscheinlich denkt sich das jeder, der jung ist. Und dann fällt er doch in die vorbestimmten Muster zurück. Aber was bringt einem erwachsenen Menschen die ewige Verteufelung der Jugend? Spricht nicht hauptsächlich Verbitterung aus den älteren Semestern, die in uns nur Internet-Besessene, Flatrate-Säufer und Schulabbrecher mit Hang zur Gewaltverherrlichung sehen wollen? Dabei ist doch der »Kampf der Generationen« der wohl aussichtsloseste Kampf überhaupt, denn schon nach ein paar Jahrzehnten wechseln die ehemaligen Gegner die Reihen und das ganze Spiel beginnt von vorne.

Ob es so etwas wie die wahre Liebe gibt? Schon möglich. Wenn sie kommt, dann kommt sie. Und bis dahin kann man ja auch anderweitig Spaß haben. Ich bin mir nicht sicher, ob eine Partnerschaft überhaupt den Stellenwert in meinem Leben einnehmen könnte, den sie bei anderen hat. Ein guter Job und der damit verbundene Lifestyle sind mir momentan wichtiger. Ich bin kein Arsch, ich würde einem Mädchen nie was anderes erzählen, um sie rumzukriegen! Es gibt ja wirklich diese Sorte, in deren Kopf schon voll der Film abläuft, wenn man nur mit ihnen redet. So Kino, Kuscheln, Kinderplanung. Im Gegensatz zu denen habe ich keinen ausgefeilten Plan, wie ich später leben möchte. Hauptsache nicht bei Britt im Studio landen, um dort zu erfahren, dass ich doch der Vater der Zwillinge bin. Als hoffnungsloser Versager bei *Raus aus den Schulden* von Peter Zwegat gesagt zu bekommen, wie ich die Hunderttausend Miese loswerde, ist auch nicht gerade mein Lebensziel.

Ob es so etwas wie einen Gott gibt? Schon möglich. Viele Menschen sind der Überzeugung, durch das intensive Durchstöbern der verschiedenen Religionen oder das intensive Ausleben einer Glaubensrichtung Antworten auf alle großen Fragen des Lebens zu finden. Das ist ihre Art, ihr unstillbares Verlangen nach einem Sinn auszudrücken. Ich bin evangelisch getauft, aber Gott ist für mich kein endgültiger Gedanke, kein allmächtiger Trost. So etwas habe ich in keiner existenten Gottesvorstellung gefunden. Für mich sind Religionen letzten Endes alle gleich. Es gibt einen Song der Stereophonics, der meine Ansichten über die ganze Gott-Geschichte gut auf den Punkt bringt:

You can find yourself a God
Believe in which one you want
Cause they love you all the same
And just go by different names

Eine Suche erscheint mir persönlich zwecklos. Es sind schon so viele vor mir an der Frage nach dem endgültigen Sinn des Lebens gescheitert. Trotzdem habe ich nicht vor, aus der Kirche auszutreten – denn eine schöne Geschichte ist die von Jesus allemal. Und sie ist so eng mit unserer abendländischen Kultur verknüpft, dass ich mit ihr auch ein Stück meiner eigenen Identität aufgeben würde.

Die Jugend ist vor allem die Zeit der ersten Male. Die ersten Pickel, die ersten unbeholfenen Versuche, sie wieder loszuwerden. Das erste Mal, wenn man die Klamotten selbst kaufen will. Sich das erste Mal für einen Kumpel prügeln. Sich das erste Mal für ein Mädchen prügeln. Die erste Party. Der erste Kuss. Vor allem Letzterer gerät wohl nie in Vergessenheit. Ich hatte ihn mit einer Freundin meiner großen Schwester auf deren Geburtstagsfeier. Wie es dazu kam, weiß ich gar nicht mehr. Ich fand das damals wahnsinnig cool, ich war ja erst zwölf und der Erste in meinem Freundeskreis. Sie fand's wohl nicht so toll. Vor Kurzem habe ich erfahren, dass sie lesbisch geworden ist – dass meine Qualitäten zu Beginn so desaströs waren, hätte ich nicht vermutet. Und nach dem ersten Kuss folgen viele weitere erste Male in dieser Richtung: das erste Mal mit weißen Flecken in der Pyjama-Hose aufwachen, das erste Mal die weißen Flecken absichtlich verursachen. Das erste Mal Händchen halten, der erste peinliche Anmachversuch. Das erste Mal »Du, ich steh auf dich!« hören.

Und natürlich *das* erste Mal.

Die Geschichte von meinem ersten Sex ist ziemlich desillusionierend. Es war nichts Magisches daran, auch nichts wirklich Besonderes oder Romantisches. Es war auch bei Weitem keine Katastrophe, es war nur, naja, anders. Anders, als man es sich immer vorstellt. Mit meinem älteren Bruder und seinen Kumpels war ich für fünf Tage nach Ibiza geflogen. Nur Jungs, ein Proll-Urlaub war also vorprogrammiert. Kaum dass wir den Flughafen verlassen hatten, suchten wir den nächsten Supermarkt auf, dort füllten wir erst einmal einen leeren Koffer mit Wodka Bornanow. Als wir im Hotel eingecheckt hatten, eröffneten wir den Urlaub mit einem Trinkritual, bei dem schon die ersten beiden Flaschen draufgingen. Danach gingen wir in diesem zweifelhaften Zustand schwimmen, ein paar Stammgäste, nur wenig älter als wir, gaben uns Tipps für die Abendgestaltung. Anschließend saßen wir in unserem Hotelzimmer um eine mitgebrachte Shisha herum und rauchten fünf Pots. Danach ging es endlich los! Nachdem wir drei weitere Flaschen vernichtet hatten, stolperten wir aus dem eingenebelten Zimmer hinein ins Nachtleben. Die Vergnügungsmeile war leicht zu finden, etliche Neonschilder mit Leuchtreklame wiesen uns den Weg, den wir aufgrund unseres Alkoholpegels dennoch erst im zweiten Anlauf fanden. Kalle, der beste Kumpel meines Bruders, meinte nur: »Alter, das ist das Paradies!« Rechts war der spärlich beleuchtete Strand, an dem haufenweise spärlich bekleidete Mädchen entlangspazierten, auf der linken Seite reihten sich Clubs, Bars und Restaurants aneinander. Keiner der schrankartigen Türsteher schien sich um das Alter kleiner deutscher Jungs wie mich zu kümmern. Ohne Probleme betraten wir eine Location nach der anderen.

Nach und nach verkleinerte sich unsere Gruppe. Paul und Mo hatten wir wohl an eine Clique norwegischer Mädels ohne Herrenbegleitung mit dicken Titten verloren, Jacob hatte sich in einer Techno-Disco aufs Klo verabschiedet und war nicht wieder aufgetaucht. Nur mein Bruder, Kalle und ich waren noch übrig. An einer Strandbar schütteten wir noch mal ordentlich nach. Das ist auch der Zeitpunkt, an dem meine Erinnerung so langsam aufhört.

Szenen werden zu Schemen und Bilder zu schwer erahnbaren Konturen. Am nächsten Morgen wachte ich in einer Jugendherberge nackt neben einem ebenso unbekleideten Mädchen auf. Zuerst glaubte ich an einen komischen Zufall, doch sie versicherte mir glaubhaft, dass wir Sex gehabt hätten. Oh mein Gott, so was passiert doch sonst nur in Filmen, dachte ich. Nach einer Aspirin und ihren Schilderungen der vergangenen Nacht kamen mir einzelne Details wieder ins Gedächtnis. Ich muss neben einem Steg rumgelegen haben, als ihre Freundin fast über mich stolperte. Warum ich allein war, noch dazu in horizontaler Lage, ist mir bis heute schleierhaft. Wahrscheinlich hatten die beiden ebenfalls betrunkenen Mädchen mich kurzerhand mitgenommen. Laura, das Mädchen, neben dem ich aufgewacht war, und ihre Freundin waren beide schon 19. Anscheinend hatte ich vorgegeben, 18 zu sein, was höchstwahrscheinlich daran lag, dass mein Bruder mir eingetrichtert hatte, immer zu behaupten, ich sei volljährig, egal in welchem Zustand, in welcher Lage und zu welchen Leuten. Das war seine einzige Bedingung gewesen, mich auf diesen Trip mitzunehmen. In einer Bar hätten wir dann angefangen rumzumachen, erzählte Laura weiter, unser Tête-à-Tête hätte sich dann auch schnell in die Horizontale verlagert… Zum eigentlichen Geschehen wollte ich sie dann nicht näher befragen, aus Angst, peinliche Details zu erfahren. Nur ob wir verhütet hätten, wollte ich wissen, und sie zeigte auf ein Kondom im Mülleimer und fügte hinzu, sie würde die Pille nehmen. Ich fragte sie, ob es okay wäre, wenn ich jetzt ginge, und sie stimmte zu, es wäre sowieso ihr letzter Tag. Beim Hinausgehen fiel mir auf, dass ihre Freundin noch im Bett über uns schlief.

Im Nachhinein hätte ich gerne mehr über sie gewusst. Ich habe keine Telefonnummer, kein Bild von ihr. Für viele ist der erste Sex ja eine ganz besondere Sache, aber ich kann mich nicht einmal mehr daran erinnern. Ist vielleicht auch besser so. Was mir meine Freunde da für unschöne Geschichten erzählt haben! Von hereinplatzenden Eltern und heulenden, trennungswilligen Freundinnen. Das mit den Eltern ist übrigens schon ziemlich vielen passiert, meiner Meinung nach der ultimative Abtörn.

Ich mag meine Eltern, man kann super mit ihnen reden und schweigen. Sie sind wirklich korrekt. Aber natürlich haben sie von dem, was mich wirklich beschäftig, keine Ahnung. Wie eigentlich alle Eltern. Wenigstens versuchen sie nicht, so zu tun, als hätten sie eine. Ganz übel sind die Erziehungsberechtigten, die mit Pubertätsbeginn ihres Nachwuchses eine Renaissance ihrer eigenen Jugend herbeiführen wollen. Das sind dann die ganz coolen Dads, die sich modische Turnschuhe und bunte Hoodies kaufen und auf die Ü-40-Partys gehen, um dann den Freunden der Kinder ganz stolz zu berichten, was für »chillige Mucke« der DJ doch wieder gebracht hat. Das sind dann auch die, die beim Elternstammtisch immer zu viel trinken. Sich mit

15 sinnlos zu besaufen hat was von Rebellion, aber sich mit fünfzig immer noch sinnlos zu besaufen ist einfach traurig.

Im Rückblick werden die Geschichten, an die wir uns am meisten erinnern, wohl die sein, die am stärksten mit Alkoholkonsum zu tun haben. Die meisten neuen Erfahrungen, die man als Teenager macht, sind untrennbar mit Tropica, Malibu und Wodka verknüpft. Alkohol ist die Identifikationsplattform unserer Generation.

Das Einstiegsalter liegt so bei 13. Zuerst fängt man im engsten Freundeskreis an. Einer zockt eine Flasche Wein aus dem elterlichen Vorrat und die wird dann mit ganz vielen Freunden zusammen geleert. Obwohl die Menge so gering ist, dass man eigentlich gar nicht betrunken sein *kann,* schwört jeder, die Wände wackeln zu sehen. Alle kugeln sich vor Lachen über die seltsamen Gebärden der anderen. Schaut dann mal Mami oder Papi nach den lieben Kleinen, sind alle plötzlich wieder ganz normal. Auf diesem harmlosen Level bleiben die ersten Trinkversuche auch – zumindest solange die Partyphase nicht eingetreten ist: Bei Nacht und abseits des Elternhauses wagen sich dann einige an härteres Zeug. Von diesem Zeitpunkt an dauert es nicht mehr lange, bis der erste Totalabsturz zu verzeichnen ist, ein paar weitere werden folgen, bis man seine Grenzen ungefähr kennt. Am besten ist es, so einen desaströsen Auftritt hinzulegen, wenn nicht allzu viele Zuschauer in der Nähe sind und Freunde einem beistehen können. Wahre Freunde erkennt man daran, dass sie die Party des Jahres sausen lassen, um einem beim Kotzen die Haare aus dem Gesicht und den Eimer, falls verfügbar, darunterzuhalten! Denkbar ungünstig ist es, in einer solchen Verfassung allein zu sein.

Ich hatte mal so ein Erlebnis: Bei einem Mittelalterfest in meiner Stadt war ich zum zweiten Mal in meinem Leben so richtig dicht. Ein paar Ritter, Jungs aus dem Jahrgang über uns, hatten meinen Freunden und mir Bier und Selbstgebrannten besorgt. Zeigervoll zogen wir durch die altertümlich

geschmückte Innenstadt, an jeder Ecke trafen wir auf Klassenkameraden und sonstige Bekannte, die häufig ebenso zu waren
wie ich. Nach einiger Zeit gab's noch mal Nachschub, danach
wurde mir so schlecht, dass ich mich ein Stückchen von den
anderen entfernte, um mich zu übergeben. Leider verlor ich
sie dabei aus den Augen. Nach einer endlosen Suche legte ich
mich irgendwo in einen Hauseingang. Zu meinem großen Pech
hatte ich zuvor nicht auf die Umgebung dieser Ruhestätte ge-
achtet. So lag ich direkt neben einem Eingang zum Hauptplatz
des Festivals, und so ziemlich alle meine Bekannten, darunter
auch einige Lehrer, kamen an mir vorbei und lachten mich aus.
Noch Wochen danach musste ich mir Geschichten über meinen
angeblich zuckersüß-seligen Gesichtsausdruck im Bierschlaf
anhören. Richtig unangenehm! Obwohl ich noch echtes Glück
hatte, nicht von der Polizei gefunden zu werden. Meine Eltern
hätten mich getötet, ebenso wenn ich ins Krankenhaus eingeliefert worden wäre.

Meinem Banknachbarn Volker ist das mal passiert. Ausge-
rechnet auf dem Münchner Oktoberfest legte er die krasseste
Aktion seines Lebens hin: Mit einigen Freunden war er am
Morgen bereits zur Theresienwiese gefahren, in der Absicht, in
der Nacht den letzten Zug Richtung Heimat zu nehmen. Doch
dazu sollte es nie kommen. Am frühen Abend verlor er seine
Kumpels auf der Toilette im Bierzelt. Total betrunken verwech-
selte er dort eine fremde Wiesenbesucherin mit seinem Freund
Hans und folgte ihr auf die Damentoilette. Die Unbekannte
hatte gerade die Klotüre geschlossen, als Volker wie irre da-
gegentrommelte: »Hans, Hans, komm raus, ich muss kacken.
Hans!« Die erzürnte Klobesucherin öffnete die Tür und brüllte
Volker an, es würde ein böses Ende nehmen, falls er noch einmal gegen die Türe trommeln sollte. Doch Volker war zu weg-
getreten, um seinen Irrtum zu bemerken. Kaum war die Tür
wieder zu, begann er erneut zu trommeln. Die Reaktion der
entnervten Insassin ist nicht überliefert.

Volker erwachte am nächsten Morgen in einem Münchner Krankenhaus. Oktoberfest-Sanitäter hatten den 17-Jährigen in seinem eigenen Erbrochenen auf dem Festgelände aufgelesen und eingeliefert. Damit zählt er offiziell zu den gut 650 Bierleichen, die in diesem Jahr behandelt werden mussten. Dementsprechend begeistert waren seine Eltern. Ich befürchte, er hat heute noch Hausarrest.

In diesem Fall wäre das auch verständlich, aber viele meiner Freunde bekommen solche Strafen, wenn sie nur mal ein Bierchen trinken. Das halte ich für total übertrieben. Damit wird der Anreiz doch ins Unermessliche gesteigert. Viele Eltern haben sowieso eine total verklemmte Trinkkultur. Wir haben im Ski-Urlaub mal eine russische Familie getroffen, in der die Kinder fast genauso viel tranken wie die Erwachsenen. Der Vater meinte einmal: »Hat Pflanze Läuse, tust du Wodka drauf. Willst du Haus putzen, tust du Wodka drauf. Hat Biene dich gestochen, tust du Wodka drauf. Brauchst du Frostschutz, tust du Wodka drauf. Hast du Wunde, tust du Wodka drauf. Und wenn gar nix ist, dann trinkst du den Wodka!«

Das ist doch mal eine entspannte Einstellung! Ich meine, zweifellos ist Alkoholismus in der Jugendszene ein Problem. Viele übertreiben es einfach zu häufig, davon will ich mich selbst gar nicht ausnehmen. Doch ein striktes Verbot hilft meist auch nicht viel. Im Allgemeinen habe ich beobachtet, dass sich Kinder mit liberalen Eltern viel besser einschätzen können als die anderen. Und etwas dagegen tun kann sowieso niemand. Bevor man immer schärfere Gesetze verabschiedet, sollte man sich erst mal bei amerikanischen Hit-Produzenten beschweren! In den ganzen tanzbaren Charterfolgen der letzten Zeit springt der berühmte Interpret zwischen gut angetrunkenen Jugendlichen rum. Die haben alle blaue oder rote Becher in der Hand (die Dinger sind so was von cool), in denen nicht nur Apfelsaft ist. Mehrere Paare machen rum, darunter auch meistens zwei Frauen. Irgendjemand steht irgendeinem Mädchen beim

Kotzen bei. Ein dicklicher Typ macht komische Bewegungen. Und in fast jedem Clip gibt es ein Mädchen, das vor Trunkenheit hinfällt oder schon am Boden liegt. Und alle scheinen in absoluter Hochstimmung zu sein. Der Text ist meist auch nicht weniger alkoholmotiviert. Ich zitiere Lady Gaga, *Just dance*: »I love this record, Baby, but I can't see straight anymore!«

Mit Alkohol haben wir mehr Spaß als ohne. Ebenso wie die ganzen Erwachsenen, die das Zeug trinken. Ich kann schon irgendwie nachvollziehen, dass die ganze Sache Politikern und Eltern Sorgen macht. Es gibt ja Fälle, in denen das durchaus berechtigt ist. Aber das sind Ausnahmen. Und ich glaube auch nicht, dass wir uns so schnell bekehren lassen werden. Das Trinken ist bereits fester Bestandteil unserer Jugendkultur. Der Alkohol hat den unwiderstehlichen Reiz des Verbotenen, bringt uns unseren Idolen näher, vertreibt unsere Langeweile, dient als Provokationsmittel und gibt uns ein gutes Gefühl. Im Blick auf unsere ganze Generation auch ein Wir-Gefühl.

Apropos Wir-Gefühl: Schulklassen gehören zu den faszinierendsten Gebilden überhaupt. Um die dreißig meist grundverschiedene Leute werden über einen längeren Zeitraum gezwungen, untereinander zu agieren. In den meisten Fällen klappt das auch ganz gut. Nach der Schulzeit wird man sich nie wieder mit so unterschiedlichen Charakteren, Interessen und Zielen auseinandersetzen müssen. Kollegen haben zwar ebenfalls die unterschiedlichsten Charakterzüge, jedoch müssen sich Interessen und Ziele bis zu einem gewissen Grad deutlich überschneiden, ansonsten hätte man ja nicht denselben Beruf gewählt. Der Freundeskreis wird auch enger, Schulfreunde, die sich in völlig andere Richtungen orientieren, verliert man meist einfach aus den Augen.

Interessant an Schulklassen ist auf alle Fälle, dass sich diese dreißig so verschiedenen Persönlichkeiten in Bezug auf ein Thema meistens auf einen Nenner bringen lassen: Party. Am besten so oft wie möglich und so viel wie möglich. Zumindest darüber herrscht Einigkeit. Der Gesprächsstoff reicht über Hauspartys, LAN-Partys, Schaumpartys, Pyjamapartys, Pornopartys, Mottopartys, Hüttenpartys, Saufpartys, Shishapartys und geht in unserer Klasse praktisch nie aus. Und auf der Grundlage unzähliger euphorisierter Versprechungen, man müsse doch »unbedingt mal zusammen feiern gehen«, entstand im letzten Jahr die Idee zu einer Riesenfete, organisiert von der 9e.

Unser Schuljahr war voller Anstrengungen, Entbehrungen und Mühsal gewesen! Was hätten wir uns also mehr verdient als eine Entschädigung für all die verschwendeten Momente der Abstinenz?

Um unsere Jugendjahre um einige Erfahrungen reicher zu machen, planten wir eine Klassenparty, die alles vorher Gewesene übertreffen sollte, auch wenn wir von einigen Visionen wie zum Beispiel der Poolparty Abschied nehmen mussten! Dabei ist es prinzipiell gar nicht so schwer, eine einigermaßen gute Party zu schmeißen. Alles was man braucht, sind ausgewogene Verhältnisse auf beiden Geschlechterseiten, ausreichend bewusstseinserweiternde Mittelchen und einen guten DJ! Oder, poetischer ausgedrückt mit folgenden Liedzeilen aus *E moi* von Typ Turbo: »Da sind Mädchen, da sind Jungs, da ist der Rausch, da ist Musik!«

Für Juli mieteten wir ein abgelegenes Vereinsheim mitten im Wald. Thematisch hatten wir uns zwischen den Mottos »Feiern statt Reihern«, »Die lange Nacht der willigen Weiber« und so weiter zu entscheiden. Unsere Wahl fiel letztendlich auf »Steck deine Nase nicht überall rein, wofür hast du deine Zunge?«.

Am Tag der Festivität erschienen die Gäste auch zahlreich und so waren ständig zwischen siebzig und 120 Feierwütige auf der Party-Area. Alle hatten ihre Freunde eingeladen. Die lautstarke Masse zog bald den ersten Polizeibesuch nach sich, aber das konnte die Partypeople nicht vom Feiern und von der Tanzfläche fernhalten. Unter der Kontrolle von DJ Jenna (einer Mitschülerin) wurde die Musikauswahl ein voller Erfolg, aber auch die Gäste ohne großen Bewegungsdrang hatten ihren Spaß.

Dann wurden die in Seligkeit schwelgenden, bekifften und besoffenen Anwesenden unerwarteterweise von einem zweiten Polizeibesuch beehrt. Das Leitmotto hieß diesmal: »Ab in den Wald!« Und dem wurde dann auch – je nach physischem Zustand – Folge geleistet. In Guerilla-Taktik warfen sich die Flüchtenden auf den Waldboden, dicht aneinander gedrängt verfolgten wir, wie die Streife wieder abfuhr.

Unterdessen ging die Party weiter und die ersten (menschlichen) Schäden zeigten sich auf dem Gelände. Die nun merklich angeschlagene Partygemeinde wurde um etwa drei Uhr erneut von der Polizei beehrt. Alle, die sich des Alkohols und/oder des Cannabis in ihrem Blut bewusst waren und sich körperlich noch dazu aufraffen konnten, zogen sich erneut in den angrenzenden Wald zurück. Dort harrten alle aus, immer die Polizeischeinwerfer vor Augen. Die Party ging nun meist in Grüppchen im Wald weiter. Einige werden wohl für immer Narben von den stacheligen Zäunen und den scharfen Ästen behalten. Gut, das klingt nun doch ein wenig pathetisch.

Allen Teilnehmern der Klassenparty war klar, dass dieser Spaß unbedingt wiederholt werden musste. Damit gingen wir inoffiziell in die Annalen der Schulgeschichte ein, als jüngstes Feiervolk, welches sich mit echten Kollegstufenpartys messen kann. Auch wenn sich die meisten wohl gar nicht mehr erinnern können, wird es ein unvergessliches Erlebnis bleiben.

Für alle jenseits der 25 hört sich das vermutlich ganz stark nach einem sinnlosen und dazu noch illegalen Zusammentreffen verblödeter Jugendlicher der »Generation Komasaufen« an. Doch dazu muss man sagen, dass man so etwas selbst erlebt haben sollte, um darüber zu urteilen. Diese Art von Spaß hat natürlich keine Zukunft, und mittlerweile ist die ganze Aktion auch schon wieder ein halbes Jahr her. Also genug Zeit, um in der Klassengemeinschaft darüber zu diskutieren und zu reflektieren. Und alle sind sich einig: Man sollte mit dieser Art von Party weitermachen, solange es einem noch genauso viel Spaß macht wie am Tag zuvor.

Und sobald dies eben nicht mehr der Fall ist, kann man sich ja umorientieren. Diesen Prozess durchlaufe ich gerade. Mir ist das Weggehen immer noch wichtig, aber andere Dinge werden mir langsam wichtiger. So engagiere ich mich seit ein paar Monaten für eine örtliche Gruppe freier Wähler. Ich kann mich momentan auf keine gesetzte Partei festlegen, deren Profile sind mir alle zu unspezifisch oder sprechen mich persönlich nicht so an.

Politik hat mich schon immer interessiert. Und ich finde, wenn man was verändern will, sollte man nicht nur meckern, sondern selbst die Initiative ergreifen. Das tun leider viel zu wenig Jugendliche. Und viele von denen, die es tun, sind dann im links- oder rechtsextremen Bereich zu suchen. Darüber muss man sich aber auch nicht wirklich wundern, denn gerade diese zweifelhaften Parteien und Organisationen leisten eine aufwendige Jugendarbeit, von der seriösere Parteien nur träumen können. Mund-zu-Mund-Propaganda wird bei ihnen großgeschrieben. Mir ist es auch schon ein paar Mal passiert, dass mich in einem Jugendzentrum kahl rasierte Typen in ein Gespräch verwickeln wollten. Die waren nur wenig älter als ich. Einmal habe ich mich aus Interesse darauf eingelassen. Das fängt dann ganz harmlos an. Wie findest du die Band? Warst du schon öfter hier? Dann wird man meist auf ein oder zwei Bier eingeladen. Die geben sich ganz kumpelhaft. Fragen dich nach deinen Problemen und was dich so an der Gesellschaft aufregt. Sobald sie die Chance wittern, das Gespräch in ihre Richtung zu biegen, ergreifen sie sie. »Die Politiker haben doch keine Ahnung von unserem Leben, da muss man doch mal ausrasten« oder »Diese Scheiß-Türken mit ihren vermummten Weibern nehmen unsere Arbeitsplätze weg«. Einfach abstoßend. An diesem Punkt der Konversation habe ich mich von meinem Gesprächspartner verabschiedet. Der rief mir noch nach, man könne sich ja mal wieder treffen, er habe noch Freunde, die ebenso denken wie »wir beide«. Dieses unfreiwillige Kollektiv, richtig übel! Und dennoch gibt es junge Leute, die in bierseliger Laune auf diese Parolen anspringen. Vertreter der SPD sucht man in Jugendzentren vergebens. Das sollte man mal ändern. Die könnten wesentlich effizientere Problemlösungen anbieten als die Neonazis, die Versammlungen von Linken aufmischen oder »88« an Hauswände schmieren. (88 steht übrigens für »Heil Hitler«, da H der achte Buchstabe im Alphabet ist.)

Neonazi zu sein, finde ich ganz schlimm. Aber auch für gleichaltrige Pseudo-Kommunisten habe ich wenig Verständnis. Es mag schon sein, dass die Idee des Kommunismus an sich gar nicht so schlecht ist, aber die Vergangenheit hat gezeigt, dass die Menschen sie immer schlecht umsetzen.

Daran zu arbeiten, dass die Menschen ihre Ideen gut umsetzen, wäre wohl auch ein guter Vorsatz für mich. Vielleicht so etwas wie ein Sinn. Ein Ansatz auf der endlosen Suche nach dem Sinn meines Lebens.

Aber den muss ich so schnell ja noch nicht finden. Erst mal jung sein, dann eine gesicherte Existenz aufbauen. Und als alter Sack will ich dann so leben, wie es Peter Fox in seinem Lied *Haus am See* besingt: in vertrauter Umgebung, vielleicht mit einem Haufen Enkeln, Dumbledore-Look und einer Pfeife im Mund.

Alle kommen vorbei, ich brauch nie rauszugehen.
Ich lad die alten Vögel und Verwandten ein.
Und alle fang'n vor Freude an zu weinen.
Wir grillen, die Mamas kochen und wir saufen Schnaps.
Und feiern eine Woche jede Nacht.
Und der Mond scheint hell auf mein Haus am See.

Mittelmäßigkeit beunruhigt mich

Emilia (16 Jahre)

Wenn ich etwas mache, dann ganz oder gar nicht. Mittelmäßigkeit beunruhigt mich. Ohne arrogant klingen zu wollen, würde ich behaupten, dass ich ziemlich intelligent bin. Meine Ziele erreiche ich fast immer. So ganz ohne Arbeit ist das natürlich auch nicht möglich, aber ich habe kein Problem damit, Zeit und Anstrengung in die Schule zu investieren. Ich sehe darin einen klaren Nutzen für mich und meine Zukunft.

Es verwundert mich total, dass viele in meiner Klasse das nicht so sehen. Die finden es geil, sagen zu können, dass sie seit der Siebten keine Hausaufgaben mehr gemacht haben. Jetzt ist das vielleicht auch noch cool, aber wenn sie dann erst mal sitzen bleiben oder den Abschluss nicht schaffen, finden sie es bestimmt nicht mehr so toll.

Dabei bin kein Streber im klassischen Sinne. Ich laufe nicht total freakig mit hochgeschlossener Bluse und anderen Oma-Klamotten rum oder belehre alle. Ich lasse mich auf Partys blicken und pflege Kontakt zu Leuten, die ganz anders eingestellt sind als ich. Ich finde, zur Intelligenz gehört auch Anpassung. Wenn man es im Leben zu etwas bringen will, muss man es raushaben, mit der breiten Masse klarzukommen.

Individualität ist wichtig, ganz klar. Aber wenn sich diese Individualität darin äußert, dass man sich strikt gegen Veränderungen und auch Verbesserungen wehrt, ist das extrem diskussionswürdig. Viele Jungen und Mädchen, die ebenso gute Noten schreiben wie ich, wollen oder können das einfach nicht einsehen. Um wirklich erfolgreich zu sein, baucht man nicht nur das eigene Hirn, sondern auch die Herzen der anderen Menschen, im übertragenen Sinne. Den Klassenkameraden zu suggerieren, man sei voll auf ihrem Level, hilft extrem im zwischenmenschlichen Miteinander. Sich den Interessen der anderen zu verschließen, macht einen dagegen zum Außenseiter. Außerdem erweckt man trotz des Einserschnitts dann schnell den Eindruck, man sei ein wenig zurückgeblieben.

Erst vor Kurzem klickte ich mich mit einer Freundin durch verschiedene MySpace-Profile, und plötzlich stöhnte sie laut auf, um gleich danach in hysterisches Prusten überzugehen. Auf dem Bildschirm hatte sich gerade die Seite eines Nerds aus der Parallelklasse geöffnet. Mal abgesehen von dem äußerst unvorteilhaften Profilbild waren es vor allem die Profilangaben, die seine – freundlich ausgedrückt – Andersartigkeit offenlegten. Hinter »Hobbys« stand: »Haare kämmen, Badminton spielen (DBV), schlafen, *ANNO1701* spielen, Tenorsaxofon spielen, koffeinhaltige Getränke trinken ...«

Als sich meine Freundin wieder etwas beruhigt hatte, meinte sie japsend: »Wenn man bei so was Abkürzungen angibt, dann nur LSD oder so! Und koffeinhaltige Getränke? Selbst alkoholische Getränke wären schon unterbelichtet gekommen!« Als wir dann den nächsten Absatz anschauten (»Was man über mich wissen sollte«), hörte es komplett auf: »Mei, ich denk, ich bin ein bisschen schüchtern und manchmal a lille bit crazy! Außerdem bin ich Gelegenheits-Masochist. Ich bin, wie ich bin, ich glaube an mich, und was andere sagen, ist mir wurscht!«

Gut, wenn ihm das so wurscht ist, sollte er sich auch nicht immer bei den Lehrern beschweren, dass keiner mit ihm in einer Gruppe zusammenarbeiten will. Dieses ganze »Ich will mich nicht für andere verbiegen«-Gequatsche ist doch Blödsinn! Jeder Mensch will geliebt und akzeptiert werden. Dass solchen Leuten die Meinung der anderen so gleichgültig ist, kaufe ich ihnen nicht ab. Ich selbst habe auch nicht das Gefühl, dass ich mich verbiegen muss, um gemocht zu werden. Dass ich manchmal Kompromisse eingehen muss, das schon eher. Obwohl ich natürlich nach meinen eigenen Regeln spiele.

Über allem steht die absolute Kontrolle; solange ich die habe, geht es mir gut. Ich brauche die Kontrolle über meinen Freizeitplan, meine Schularbeiten, mein Gewicht, mein Geld. Und dabei helfen mir Listen. Ich liebe Listen! Ich habe einen ganzen Ordner voll davon. Meine Einkäufe, meine Lieblings-lieder, manchmal sogar meine Freunde – es gibt wenig, das ich nicht auflist.

Alles, was dazu führen könnte, dass ich die Kontrolle ver-liere, wird vermieden. Aber wie alle positiven Eigenschaften hat auch diese ihre Schattenseiten: Es fällt mir zum Beispiel ziemlich schwer, mich einfach so gehen zu lassen. Ich bin so verdammt ungechillt. Das ist auch auf Partys so. Zum Beispiel betrinke ich mich nie.

Das ist so ein Punkt, an dem ich ganz klar merke, dass mich andere deshalb in die Streber-Richtung abdrängen wollen. Aber ich durchschaue sie. Die meisten sind neidisch, weil sie selbst nicht den Mut aufbringen, auch mal Nein zu sagen. Es gibt natürlich auch die, die es wirklich nicht verstehen können, weil es ihnen aufrichtig Spaß macht, das ganze exzessive, selbstzer-störerische Partyleben. Warum ist wieder eine andere Frage.

Eine Freundin von mir war kürzlich auf einer Hausparty. Die Eltern der Gastgeberin waren oben im Schlafzimmer, unten wurde gefeiert. Kaum war sie angekommen, fing sie an zu trin-ken, einen Becher puren Wodka in der einen Hand, einen Becher Kirschsaft zum Nachtrinken in der anderen. Nach drei Bechern und ein paar Klopfern war sie mehr oder weniger am Ende. Irgendwo auf dem Weg zur Toilette stürzte sie und blieb liegen – bis der Vater, der auch aufs Klo wollte, über sie stolperte und

leicht entsetzt meinte: »Räum mal einer dieses Wesen hier weg!«
Sie wurde ins Klo verfrachtet, um den Rest des Abends dort
kotzend zu verbringen. Eine andere Freundin ist mal in einem
Nachtklub auf der abgeschlossenen Toilette eingeschlafen und
wurde erst um vier Uhr morgens vom Besitzer geweckt.

Trotzdem machen beide munter weiter, jagen einem Absturz
nach dem anderen hinterher. Das kann ich nicht verstehen. Was
ist so toll daran, seine Samstagabende übelst fertig und vollgekotzt auf dreckigen WCs zu verbringen? Was versprechen
sich die Leute davon – mal abgesehen von einer peinlichen
Anekdote? Wonach suchen meine Klassenkameraden, wenn sie
»Man kann auch Alkohol ohne Spaß haben« proklamieren? In
meinen Augen nichts, was sich zu finden lohnt.

Eine ähnliche Auffassung habe ich, wenn es um das Rummachen auf Partys geht. Ich bin mir viel zu schade dafür, die
Zunge irgendeines mäßig geilen Typen in meinen Mund zu lassen. Ganz zu schweigen von anderen Körperteilen. Ich kenne
einige Mädchen, die ständig auf Partys rumvögeln und alles
mit (fast) jedem machen. Also in irgendeinem Wald, hinter
einem Busch oder in fremden Elternschlafzimmern. Das will
ich definitiv nicht, mein erstes Mal stelle ich mir anders vor. Es
muss auch noch nicht jetzt sein, mit dem nächstbesten Spast,
der im Suff meint, ich sei »'ne heiße Braut«.

Echt nicht. Ich denke mir immer, ich konzentriere mich jetzt
auf die Schule, und dann, beim Studieren vielleicht, treffe ich
einen jungen Mann, der nicht so unreif ist, und dann entwickelt
sich womöglich etwas. Angst, aufgrund mangelnder Erfahrung
sitzen gelassen zu werden, habe ich überhaupt nicht.

Meine Freundin Nina schon. Die denkt sich, wenn sie jetzt
schon keiner will, wie sieht das dann erst in zehn Jahren aus?
Sie sehnt sich ganz extrem nach einer Garantie dafür, dass sie
nicht alleine bleibt. Und sie hat große Angst davor, sich vor lauter Einsamkeit letztendlich mit irgendeinem beliebigen Typen
abzufinden.

Diese Sorge teile ich überhaupt nicht. Ich musste mich in meinem Leben noch nie mit Mittelmäßigkeit zufrieden geben, also wird das auch in diesem Punkt nicht der Fall sein. Viele Männer finden es bestimmt auch besser, wenn die Partnerin früher kein Flittchen war. Wenn ein Junge von einem Mädchen weiß, dass er sie eh haben könnte, wird sie sicherlich langweilig für ihn. Ich persönlich habe momentan auch einfach noch nicht den Drang, mich in sexueller Hinsicht auszuleben. Und ich denke, wenn ich es dann irgendwann will, wird es schon werden.

Wille und Zielstrebigkeit werden in unserer Gesellschaft definitiv unterschätzt. Und damit meine ich nicht die Castingshow-Parolen, von wegen jeder kann ein Superstar sein, wenn nur der unbedingte Wille vorhanden ist. Ich meine einfach eine klare Vorstellung von den persönlichen Zielen, gepaart mit ausreichendem Ehrgeiz.

Ich denke, dieser Wille ist es, der mich erfolgreich macht. Wenn ich meine ganze Kraft und Überzeugung in ein Projekt stecke, ist es nicht so schlimm, wenn ich mal scheitere – zumindest ist es immer noch besser, als nur mit halbem Herzen bei der Sache zu sein. Richtig scheiße ist es dagegen, wenn ich mich total in irgendetwas reinhänge, aber die Menschen, mit denen ich zusammenarbeiten soll, mit ihrer Halbherzigkeit alles ruinieren. Nichts ist unbefriedigender, als sich so ausgenutzt zu fühlen.

Das mit dem Ausnutzen ist auch so eine Sache. Besonders bei »festen Beziehungen« in unserem Alter fällt mir das häufig auf. Der eine Partner ist schon voll reif und gibt wirklich alles, während der andere die ganze Sache nur so nebenher laufen lässt. Das macht den, der alles gibt, natürlich total unglücklich. Ich finde, wenn man es mit dem anderen nicht ernst meint, beziehungsweise sich nur einredet, es ernst zu meinen, dann sollte man es gleich bleiben lassen.

Ich glaube, eine Partnerschaft ist auch ganz stark Willenssache. Wenn man will, dass es funktioniert, dann funktioniert es auch. Ich denke nicht, dass ich mich jemals scheiden lassen werde – ich weiß, dass Liebe flüchtig und Lust vergänglich ist, aber man sucht sich seinen Partner ja nicht nur nach diesen Kriterien aus. Am Ende sind es die gemeinsamen Pläne und Werte, die zählen. Und über die weiß man meist von vorneherein Bescheid. Natürlich kann sich in Ausnahmefällen immer was ändern, der Partner wird schwer depressiv oder verändert sich sonst grundlegend. Wenn man lange genug darum gekämpft hat, mit der neuen Situation klarzukommen, ist es vielleicht auch okay, einen Schlussstrich zu ziehen. Aber solche Aktionen, wie sich gleich nach dem Entschwinden der akuten Verliebtheit einen neuen Lover zu suchen, oder gleich mehrere Liebschaften nebeneinander zu haben, gehen dagegen gar nicht.

Es ist bestimmt möglich, mehr als einen Menschen gleichzeitig zu lieben. Aber wenn man wirklich will, fällt es einem bestimmt nicht schwer, sich auf einen zu beschränken. So würde es mir zumindest gehen. Das Thema ist in meinem Bekanntenkreis im Moment ziemlich aktuell – mehrere meiner Freunde haben in der letzten Zeit erfahren, dass ihre Eltern sich trennen wollen.

Die meisten Eltern sind jetzt so Anfang fünfzig und kommen, nun da ihre Kinder so langsam selbstständig werden, drauf, dass sie sich auseinandergelebt haben. Da wird dann die Utopie einer perfekten Familie gnadenlos zerstört. Manchmal haben es die Kinder auch kommen sehen: SMS vom neuen Stecher der Mutter gelesen oder Streitgespräche mit angehört. Aber für manche kam auch alles aus dem Nichts.

Da frage ich mich, ob sich die Eltern das nicht hätten verkneifen können. Auch wenn kein Feuer mehr brennt – immerhin hat man sich ein gemeinsames Leben aufgebaut, sich dem anderen angepasst, viel Zeit investiert. Und ist die Freundschaft, die übrig bleibt, nicht genug?

Vielleicht rede ich auch nur so leicht daher, weil ich mit 16 noch so weit entfernt bin von diesem Alter, in dem man – zumindest in meinen Gedanken – schon so ziemlich auf das

Lebensende zugeht. Alter ist so was Unspezifisches und Hässliches, das ich gerne von mir wegschiebe.

Ich habe mich lange Zeit gefragt, wie Ehepaare einander im letzten Drittel ihres Lebens überhaupt noch anschauen können, ohne zu erschrecken, weil ihr Gegenüber so fahl und faltig geworden ist. Aber dann habe ich den Film *Der seltsame Fall des Benjamin Button* gesehen. Die Hauptperson Benjamin altert rückwärts, quasi vom Greis zum Kleinkind, seine große Liebe Daisy dagegen durchläuft die ganz normalen Phasen eines Menschenlebens. Nur in der Mitte, als beide so ungefähr vierzig sind, treffen sie sich.

Und in diesem Film ist mir aufgefallen, wie man selbst in einem uralten Gesicht die ursprünglichen Züge erkennen kann. Man blickt in die Augen des anderen und sieht darin seine Jugendliebe. Ein Lachen, umrahmt von Pigmentflecken, ein Stirnrunzeln voller tiefer Furchen, ein fast haarloser Wimpernschlag – aber was man sieht, ist das wunderschöne Lachen von damals, die glatte Stirn, die langen Wimpern. Eine andere, vergangene Realität.

Manchmal glaube ich, der Mensch ist nur ein Gefangener seiner eigenen Vergangenheit. So viele Leute leben in einem ständigen Gestern. Das sind vergangene Beziehungen, die einfach nicht vergessen werden können, oder das Bereuen einer Sache, die nun mal nicht mehr rückgängig zu machen ist. Und viele, die nicht im Gestern leben, leben in einem erhofften Morgen. In ihren Träumen von einer gerechteren Welt, einem spürbareren Glück, einer neu erklommenen Stufe auf der Karriereleiter. Und wenn ihr Morgen ihr Heute eingeholt hat, sind sie vielleicht glücklich. Hoffentlich.

Manche brauchen Grenzerfahrungen, Schmerz und Ekstase, um zu sich zu finden. Andere brauchen vor allem Stille und Frieden. Und ich brauche eben immer wieder neue Aufgaben, neue Ziele. Dieses Streben nach Perfektion, den Druck. Die Bestätigung, es *besser* gemacht zu haben. Ich bin so daran gewöhnt, alles zu erreichen, dass es mich total krank machen würde, wenn mal etwas nicht klappen sollte. Wenn mein Leben den Bach runterginge und ich keinen Job bekäme oder so.

Von solchen Vorstellungen bekomme ich Alpträume, ohne Witz. Viele denken, dieser Druck würde von meinen Eltern kommen, aber das stimmt überhaupt nicht. Sie unterstützen mich zwar immer, aber oft meinen sie auch, dass ich mir keinen so großen Stress machen soll. Aber ich will einfach was aus meinem Leben machen! Menschen, die das nicht können oder wollen, tun mir immer total leid.

Ein Junge aus meiner Klasse hat kürzlich mitten im Jahr die Schule abgebrochen. Er war davor schon einmal sitzen geblieben, und in diesem Jahr waren seine Noten auch nicht so gut, aber hätte er sich noch ein paar Monate reingehängt, hätte er immerhin einen Realschulabschluss gehabt. Jetzt arbeitet er halbtags bei Burger King. Ich frage mich: Warum schmeißt er so sein Leben weg?

Ich habe schon öfter mit Leuten gesprochen, die der Meinung waren, dass jemand, der das so macht, sein Leben ganz und gar nicht wegschmeißt. Im Gegenteil, sie sagen, solche Menschen würden es genau richtig machen, weil sie bewusst auf Macht, Ruhm, Reichtum verzichten. Also auf genau die Dinge, auf die auch Jesus in der Wüste verzichtet hat, die drei Versuchungen des Teufels. Aber es kommt, glaube ich, immer darauf an, wofür man diese drei Dinge nutzen will. Und insbesondere Frauen sind meiner Meinung nach sehr wohl in der Lage, Macht, Ruhm und Reichtum für das Gute zu nutzen. Angela Merkel zum Beispiel ist eine der mächtigsten Frauen der Welt. Trotzdem ist ihr das Machogepose aus Schröder-Zeiten fremd. Sie setzt sich in der europäischen Gemeinschaft für ein besseres Miteinander ein, das halte ich ihr wirklich zugute, auch wenn ich sonst eher die Grünen bevorzuge.

Umweltschutz ist definitiv ein Thema, das mir wichtig ist! Ich achte immer auf meinen Energieverbrauch und informiere mich über Einspar-Möglichkeiten. Später werde ich mir ein Solardach und ein Bio-Auto anschaffen. Beruflich in diese Richtung zu gehen, beispielsweise Holzmöbel zu designen oder Öko-Häuser zu entwerfen, ist definitiv eine Option, die mir gefällt. Was mir in Hinblick auf meinen späteren Job auch ganz wichtig wäre, ist, keinen Chef über mir zu haben. Ich komme zwar grundsätzlich sehr gut mit den Menschen aus, die über mich zu entscheiden haben – also mit Eltern und Lehrern –, aber eine Instanz, die mich dauerhaft kontrolliert, würde meine Kreativität einschränken.

Ich habe eine gute Freundin, die sich für ihre Zukunft ein Baby und einen liebevollen Ehemann wünscht. Zweifelsohne ist das nicht die schlechteste aller Möglichkeiten. Aber ich habe einen höheren Anspruch an mein Leben. Obwohl – »höher« klingt so überheblich. Immerhin hat jeder selber zu entscheiden, was ihn mit Glück erfüllt.

Sagen wir also: Ich habe einen anderen Anspruch an mein Leben als sie. Den Anspruch, erfolgreich und in meiner Branche für meine Kenntnisse anerkannt zu sein. Den Anspruch, von einem etwaigen Partner nicht für die alltäglichen Dinge wie den Abwasch, den Hausputz und das Abendessen geschätzt zu werden, sondern für meine intellektuellen Fähigkeiten.

Eben den Anspruch, nicht mittelmäßig zu sein.

Dann kotz halt auf mich drauf

Klaas (16 Jahre)

M ein älterer Cousin wohnt und studiert in Hamburg. Das ist echt eine großartige Stadt. In Deutschland gibt es viele großartige Städte, aber Berlin, München und Hamburg sind untoppbar. Berlin hat diese wahnsinnige Energie, da gibt es eine richtige Jugendszene. Hip-Hop ist dort ganz groß, jeder kennt irgendwen, der wen kennt, der schon mal mit 'nem Typen von Aggro Berlin einen trinken war. Außerdem spürt man in keiner anderen Stadt so sehr die deutsche Geschichte, man kann dort nicht nur in den Clubs Spaß haben, sondern auch in den Museen. Andererseits hat Berlin auch was richtig Abgefucktes. Es gibt wunderschöne Neubauten, aber auch richtig viele hässliche, heruntergekommene Stadtteile. Jugendliche ohne Perspektiven, Bezirke, die von Straßen-Gangs kontrolliert werden. Jede Menge Müll und Dreck.

München dagegen ist total sauber, aber auch da sind die Jugendlichen ziemlich geil drauf. Da gibt es die längsten Partys, da wird am exzessivsten gefeiert. Seit sich die Discos und Bars vom Osten der Stadt und der Kunstfabrik mehr in Richtung Stadtmitte verschieben, blüht die Club-Szene wieder auf. Und München hat so eine gemütliche, warme Ausstrahlung, total zum Wohlfühlen!

In Hamburg kann man dafür am besten einkaufen gehen. Und die Reeperbahn sollte auch nicht unerwähnt bleiben. Die

Hamburger selbst sind ziemlich sympathisch, die scheinen sich nicht so wichtig zu nehmen. Mein Cousin, der dort wohnt, hat da echt ein paar interessante Freunde gefunden. Mit denen gehen die besten Feiern, oft auch bei den Leuten zu Hause.

Mein Cousin hat zu seinem Einzug eine kleine Hausparty geschmissen. Seine Wohnung hat sich nie mehr davon erholt, mittlerweile denkt er sich, scheiß drauf, und macht sich gar nicht mehr die Mühe, dort aufzuräumen. Er »lebt« eigentlich nur im Bad und in einer Ecke der Küche, der Rest ist Partyhölle. Seine Mutter würde einen Herzanfall bekommen, wenn sie seine Wohnung jemals betreten sollte. Überall stehen überfüllte Aschenbecher, an den Wänden stapeln sich Kartons und Bierkisten. Auf dem Boden liegen lauter Verpackungen, Wäschestücke und Daunenfedern von einem Kissen, das mal draufgegangen ist. Zeitschriften, Bücher, CDs und DVDs sind ebenfalls im ganzen Raum verteilt.

In den Ferien habe ich dort eine der besten Partys meines Lebens gefeiert. Ungefähr 15 Leute waren ursprünglich eingeladen, aber auf dem Weg zum Getränkemarkt trafen wir noch ein paar Studienkollegen von meinem Cousin – eingeladen. Er meinte, falls ich noch ein paar heiße Chickas sehen sollte, könnte ich die auch noch einladen. Ich dachte zuerst, das sei ein Scherz, aber als wir dann wirklich in der Spirituosen-Abteilung drei Mädchen trafen, luden wir sie tatsächlich ein. Und sie sagten zu, sie hatten nichts Besseres vor! Mein Cousin erzählte mir, dass er das öfter macht, einfach junge, freundlich aussehende Leute auf der Straße ansprechen und spontan einladen. So wird es nie langweilig. Das fand ich ziemlich beeindruckend – immerhin lässt er Wildfremde in seine Wohnung.

Wenn wir bei uns zu Hause eine Party schmeißen, achten wir total darauf, dass niemand Unbekanntes dazukommt. Man weiß ja nie, was das für Menschen sind. Obwohl ich mich selber auch schon öfter auf Privatpartys geschlichen habe –

ohne böse Absichten natürlich. Aber meistens kannte ich dort irgendwen. Dieses Party-Hopping ist im Moment total beliebt: Man geht mit ein paar Freunden raus, zuerst in eine Bar, und danach sucht man eine Hausparty, in die man sich reinschmuggeln kann. Funktioniert meistens auch, im Ort kennt und hilft man sich ja gegenseitig.

Freiwillig fremde Menschen einzuladen war allerdings komplett neu für mich. Aber es wurde dann total gut. Auf alle Fälle war es interessant, den Älteren beim Partymachen zuzusehen. Auffällig dabei ist, dass sie nicht ganz so selbstzerstörerisch sind wie wir. Die kennen ihre Grenzen, und es muss nicht jeder eine halbe Wodkaflasche trinken, um gut drauf zu sein. Manche haben auch gar nichts getrunken, und nur zwei haben Drogen genommen – Gras und 'ne Ecstasy-Pille. Da würde auch nie einer kotzen, die fänden das total peinlich.

Der Grund dafür ist natürlich, dass die meisten am nächsten Tag wieder arbeiten oder zur Uni müssen. Selbstzerstörung macht einfach zu fertig. Dafür gehen sie mit dem Mobiliar viel mutwilliger um als Leute in meinem Alter, was vermutlich daran liegt, dass sie im Gegensatz zu uns nicht darauf achten müssen, die Spuren zu beseitigen, damit die Eltern nichts merken.

Die Gespräche auf solchen Feiern sind auch ganz anders. Da hocken manche zu fünft auf dem Boden und diskutieren über die amerikanische Außenpolitik. Wenn ich mir vorstelle, dass ich auf einer meiner Partys mit so einem Thema anfangen würde… unvorstellbar! Meine Freunde würden denken, ich hätte von irgendetwas zu viel genommen.

Erst neulich ist mir klargeworden, warum wir das mit dem Feiern überhaupt machen: Wir gehen auf Partnersuche. Partys sind wie Singlebörsen, dort treffe ich Leute, die ungefähr mein Alter und – aufgrund des sich überschneidenden Freundeskreises – auch ungefähr dieselben Interessen haben. Und tatsächlich: Menschen mit festen Partnern gehen deutlich weniger aus als die ohne.

Zum Thema Ausgehen: Mir ist aufgefallen, dass Mädchen irgendwie viel weniger dürfen als Jungs. Eine Freundin hat mal gemeint, dass bei ihrer Mutter beim Wort »Party« sofort ein Schalter umgelegt wird. Dann wird ihr Gehirn mit Bildern und Alarmsignalen überflutet: Party – allein! Nacht. Wenig Licht. Böse Jungs. Alkohol. Schwanger! Schande, Ruf ruiniert.

Natürlich sind Mädchen ein bisschen mehr gefährdet, auch was Vergewaltigung und so angeht. Aber sich wegen jeder Feier fett mit seinen Kindern zu streiten, bringt auch nix. Ich kann natürlich ein bisschen verstehen, dass die Eltern meiner Freundinnen Angst um ihre kleinen Mädchen haben, aber deswegen müssen sie ihre Kinder ja nicht gleich total blamieren. Der Vater einer anderen Freundin hat schon mal um ein Uhr eine Hausparty gestürmt, weil sie nicht pünktlich um halb eins zu Hause war. Der hat dann mit hochrotem Kopf Sturm geläutet, um seine arme Tochter aus der Partyhölle zu befreien – dumm nur, dass die gerade mit einem Typen im Badezimmer zugange war. Er hat dann so lange gegen die Tür getrommelt, bis sie rausgetorkelt kam, mit verräterischen weißen Flecken um den Mund. Wäre ich der Vater, hätte ich die Aktion in dem Moment total bereut. Ich würde gar nicht wissen wollen, was meine Kinder so treiben.

Meine Eltern sind da zum Glück relaxt. Sie bekommen zwar nur die Hälfte mit von dem, was ich tue, aber es stört sie auch nicht besonders. Wenn ich mit einem Mädchen nach Hause komme, lassen sie mich in Ruhe, sie wissen ja, dass ich aufgeklärt bin. Die Eltern der Mädchen sind da zum Glück auch ziemlich entspannt. Nur bei einer meiner festen Freundinnen war's ganz schräg: Ihre Mutter ist immer rumgesprungen und hat ihren Freunden erzählt: »Also, der Klaas, der wird jetzt der Entjungferer!« Und einmal hat meine damalige Freundin mich vorgewarnt, ihr Dad könnte mir in nächster Zeit mal eine Banane in die Hand drücken, damit er sich selber vergewissern kann, »dass der Klaas auch das Kondom richtig drüber kriegt«.

Das war dann schon sehr merkwürdig. Komisch, eigentlich mochte ich ihre Eltern, aber das Thema ging ihnen entschieden zu nahe.

Momentan date ich ein echt nettes Mädchen. Wobei – es ist komisch, das zu sagen, die Jugend von heute hat keine richtigen Dates mehr. Feste Verabredungen sind die Ausnahme, meistens lernt man sich auf einer Party kennen und verabredet sich dann für die nächste Party. So hat das mit Louisa und mir auch angefangen, aber irgendwie war mir das bei ihr nicht genug.

So kam ich zum ersten richtigen Date meines Lebens. Zuerst sind wir essen gegangen, ich habe sie eingeladen. Das war ein gutes Gefühl. Dann gingen wir zusammen auf eine kleine Party – um nicht zu sehr vom vertrauten Schema abzuweichen –, aber wir sind dann recht schnell von dort zu mir nach Hause und haben uns einen Film reingezogen. Irgendwas mit Revolvern. Danach lagen wir auf meinem Bett rum. Wir hatten schon dreimal davor rumgemacht, aber dieses Mal war es anders. Da war viel mehr Gefühl dabei. Oh Gott, es ist so peinlich, so was zu sagen, ich habe ein extremes Problem mit diesem Kitsch-Quatsch! Das Wort mit L will mir nicht über die Lippen. Jedenfalls haben wir uns geküsst und ausgezogen, bis auf die Unterwäsche. Wir wollten gar nicht mehr, das was wir in diesem Moment hatten, lief nicht auf Sex hinaus. Ich weiß nicht, was das zwischen uns ist. Ob da überhaupt etwas ist. Das Wort mit L ist es (noch) nicht, ich weiß auch nicht, ob es für eine Beziehung reicht. Aber ich habe Gefühle für sie. So, jetzt ist es raus.

Leider lässt Louisa mich so im Ungewissen. Und ich habe viel zu viel Stolz, um eine Aussprache zu provozieren, in der ich Zugeständnisse machen müsste, die mich angreifbar und verletzlich machen könnten. Wahrscheinlich geht es ihr genauso.

Ich habe sie mal gefragt, was sie sieht, wenn sie an mich denkt. Man hat ja zu jedem Menschen verschiedene Bilder und Gerüche im Kopf. Sie hat gemeint, sie riecht Zigaretten und frisches Gras und sie sieht blau. *Blau?* Ich sehe so viel mehr, wenn ich an sie denke, damit könnte ich Bücher füllen. Und sie sieht nur blau?

Die Geschichte mit ihr hat mir gezeigt, wie sehr das Leben vom Zufall abhängig ist. Vorher hatte ich ein echt heißes Mädchen kennengelernt, mit dem ich mich total gut verstand. Aber sie hatte einen Freund – eigentlich schade. Wir bleiben weiterhin in Kontakt, ich lud sie auf meine Partys ein, sie mich auf ihre.

Auf die fette Geburtstagsfete meines Kumpels hat sie dann eine ihrer Freundinnen mitgebracht. Die Tussi fand ich total daneben, die war überdreht und hat viel zu viel getrunken. Ich hasse das! Und dann war die auch noch so hässlich! Ich war total unfreundlich und habe sie die ganze Zeit verarscht, aber die hat das gar nicht gestört. Vermutlich erlebt sie so was ständig. Sie hat mich dann auf eine Sommerparty eingeladen, was ich ignoriert habe.

Aber als mich das andere Mädchen, also die mit dem Freund, auch noch eingeladen hat, habe ich behauptet, ich würde kommen, wenn ich könnte, auch wenn ich es eigentlich gar nicht vorhatte. Ich glaube, unser ganzes Miteinander besteht aus Lügen. Oder, nicht so hart ausgedrückt, aus kleinen charmanten Flunkereien. Um anderen Verletzungen und sich selbst Diskussionen zu ersparen. Aber sie hat dann nicht lockergelassen und mich immer wieder von Neuem auf diese Party hingewiesen. Irgendwann habe ich dann halt zugesagt, weil ich nichts Besseres vorhatte.

Die Veranstaltung wurde dann ganz okay, nicht so schlimm, wie ich erwartet hatte. Und richtig gut wurde es, als ich Louisa traf. Die doofe Tussi stellte sie mir vor – und zuerst dachte ich mir, wer mit der befreundet ist, kann ja nicht so toll sein. Doch da habe ich mich geirrt: Fünf Minuten später lag ich mit Louisa auf einer Wiese neben schätzungsweise zehn anderen Paaren, die alle rummachten. Sie saß auf mir drauf und ist total rangegangen. So krass habe ich das bei einem Mädchen noch nie erlebt. Ihre Küsse saugten mich voll aus! Mein Kumpel fand es total lustig und hat sich daneben gesetzt und uns zugeschaut. Alter Spanner! Er hat später gemeint, ihre Küsse hätten so was Vampirisches gehabt.

Aber es stimmt schon, sie hatte es so was von drauf. Wahrscheinlich hat sie Übung. Trotzdem ist sie keine Schlampe. Und das sage ich nicht aus Sympathie, sondern weil sie nie davon redet, wie sie was mit anderen Typen hatte. Und weil auch die anderen nie krasse Geschichten von ihr bringen. Wenn man sie ein bisschen kennt, ahnt man, dass sie schon so einiges mitgenommen hat. Aber man *weiß* es nicht. Sie ist wirklich rätselhaft.

Eine gute Freundin von mir – ich mag sie wirklich – ist dagegen tatsächlich eine Schlampe. So eine, die jeden nimmt und auch allen freimütig davon erzählt. Einmal war sie mit einer gemeinsamen Freundin bei einem Straßenfest und hat dort zwei Männer um die 25 angelabert. Sie ist dann mit denen in deren Wohnung gegangen, ihre Freundin hat sie mitgeschleift. Einer der Typen ist dann gegangen, der andere hat angefangen, sie zu begrapschen. Sie hat mit ihm gezüngelt und sich dann fingern lassen, während ihre Freundin daneben saß.

Ich finde das schon ein bisschen hart. Manchmal im Gespräch sagt dieses Mädel so Sachen wie: »Gestern waren schon wieder zwei Typen bei mir unten dran!« Sie ist echt cool, aber diesbezüglich hat sie einfach einen Schaden! Ob sie sich selbst als Schlampe sieht, weiß ich gar nicht.

Eine Schlampe ist für mich nicht unbedingt ein Mädchen, das viele Kerle hatte, sondern ein Mädchen, von dem man *weiß*, dass es viele Kerle hatte. Und das auch irgendwie will, dass man es weiß. Sex zu haben, um immer wieder zu hören, wie begehrenswert man doch ist, halte ich für fatal. Aber das muss jeder für sich entscheiden.

Sex ist sowieso etwas Seltsames. Ich meine, es ist total geil, aber wer ist eigentlich auf die Idee gekommen, damit anzufangen? Die zu benutzenden Körperstellen sind ja nicht gerade die naheliegendsten... Und manche Menschen tun dabei wirklich mysteriöse Dinge! Meine Nachbarin zum Beispiel kriegt beim Höhepunkt immer einen Lachanfall – das bekomme ich öfter mal mit, wenn sie das Fenster geöffnet haben. Im Ernst, sie kriegt einen richtig extremen Lachanfall. Ich frage mich: Warum? Ihr Typ ist zwar eine Lachnummer, aber das kann ja nicht der einzige Grund sein. Ich würde sie zu gerne fragen, aber das kann ich nun wirklich nicht bringen.

Andere Menschen, vor allem die in meinem Alter, tun wirklich mysteriöse Dinge, um überhaupt Sex zu *haben*. Ein notgeiler Kumpel von mir wollte neulich ein Mädchen überreden. Sie schien nicht abgeneigt, was vermutlich daran lag, dass sie sternhagelvoll war. Die beiden machten rum und mein Kumpel wollte ihr gerade an die Wäsche, als sie sich mit einer ruckartigen Bewegung von ihm wegdrehte und sagte: »Oh mein Gott, ich kotze gleich!« Seine Antwort war: »Na und, dann kotz halt auf mich drauf!« Also machten sie weiter, und es kam, wie es kommen musste: Sie ergoss ihren gesamten Mageninhalt auf ihn. Zu hart.

Egal was Doktor Sommer sagt: Liebe, Sex und Erotik haben nicht unbedingt etwas miteinander zu tun. Das Wort mit L, mit dem ich ein kleines Problem habe, betrifft die meisten in meinem Alter noch nicht. Jedenfalls nicht so richtig. L ist nahe verwandt mit Ehrlichkeit und Reife. Und mit Pflicht.

Deshalb widmen sich viele Jugendliche lieber dem zweiten Teilbereich. Nichts macht so viel Spaß wie Sex, und es gibt wenig, was so unverbindlich ist. Früher dachte ich immer, Sex habe viel mit Erotik zu tun, aber das stimmt so nicht. Zumindest nicht in dem Moment, in dem man ihn hat. Denn Erotik verbinden wir mit Sinnlichkeit, Ästhetik und auch mit Technik. Und auch mit Persönlichkeit.

Ich habe mich schon oft gefragt, was einen Menschen zu einer Persönlichkeit macht. Zu einer befriedigenden Antwort bin ich noch nicht gekommen, aber ein paar Kriterien kann ich vielleicht nennen. Da ist erst mal die Intelligenz. Intelligenz bedeutet nicht, viel Schulwissen zu haben, ich glaube eher, ein intelligenter Mensch weiß im richtigen Moment die richtige Antwort. Ein intelligenter Mensch weiß auch, wie er sich seiner Umwelt darstellen muss, um für sein Wissen geschätzt und bewundert zu werden. Außerdem sollte eine Persönlichkeit ein wenig mutiger sein als die anderen. Und erhabener.

Und natürlich muss das Aussehen stimmen. Die Erscheinung muss zur Persönlichkeit passen. Und das heißt nicht unbedingt, dass man wunderschön und perfekt sein muss.

Generell ist mir aufgefallen, dass bei überraschend vielen Menschen der Körper zum Charakter passt. An dieser Stelle würde mich interessieren, ob die Seele – vorausgesetzt, es gibt eine – in den Körper hineingeboren wird, der für sie bestimmt ist, oder ob sich der Mensch charakterlich an seinen Körper anpasst. Manchmal glaube ich wirklich, dass das Zweite der Fall ist. Wir können zwar unsere Kleider, unsere Sprache und unsere Gestik ändern, aber was wir niemals ändern können, ist unser Spiegelbild.

Vor dem Spiegel suchen wir nach Perfektion und Makeln. Je länger wir schauen, desto besser können wir uns vielleicht mit unserem Spiegelbild anfreunden, denn wir haben nur diese eine Hülle. Manche Menschen verlieben sich in ihr eigenes Gesicht. Sie verlieren sich darin und tun alles für die Erhaltung ihrer Jugend und Schönheit. Andere verfluchen ihr Spiegelbild und versuchen, ihre Erscheinung mit anderen, positiveren Eigenschaften zu kompensieren.

Ich kenne viele schöne Menschen, deren Attraktivität auch ihr größter Vorzug ist. Sie verlassen sich vollkommen auf ihr überzeugendes Äußeres, alle ihre Wesenszüge sind auf diesen einen Vorteil zugeschnitten. Einer meiner besten Freunde ist so. Er ist nicht selbstverliebt oder eingebildet, aber er ist ziemlich wortkarg. Warum sollte er auch mehr sprechen, die Menschen kommen auch so auf ihn zu und suchen seine Gesellschaft. Vor allem natürlich die Mädchen. Ein anderer Freund dagegen sieht auch nicht übel aus, ist aber nun mal kein Brad Pitt. Doch er legt eine ganz andere Attitüde an den Tag – er kann unglaublich charmant sein und macht bei jedem Scheiß mit! So ein richtiger Partyhengst. Das macht ihn für viele interessant, auch für viele Mädchen. Aber seine Bilanz ist nicht besser als die meines »schönen« Freundes, obwohl er viel mehr dafür tut. Doch irgendwie passt es, dass der eine so ist und der andere so. Wäre auch sehr skurril, wenn ein leicht blasierter Model-Typ unter einem Trichter kniend vom umstehenden Party-Pulk mit »Ex! Ex! Ex!« zum Wetttrinken animiert werden würde. Finde ich jedenfalls.

Was ich total krass finde, ist, dass ich mich nie so sehen werde, wie andere mich sehen. Bei anderen Menschen kenne ich ihre Mimik, wenn sie sich glücklich oder traurig fühlen, total entspannt sind oder kurz vor der Explosion stehen. Ihre Mundwinkel können spöttisch zucken, es können Verachtung oder Liebe in ihrem Blick liegen, sie können ihre Stirn vor Wut oder Zweifel runzeln. Manchen Menschen steht ein Schmollmund, manchen ein arroganter Poserblick oder ein schiefes Lächeln. Bei anderen kann ich das gut beurteilen, aber bei mir selber überhaupt nicht. Wie denn auch? Ich werde meine Mimik nie richtig kontrollieren können – oder einschätzen können, welcher Gesichtsausdruck auf andere völlig abschreckend wirkt. Eigentlich auch egal. Ist ja bei jedem so.

Es altert auch jeder. Ich finde das nicht so schlimm – obwohl ich das vielleicht auch nur deshalb sage, weil ich noch nicht davon betroffen bin. Und weil ich nicht glaube, dass im Alter alles schlimmer wird, dass man selber total langweilig und spießig werden muss. Ich wage zu bezweifeln, dass ich eines Tages nur noch rumsitzen und Kreuzworträtsel lösen oder mir jemals Andy Borg und Florian Silbereisen anhören werde. Dieses pseudotraditionelle Gesinge … das finde ich einfach grässlich! Auch wenn ich normalerweise fast alles höre.

Ich finde, jede Musikrichtung hat ihre Daseinsberechtigung. Ich gehe total gern auf Konzerte, aber nicht auf die von großen Stars, da ist es immer so überfüllt und die Kartenpreise sind überteuert. Eine Halle mit tausend Leuten ist da schon Obergrenze. Wenn die Künstler nicht so berühmt sind, dann sind ihre Bühnenshows intimer und sie haben ein besseres Gespür für ihr Publikum. Da kommt richtiges Partyfeeling auf! Jennifer Rostock geht live zum Beispiel total ab. Sie und ihr Gitarrist machen dann auch schon mal mit Fans rum. Endgeil! Und sie nimmt echt alles, sogar Mädchen. Aber bei denen kommt sogar das noch künstlerisch rüber. Es wäre einfach zu geil, sagen zu können, dass man schon mal was mit Jennifer Rostock hatte. Und auch wenn das nicht klappen wird, finde ich es total cool, wenn man die Menschen, deren Musik man hört, auch persönlich kennt. Den Sänger von Jamaram habe ich mal nach einer Kippe gefragt und ein bisschen mit ihm geplaudert.

Ich finde, Kunst kann man nicht nach ihrem Berühmtheitsgrad oder ihrem Preis beurteilen. Unser 25-Euro-H&M-Hemd wurde genauso designt wie ein 250 Euro teures D&G-Hemd. Und ob sich die Verantwortlichen beim Entwerfen eines D&G-Hemds mehr gedacht haben als die H&M-Designer, ist fragwürdig. Am Ende ist es doch immer nur ein Hemd!

Über Kreativität und Kunst zu urteilen gehört zu den schwierigsten Sachen überhaupt. Viele meinen, Independent-Künstler wären hochwertiger als Popsternchen wie Britney Spears – aber das glaube ich gar nicht. Nicht, dass ich jetzt Britney Spears mag, um Gottes willen! Aber auf ihre Art ist auch sie ein Kunstwerk. Sie wurde erschaffen von ihren Songwritern, Produzenten, Make-up-Artists, Stylisten, PR-Experten, Choreografen. Sie ist die Illusion einer glatten, makellosen, perfekten und talentierten Frau. Ein schönes Bild, ein Ideal. Eine Mona Lisa, die sich bewegt.

Dass Feuilletonisten und Kritiker Mainstream-Künstler und -Produkte so konsequent negativ bewerten, halte ich für falsch. Ausschließlich Filme, Bücher, Serien, CDs, die für den normalen Menschen schwer verständlich und abstrakt wirken, erhalten einigermaßen gute Rezensionen. Es scheint geradezu, als würden einem die Kritiker damit zu verstehen geben wollen, der eigene Geschmack sei anspruchslos und billig. Gefällt einem der neue Kassenschlager genauso gut wie den anderen 200 Millionen Menschen, die ihn bereits gesehen haben, so ist das für sie ein Zeichen mangelnder Individualität und Intelligenz. Dabei sind es genau diese Filme, Bücher, Serien und CDs, die die einfachsten, aber auch allerwichtigsten Botschaften vermitteln. Wenn ihre Moral die Herzen der Menschen bewegt, haben sie ihr Ziel erreicht.

Obwohl ich mich, wenn ich unbekannten Musikern zuhöre oder einen Indie-Film ansehe, schon auch ein wenig einzigartig fühle. Findet man einen unentdeckten Künstler, der einem total aus dem Herzen spricht, kann man sich immer vorstellen, seine Lieder wären für einen selbst geschrieben worden. Man gehört zum kleinen Kreis derer, die seine Inhalte verstehen und schätzen.

Diese »persönlichen« Musiker und Stars sind die, die nur einen selber prägen. Aber die weltbekannten, schillernden, zuweilen gestörten Berühmtheiten sind die, die einer ganzen Generation ihren Stempel aufdrücken. Man plaudert über ihre neue CD, den neuen Film oder beurteilt ihre Stilsicherheit. Und vor allem redet man über ihre Skandale. Und da es mittlerweile so viele Stars und so viele Skandale gibt, sehen sich viele Zeitungen veranlasst, Überschriften wie »Muss das denn schon wieder sein?« oder »Wir können es nicht mehr sehen« über die unscharfen Paparazzi-Bilder des Prominenten beim jüngsten Ausrutscher zu drucken. Aber eigentlich sind die Beteuerungen, man hätte von den Eskapaden des Stars genug, nur eine Farce. Denn genau das sind die Bilder, die die Menschen sehen wollen. Die Geschichten, die reißenden Absatz finden. Wir, die Normalsterblichen, Welten entfernt von diesem Universum des großen Gelds, der großen Gefühle und der großen Dramen, wollen genau das immer und immer wieder sehen. Denn auf eine Art rechtfertigt gerade diese öffentliche Selbstzerstörung den Ruhm dieser Menschen. Weil sie es gewagt haben, Grenzen zu überschreiten.

Die Marktforscher der Musik- und Filmindustrie wissen schon lange, was wirklich nötig ist, um aus einem Menschen einen Superstar zu machen. Sie müssen jemanden finden, der bereit ist, weiter zu gehen, als das Durchschnitts-Individuum es wagen würde. Manchmal tragen diese Neuentdeckungen den Drang, am geschmacklichen und körperlichen Abgrund entlangzuwandern, bereits in sich. Und manchmal muss man diese Attitüde erst für sie erschaffen.

Natürlich gibt es dieses maßgeschneiderte Persönlichkeitskostüm auch in der komplett gegenteiligen Form. Die Illusion eines perfekten, talentierten Mädchens, das gleichzeitig die beste Freundin und die beste Liebhaberin ist, hat auch schon aus einem kleinen, charakterlich formbaren Schulmädchen namens Britney Spears einen Megahit gemacht. Doch erst mit ihrer skandalträchtigen Phase, in der sie vom keuschen Pop-Prinzesschen zur »Britney-Bitch« mutierte, reihte sie sich in die Riege der Megastars ein, schwankend zwischen Kunst und Wahnsinn, Glamour und Gosse.

Natürlich kann man all die erschreckenden Szenen wie die Schädelrasur, den Sorgerechtsstreit oder die Scheidung von Kevin Federline als Image-Gag abtun. Doch dabei vergessen viele, dass Star zu sein kein Beruf ist, sondern ein ganzes Leben. Die Fotografen lauern quasi vor dem Schlafzimmer, ehemalige Angestellte plaudern in Enthüllungsbüchern freimütig über ihr Arbeitsverhältnis und der vollgestopfte Terminplan lässt kaum noch Zeit für ein Leben abseits des Rampenlichts. Hätten sie mehr Raum für ihr eigenes Ich, wären die Superstars nach der Show vielleicht ganz anders. Aber es gibt kein »nach der Show«, die Show ist überall. Und außerdem wollen wir, die Konsumenten, ja daran glauben, dass diese Persönlichkeiten so sind.

Der Wahnsinn, das Exaltierte, das Exzentrische, begeistert uns. Denn irgendwie tun diese Menschen es ja auch für uns, oder besser gesagt, an unserer Stelle. Sie tragen die schrägen und schockierenden Outfits, die wir niemals zu tragen wagen würden. Sie erliegen dem Reiz der Drogen, dem wir selbst uns nicht nachzugeben trauen. Dass ihr Wagemut am Ende in tragischer Selbstzerstörung endet, ist der Trost für uns, die wir dieses Leben niemals haben werden. Wir blicken auf sie herab und sind froh, Normalsterbliche zu sein, die diesen Preis nicht zahlen müssen.

Ich denke mir schon manchmal, wie geil es einfach wäre, schön, reich und berühmt zu sein. Dann könnte ich Megan Fox oder Jessica Alba angraben, in meiner 10-Millionen-Dollar-Villa hammermäßige Partys schmeißen oder einfach mal so einen neuen Lamborghini kaufen. Das für einen Monat mal zu testen wäre bestimmt fantastisch, aber länger würde ich es nicht ausprobieren wollen. Denn wenn man so weit oben ist, ist man so schrecklich eingeschränkt, da es kaum noch höher geht. Und doch ist es nicht genug, man will mehr.

Da ist so ein normales Leben doch cooler. Man kann sich seine Zeit gestalten, wie man es will. Ich zum Beispiel will immer anders sein als die anderen. Und ich würde gerne etwas mehr von der Welt sehen als nur Deutschland und Europa. Ich will von meinem Glück etwas abgegeben und am Glück anderer teilhaben. Ich will nie aufhören zu lernen, und ich will meine Standpunkte immer noch mal überdenken können. Die Wege meines Lebens sollten immer mehrere Abzweigungen haben und trotzdem auf ein Ziel hinauslaufen. Ich will an jedem Tag meines Lebens etwas Neues entdecken, was mich begeistert, und etwas, was ich gerne verändern möchte. Und ich will am Ende jedes Tages eine neue, schöne Erinnerung haben.

Damit es am Ende genug ist. Einfach nur genug.

Schubladendenken ist unglaublich scheiße

Mona (17 Jahre)

Ich bin Metal-Fan und gehöre der schwarzen Szene an. Um mit diesen Vorurteilen ein für allemal aufzuräumen: Wir sind definitiv nicht so böse, wie wir aussehen, wir opfern keine Tiere und schmieren auch nicht nachts irgendwelche Zeichen an Grabsteine und Mahnmäler. So was machen nur Luciferisten. Das sind die, die den Teufel als Antagonisten Gottes preisen. Im Laufe der Zeit hat dieser Kult ganz merkwürdige Formen angenommen: Triff dich mit deinen Kreisen und vergewaltige, opfere jede Woche ein Tier… Solche Leute soll's geben, aber die finde ich einfach nur obergruselig.

Satanisten sind mir da viel sympathischer. Als ich neu in der Szene war, habe ich mich eine Zeit lang ganz intensiv mit ihnen beschäftigt, einfach um mich zu informieren. Ich habe mir auch die *Satanische Bibel* von Anton LaVey durchgelesen. Allein schon der Titel des Werkes ist ein Paradoxon. Dabei ist das, was drinsteht, eigentlich voll okay. Ausgangspunkt ist erst mal: Es gibt keinen Gott. Das kam für mich schon mal nicht so überraschend, da ich sowieso ungetauft bin. LaVey schreibt, man selbst sei der Gott in seinem Universum, der größte Feiertag sei der eigene Geburtstag. Diese ichbezogene Anschauung ist einerseits belustigend, andererseits auch ein wenig beängstigend. Der Grundgedanke dabei ist in etwa so: Wenn sich der Mensch unbedingt etwas suchen muss, das er verehrt, also Gottheiten oder Popstars zum Beispiel, dann kann er auch gleich sich selbst verehren.

LaVey regte besonders die Bigotterie seiner Mitmenschen auf, die sich selbst alle Freuden verwehrten, indem sie ihnen den Stempel der Sünde aufdrückten. Seine Lösung: Wenn man selbst der eigene Gott ist, kann man sich ohne schlechtes Gewissen ausleben. Die satanistischen Richtlinien plädieren für Hingabe statt Enthaltsamkeit und reine Weisheit statt heuchlerischer Selbsttäuschung. Der Satan steht für alle sogenannten Sünden, die zur körperlichen, geistigen und emotionalen Genugtuung führen. Er ist quasi der beste Freund, den die Kirche jemals hatte, da er sie all die Jahre im Geschäft gehalten hat. Dabei gibt es auch unter Satanisten ein paar Vorgaben, die das gemeinsame Miteinander regeln sollen, wenn auch in »Auge um Auge, Zahn um Zahn«-Mentalität. Beispielsweise: »In jemandes anderen Heim erweise ihm Respekt, ansonsten betritt es nicht. Wenn dich ein Gast in deinem Heim belästigt, behandle ihn grausam und ohne Gnade.«

Meine Lieblingsregel ist: »Beschwere dich nicht über etwas, dem du dich nicht selbst aussetzen musst.« Das heißt, du bist einfach dein eigener Herr; nimm Drogen, solange du da niemanden mit reinziehst. Aber ich würde auf gar keinen Fall sagen, dass ich zu den Satanisten gehöre. Metler gehören nirgendwo dazu, nur kleidungsmäßig ergeben sich halt manchmal Überschneidungen. Ich lasse mich im Allgemeinen nur sehr ungerne einordnen, Schubladendenken finde ich unglaublich scheiße. Ich habe mir auch so ziemlich alle großen Religionen mal genauer reingezogen, und über meinen Metal-Freundeskreis bin ich auf die germanische und skandinavische Mythologie gekommen. Die ist sehr spannend, irgendwie so ursprünglich, mit der *Edda*, in der die ganzen Sagen drinstehen, und den Erzählungen über Odin und Thor. Ich trage immer eine Schutzrune um den Hals, die aussieht wie ein gestrecktes Peace-Zeichen ohne Kreis. Diese Rune ist wahnsinnig alt. Schon die Wikinger glaubten daran: Wenn sie vor einer Schlacht den Abdruck eines Krähenfußes im Boden entdeckten, war der Kampf so gut wie gewonnen. Ich bin da nicht ganz so überzeugt, aber ein kleiner Funken Magie ist schon dabei. Aber nur ein ganz kleiner.

Mit den großen Weltreligionen habe ich mich auch beschäftigt, aber sein inneres Licht zu finden, indem man zehn Tage lang stumm meditierend gegen eine Wand starrt, kommt mir unbefriedigend vor. Meine Mum hat das mal im Rahmen eines buddhistischen Programms durchgezogen – sehr durchgeknallt. Außerdem habe ich die gesamte Bibel gelesen. War auch nicht so toll, an die Hälfte kann ich mich schon gar nicht mehr erinnern. Da sind echt viel zu viele endlos lange, schräge Geschichten dabei. »Im Alter von 105 Jahren zeugte Set den Enosch. Nach der Geburt des Enosch lebte Set noch 807 Jahre und zeugte Söhne und Töchter. Insgesamt lebte Set 912 Jahre, dann starb er. Im Alter von neunzig Jahren zeugte Enosch den Kenan…« Also bitte!

Schräg war auch meine – im Rückblick ziemlich peinliche – Zeit bei den christlichen Pfadfindern. Die waren wirklich strange, wir mussten ständig beten. Einmal habe ich einen Apfel rausgeholt und einfach reingebissen, dann haben mich die anderen Kinder ganz böse angeschaut, als würden sie gleich entsetzt rufen: »Du musst beten, Mann, das ist ein Apfel!« Das war für mich zu viel des Guten, der volle Religionsschock. Es kann schon sein, dass da mal ein Typ war, ob der nun Jesus oder Gustav hieß, grad egal, der die Welt verbessern und mit ausgefeilten rhetorischen Tricks seine Message an den Mann der Vorzeit bringen wollte. Aber man muss es mit der Verehrung ja nicht übertreiben.

Dabei sieht Jesus mit sehr viel Fantasie aus wie mein Traummann. Ich stehe voll auf lange Haare, bis zu den Schultern ist Minimum. Lange Haare und Kinnbart. Zum Dahinschmelzen. Eine breite Schulter rundet das Bild noch ab. Meine Kinder sollen auch mal so aussehen, die kommen schon langhaarig unten raus. Es ist schon cool, wenn die eigenen Kinder die eigenen Ideale auch toll finden. Aber wenn nicht, muss man da Verständnis haben. Meine Mum lebt mir da zum Glück die totale Toleranz vor. Sie hat nie an meinem Aussehen rumgemäkelt, und auch wenn ich ausgehen will, stresst sie eigentlich nie. Sie weiß immer gerne, wo ich ungefähr bin, und sie freut sich, wenn ich sie von irgendeinem Festival aus mal anrufe, aber sie zwingt mich nie dazu. Ich streite mich selten mit ihr, wir brüllen uns nie grundlos an. Sie macht jetzt nicht einen auf jugendlich und beste Freundin und so, aber sie zeigt mir, dass sie bedingungslos hinter mir steht. Einmal hatte ich Stress mit einem Lehrer, und da ist sie gleich zu ihm in die Sprechstunde gegangen, um das für mich zu regeln. Ihr ist schon wichtig, dass was aus mir wird, aber das hat überhaupt nichts mit Erfolgsdruck zu tun. Sie ist echt mein Ein und Alles.

Ich wohne mit ihr und meiner großen Schwester zusammen. Wir haben unterschiedliche Väter; ihr Erzeuger sorgt für sie, im Gegensatz zu meinem. Mein Vater und ich haben gar keinen Kontakt mehr, er schuldet meiner Mutter auch den ganzen Unterhalt. Der Dad meiner Schwester ist mittlerweile eine wichtige Anlaufstelle für mich. Wenn ich mal nicht zu Hause schlafen will oder Probleme mit Jungs habe, kann ich immer zu ihm kommen. Einmal hatte ich Liebeskummer und dann hat er sich mit mir und einer Tüte Gummibärchen auf die Couch gesetzt, mir ein alkoholfreies Bier in die Hand gedrückt und mit mir darüber geredet. Das war irgendwie total süß.

Die ganze Sache mit meinem Vater hat mich schon ziemlich geprägt. Alles hat damit angefangen, dass er seinen Arbeitsplatz verloren hat, weil es mit seinem Betrieb bergab ging. Deshalb hat er angefangen zu trinken. Und er hat immer so wahnsinnig viel Scheiße von sich gegeben. Dinge gesagt, die einfach nicht stimmen. Er war ein Alkoholiker, der sich als Actionheld inszeniert hat. Er hat immer davon geredet, was er alles tun, erleben, machen will und wird, und hat dabei wirklich gar nichts auf die Reihe gekriegt. Das hat mich schon verletzt, und im Laufe der Zeit war es mir dann nur noch unangenehm.

Besonders einmal war es total übel, da war ich zehn und ging mit ihm essen. Er hat sich einen Wein nach dem anderen bestellt und für mich jedes Mal eine Cola geordert. Dann hat er noch einen alten Bekannten getroffen, es wurde immer später und später. Damals wusste ich noch gar nicht, was Alkohol ist und was er bewirkt. Ich habe seine Trunkenheit auch erst mal gar nicht so bemerkt, ich wollte einfach nur heim. Und ich wollte keine Cola mehr! Aber dann hat er sich noch ein Glas Wein bestellt, und mir eine Cola dazu, und dann noch mal und noch mal. Und dann hat er angefangen, ganz komisch zu sprechen. Irgendwann um eins habe ich es dann geschafft, ihn zum Gehen zu überreden, aber dann wollte er ständig irgendwelche fremden Leute anquatschen, ich musste ihn nach Hause ziehen, ihn stützen. Das war mir so verdammt peinlich. Ich musste ihn dann auch ins Bett legen, das war megagruselig und widerlich, damals kannte ich ihn ja noch nicht so. Meine Mum und ich haben immer wieder versucht, ihm zu helfen, aber er wollte nicht. Irgendwann hatte ich dann keine Lust mehr, ihn zu besuchen.

Ich bin schon auch stolz darauf, dass ich keine Hilfe von ihm brauche. Ich musste früh lernen, sparsam mit Geld umzugehen, weil es bei uns eigentlich immer fehlt. Momentan habe ich in meinem Sparschwein vielleicht zwanzig Euro für die nächste Zeit, ich kann also nicht einfach mal so zum Bäcker. Und wenn ich mal eine neue Hose brauche, muss ich oft mehrere Monate sparen, das ist schon nervig. Dann muss ich mir oft was von Freunden borgen, aber zum Glück sind die da total verständnisvoll. Wenn ich mal kein Geld für Bier habe, geben mir die Jungs auch immer gerne eins aus. Und es kam auch schon vor, dass alle für mich zusammengelegt haben, um mir eine Konzertkarte zu kaufen.

Bei Konzerten in der Szene herrscht einfach ein tolles Gemeinschaftsgefühl. Die meisten Jungs in meinem Freundeskreis finden mich cool, weil ich mich nicht so ziere und eigentlich bei allem mitmache. Und ich stehe voll auf Moshpit, also Hardcore-Pogen. Für alle, die nicht wissen, was Pogen ist: Autoscooter mit dem Körper. Viele Mädchen weigern sich, weil ihre Frisur kaputtgehen könnte, aber ich finde es einfach nur hammer, wir rennen gegeneinander, springen umher, pogen im Kreis (das nennt man dann Circlepit). Fällt einer hin, wird er wieder aufgehoben und erneut umhergeschleudert, das ist total ekstatisch. Und wenn ein Headbanging-Part kommt, ist es sowieso zu Ende. Alle gehen total ab und umarmen sich, grölen rum. Herrlich! Ich freue mich immer wieder.

Meine Kumpels pflegen ihre langen Haare intensivst, das ist ihnen extrem wichtig. Die haben auf Festivals immer mehrere Spezialkämme dabei, und oft sehe ich in ihrem Zimmer irgendwelche Notizzettel, auf denen in Großbuchstaben »Haarspülung« steht. Von außen denken die Leute immer, Metler seien total unhygienisch und ungepflegt, was höchstwahrscheinlich daran liegt, dass sie immer nur Festival-Bilder sehen, auf denen wir dreitagewach sind und nicht duschen können. Aber im normalen Leben sind vor allem die Metal-Männer total ordentlich, fast schon penibel. Gleichzeitig sind sie aber auch wunderbar offen und emotional, manchmal weinen sie sogar.

Dass ich so gut mit den ganzen Jungs auskomme, liegt vielleicht auch daran, dass ich mich als Kind wie einer benommen habe. Ich sah auch total so aus – und ich hatte einen imaginären Freund, Buschamuscha. Ich habe damals immer einen Teller für ihn mit aufgedeckt und mit ihm Playmobil gespielt. Barbie fand ich schon immer doof. Aber irgendwann war Buschamuscha weg, und meine große Schwester hat mich auf die Punk-Schiene gebracht. Da war ich so zehn. Damals fand ich die Punk-Band WIZO total geil, aber bald darauf hat mir ein Kumpel System of a Down vorgespielt, der typische Einsteiger-Metal halt.

Metal ist wesentlich vielseitiger, als die meisten Leute ahnen. Ist zum Beispiel die Double Base schneller gespielt, ist es Speed Metal, und wenn sich das Gitarrenriff voluminöser anhört, ist es meistens Black Metal. Das Beste an der Szene ist aber, dass sich da alle nicht so ernst nehmen. Jeder kann mitmachen und auch andere Stilrichtungen werden toleriert.

Punks zum Beispiel sind da viel radikaler. Wer sich nicht ganz und gar allen ungeschriebenen Punk-Gesetzen unterwirft, ist nicht akzeptiert. Außerdem sind sie viel zu politikfixiert. Die stehen um zehn Uhr morgens mit der Wodkaflasche in der Hand auf irgendwelchen Parkplätzen rum und labern fremde Leute voll, warum Nazis scheiße sind. Und uns machen sie dann an, wir seien Faschisten!

Das Problem ist, dass die Nationalsozialisten die ganzen germanischen Symbole und Helden für ihre zusammengebastelten Helden-Ideologien vom Arier missbraucht haben. Viele skandinavische Metal-Bands haben die Zeichen ihrer Vorfahren ebenfalls in ihrem Logo aufgegriffen. Und wenn wir jetzt mit Fanshirts rumlaufen, auf denen ein Thorshammer prangt, werden wir angepöbelt. Ich selber bin vollkommen unpolitisch und interessiere mich auch nicht sonderlich für die einzelnen Parteien, auf Demos gehe ich höchstens spaßeshalber. Aber ich muss schon zugeben, dass es den einen oder anderen Metal-Fan gibt, der einen Tick rechts ist. Ich kenne zum Beispiel einen Typen, der eigentlich total nett ist, aber da echt einen Schaden hat. Als ich einmal krank war, hat er mir einen speziellen Tee zur Besserung vorgeschlagen und die Wirkung folgendermaßen erklärt: »Deine Krankheit ist ein Jude und dieser Gesundheitstee ist wie eine Armee kleiner Nazis, und die kommen und stecken dann die ganzen Juden weg, wie KZ-Wärter.« Menschlich wäre er eigentlich echt okay, aber wenn er dann mit seiner politischen Überzeugung daherkommt, ist es ganz zu Ende!

Der Großteil meiner Freunde und Bekannten denkt jedenfalls nicht so, die sind ebenfalls unpolitisch. Der Nazi-Vergleich ärgert sie meistens auch. Ebenfalls scheiße ist es, wenn irgendwelche Hopper meinen, meine Kumpels wegen den langen Haaren als »Schwuchtel!« oder »Mädchen!« bezeichnen zu müssen. Aber wir erwidern dann so was wie: »Definiere schwul!« – und beim Wort »definieren« hört es bei den Hoppern meistens schon auf. Auf ihre Männlichkeit legen meine Jungs schon großen Wert, sie sehen ja auch aus wie die blankbrüstigen Helden auf Groschenromanen, mit flatterndem Haar und heroischem Blick. Wie Leonidas in 300. Wir scherzen auch immer so ein bisschen mit dem Männlichkeits-Getue; wenn wir unter uns sind, kommt bei den Jungs schon manchmal Homoerotik auf. Als uns ein Kumpel seine neue Freundin vorgestellt hat, meinte sein bester Freund mit übertrieben dramatischem Gesichtsausdruck: »Aber Jonas, wie konntest du mir das antun? Wir hatten uns doch ewige Liebe geschworen!«

Wie gesagt, wir nehmen uns nicht so ernst. Auch viele Texte unserer Lieblingsbands sind total lustig. Was sich anhört wie ein Exorzismus, heißt manchmal übersetzt: Ich stehe auf und es riecht so lecker nach Kaffee und ich gehe in die Küche und schmier mir ein Brötchen! Und dann gibt es noch so eine Band, die Excrementory Grindfuckers, die alles mögliche covern, zum Beispiel *I've been looking for freedom* oder die *Tom und Jerry*-Titelmusik.

Meine Kumpels und ich stehen auch total auf die Philosophien von albernen Serien – *Helfende Elfen* zum Beispiel. Wenn Cosmo sinnloserweise meint, »Drei mal rechts ist links!«, bin ich von der simplen Idee einfach überwältigt. Er hat recht! Oder Wanda: »Nenn mir ein hochexplosives…« – und Cosmo brüllt: »Pudding!« Bei so was schmeißen wir uns regelmäßig weg vor Lachen. Von der amerikanischen Sitcom *Scrubs* haben wir die »Flosse« übernommen, das ist eigentlich nichts andres als High Five, also Abklatschen und ein symbolischer Akt der Zustimmung. Einmal, auf dem Weg zu einem Festival, kamen wir am Bahnhof auf die Idee, unsere Campingstühle direkt vor die Bahngleise zu stellen. Dann setzten wir uns in unserem düsteren Konzert-Outfit hinein und grinsten wie die Irren. Als eine alte Dame auf uns zukam, um zu fragen, was wir da treiben, meinten wir: »Wir verbessern unser Image!« Das fand sie cool, es gab für alle eine Einverständnisflosse, und dann fuhren wir zum Festival.

Am allerbesten ist natürlich das Metal-Event in Wacken. Da sind alle so drauf wie wir, es ist einfach nur geil. Im letzten Jahr war ich auch dort, wir haben unsere Zelte aufgeschlagen, uns ein Bier geschnappt und erst mal die Lage gecheckt. Wir pflegen auf solchen Veranstaltungen auch immer gerne unser Sauf-und-Gröl-Image. Ich bin zwar öfters gut dabei, aber ich war noch nie so betrunken, dass ich vom Alkohol gekotzt oder einen Filmriss gehabt hätte. Das kommt vielleicht auch von der Sache mit meinem Vater. Von Drogen lasse ich auch die Finger, das reizt mich überhaupt nicht. Wir können auch so Spaß haben.

In Wacken kamen wir dann sehr schnell auf die Idee, unsere Schaumstoffschwerter und Gummikeulen auszupacken und die Nachbarn damit anzugreifen. Die hatten so einen ultracoolen aufblasbaren Alien, und nachdem wir uns mit ihnen gebattelt hatten, kamen immer mehr Festivalbesucher mit aufblasbaren E-Gitarren und Morgensternen herbei. Dann liefen wir zur nächsten Straße und erschreckten die Autofahrer.

Irgendwann nach Neujahr war uns langweilig und ein Kumpel meinte: »Hey, lasst uns doch ein Lied komponieren und so ein völlig klischeemäßiges Dark-Metal-Musikvideo dazu drehen.« Wir fanden den Vorschlag alle geil und haben uns mit schwarzer Farbe und Kunstblut das Gesicht bemalt, unsere langen Ledermäntel geholt, alles angezogen, was irgendwie gefährlich aussah, und uns Kleidungsstücke mit Stacheln oder Nieten übergestreift. Einer schlüpfte noch in ein Hasenkostüm mit einer riesigen Mohrrübe auf dem Kopf, ein anderer zog sich ein knallbuntes Hawaiihemd an – mit passender Herzchensonnenbrille auf dem blutroten Kopf. Dann sind wir im Kreis durch die Wohnung marschiert, mit den Instrumenten, die halt gerade da waren (Akustik-Gitarre, Trompete, Geige).

Auf einmal waren die Batterien für die Kamera leer, also liefen wir in unserem Aufzug zur nächsten Tanke. Den Blick von dem Typen hinter der Kasse werde ich nie vergessen! Als wir zurückgingen, entdeckten wir einen Einkaufswagen, der verloren im Gebüsch rumstand, und dann wurde ich in ebendiesem zurückchauffiert.

Wir können echt jeden Scheiß zusammen machen, dafür liebe ich meine Freunde. Aber bei all der Albernheit kann ich mit ihnen auch über ernstere Themen sprechen. Es gibt bei uns keine Tabus, wir unterhalten uns auch oft und unpeinlich über Sex. Es ist viel hilfreicher und effektiver, bei Männerproblemen mit Männern darüber zu sprechen als mit einer Freundin.

Ich hatte schon mehrere Freunde, und nicht alle Erfahrungen waren so toll. Einer meiner Exfreunde war total attraktiv und stand wohl auch auf mich, aber er ist überhaupt nicht auf mich eingegangen und er gab mir dauernd das Gefühl, ich würde ihn nerven. Diese Beziehung hat nicht gehalten, aber ich sehe das nicht so tragisch. Schmerz ist relativ und ich bin nicht sonderlich melancholisch. Ich muss eine Woche lang abkummern, dann ist alles wieder okay.

Ich meine, ich brauche echt nicht zu viel Nähe, ich klammer für gewöhnlich auch nicht im Geringsten. Mich machen in einer Beziehung eher Kleinigkeiten glücklich, wenn er anruft und meint: »Ich wollte nur mal deine Stimme hören«, oder Ähnliches. Um mit einem Jungen zu schlafen, sollten für mich aber auf jeden Fall Gefühle dabei sein. Ich hatte einmal was mit einem wirklich gutaussehenden Typen, ohne in ihn verliebt zu sein, aber ich fand es einfach nicht schön. Es war auch nicht schrecklich oder so, aber ich habe einfach gemerkt, dass es ohne Gefühle keinen Spaß macht.

In einer Beziehung stehe ich aber voll auf Sex – ich und mein langhaariger Geliebter! Manchmal ist es total lustig, wenn mein

Freund bei mir ist und meine Mutter am nächsten Morgen fragt: »Na, was habt ihr so gemacht?« Einmal ist sie aus Versehen ins Zimmer gekommen, als wir gerade schön dabei waren. Glücklicherweise reagiert sie da sehr gelassen. »Oh mein Gott, Mona. Entschuldigung!« – und schon war sie wieder raus.

Mit einem anderen Typen habe ich es sogar mal auf dem Glasdach einer leerstehenden Fabrikhalle gemacht – das war wirklich cool. Heute sind wir nicht mehr zusammen, aber er ist Gitarrist in meiner Band, ich selber spiele Schlagzeug. Wir heißen O.G., wofür das stehen soll, ist jedem selbst überlassen: OberGeschoss, OrdentlichGefickt oder OmaGrete sind nur ein paar von den unzähligen Varianten. Es wäre sehr genial, wenn ich später mal meinen Lebensunterhalt mit der Musik bestreiten könnte, aber das ist wohl ziemlich unrealistisch.

Wenn das mit der Band nichts wird, würde ich gerne einen Beruf ausüben, bei dem man zeichnen kann. Ich glaube, darin bin ich ziemlich gut. Produkt- oder Illustrationsdesign klingt auch interessant. Aber da lasse ich mir alle Optionen offen.

Ganz schlimm fände ich es, später mit Hartz IV alleine und ohne Perspektiven in einer Wohnung vor mich hin zu vegetieren. Wie mein Vater. Oder so 'ne Hausfrau zu sein, die den ganzen Tag das Heim putzen soll und sich nicht traut, dem faulen Brötchenverdiener zu sagen: »Hey, Mann, wasch mal ab!«

Es wäre toll, wenn ich den Menschen mit meinem Schaffen verdeutlichen könnte, dass sie sich nicht so in irgendwelche Schubladen stecken lassen sollen. Und dass sie über ihre Umwelt nicht immer anhand von Klischees urteilen müssen. Wenn ein in dunkles Leder gekleideter Typ an dir vorbeiläuft, muss es kein finsterer Zeitgenosse und Schlägertyp sein – denn vielleicht trägt er schon wenige Minuten später ein Hasenkostüm oder eine Herzchensonnenbrille.

Der Buddha und die Liebe

Daniel (17 Jahre)

Meine Schulzeit war ziemlich beschissen. Ich bin einmal durchgefallen und einmal fast. Meine Noten in diesem Jahr sind auch nicht besonders gut, eine Vier in Englisch, eine in Deutsch. Da ich im letzten Schuljahr bin, ist das echt mies. Manchmal glaube ich, ich bin einfach zu dumm. Schon in der Grundschule habe ich mich schwergetan, auf die Realschule schaffte ich es nur mit Müh und Not.

Die Schule hat die Beziehung zu meinen Eltern zerstört. Als kleines Kind war ich glücklich, soweit ich mich erinnern kann, aber nachdem ich mit sieben eingeschult worden war, bestand mein Alltag hauptsächlich aus Sanktionen aufgrund schlechter Zensuren. Meine Eltern dachten ernsthaft, dass ich, nur weil ich aus dem Fußballverein austrete und dafür über meinem Schulbuch brüte, von heute auf morgen ein Einserschüler werden würde. Oder zumindest hofften sie es. So ab der sechsten Klasse wurde es dann noch schlimmer, weil ich richtig faul wurde. Wofür sollte ich denn auch lernen, wenn es eh keinen Sinn hatte?

Brachte ich mal wieder eine Fünf oder Sechs nach Hause, sprachen sie stundenlang nicht mit mir. Diese Enttäuschung ist das Übelste. Mein Vater ist Jurist und meine Mutter hat auch studiert, und sie können es einfach nicht verkraften, dass ihr Sohn nur eine schlechte mittlere Reife erhalten wird. Sie wollen, dass ich nach diesem Jahr weitermache und mein Abitur nachhole. Das werde ich aber auf keinen Fall tun. Ich bin nicht total verblödet, ich weiß, dass meine Chancen auf einen guten Job gering sind. Aber Hauptsache, nicht noch mal Schule, das halte ich nicht aus.

Der andere Bereich, in den meine Eltern ständig reinfunken wollen, ist die Sache mit meinem Glauben. Schon seit längerer Zeit besuche ich ein buddhistisches Zentrum. Ich bin katholisch getauft, aber ich will konvertieren. Meine Eltern waren total aus dem Häuschen, als ich ihnen von meinem Vorhaben erzählte. »Der Bub und diese Räucherstäbchen-Heinis!«, rief meine Mutter entsetzt.

Sobald ich volljährig bin, werde ich konvertieren, wenn auch erst mal heimlich, um keinen Riesenstreit zu riskieren. Spätestens wenn ich ausgezogen bin, ist mir die Meinung meiner Eltern dann egal. Seltsamerweise sind meine Großeltern da viel relaxter. Oma und Opa sind überhaupt cool. Obwohl man altersbedingt vermuten könnte, dass sie meine Ansichten noch mehr ablehnen als meine Eltern, ist das ganz und gar nicht der Fall. Ich bin echt froh, dass ich sie habe! Wenn es mit meinen Eltern mal wieder richtig kracht, geben zumindest sie mir so was wie familiären Rückhalt. Sie machen mir nie Vorwürfe, schon gar nicht wegen meines Glaubens.

Entdeckt habe ich den Buddhismus auf einer stinklangweiligen Feier eines Bauunternehmers, der mit meinen Eltern befreundet ist. Dort saß die gesammelte Gesellschaft herum und beweihräucherte sich. Erwachsene sind immer so unglaublich nett zu Leuten, die eigentlich nur Status und keinen Charakter haben. Irgendwann fingen die kleinen Kinder an, sich tödlich zu langweilen, und sprangen um das Buffet herum. Der Gastgeber sah sich hilfesuchend um und da bot ich an, mit den Kleinen ins Haus zu gehen und dort was zu spielen. Eigentlich wollte ich nur selbst entkommen.

Und so saßen wir im Wohnzimmer herum, als ein vorwitziges Mädchen anfing, Bücher aus den Regalen zu ziehen. Als ich sie bat, das zu bleiben zu lassen, warf sie mir *Der Buddha und die Liebe*, einen Ratgeber von Lama Ole Nydal, an den Kopf. Daraufhin parkte ich die Kinder vor dem Fernseher und begann, das Buch zu lesen. Eigentlich ist das total untypisch für mich, da ich normalerweise nie lese, abgesehen von Pflichtlektüren. Aber der Inhalt sprach mich total an. Später kaufte ich mir noch mehr Bücher zum Thema und erkundigte mich nach Möglichkeiten, mich mit anderen Buddhisten auszutauschen. In einem Zentrum in meiner Nähe wurde ich auch sofort willkommen geheißen. Die Atmosphäre dort war ganz anders als in meiner Pfarrgemeinde. Keiner versucht, dir ein schlechtes Gewissen zu machen oder dich zu irgendetwas zu überreden. Außerdem sind unheimlich viele junge Leute dabei, ganz anders als bei einem christlichen Gottesdienst, bei dem das Durchschnittsalter so um die sechzig liegt und nur die schlecht gelaunten Ministranten die Altersgruppe von fünfzehn bis dreißig vertreten.

Der Buddhismus ist eine Religion ohne Gott, die besonders in der westlichen Ausprägung auf Erlebnisse fokussiert ist. Nicht darüber reden – machen. Ausleben und erfahren. Damit, dass es keinen Gott gibt, dem man die Schuld geben kann, komme ich sehr gut klar, denn ein Gott, der so viel Ungerechtigkeit und Leid geschehen ließe, wäre eine zu grausame Vorstellung.

Hätte jeder Mensch ein weiteres Leben auf einem anderen Level, also in einer anderen Existenzform und auf einem anderen Planeten oder wo auch immer, und könnte er dorthin etwas mitnehmen, so wären es bei mir all die schlechten Erfahrungen, die ich in diesem Leben mache. Denn dann müsste ich sie nicht noch mal machen. Wobei – dann stellt sich die Frage, ob dieses neue Leben wirklich schöner wäre. Wie soll man die guten Momente empfinden, wenn man die schlechten nicht kennt? Vielleicht reicht es auch schon, alle Erlebnisse mit negativem Ausgang nur nicht zu bereuen. Nicht alles im Leben muss einen geraden Handlungsstrang verfolgen, das gibt es nur bei Romanfiguren. Man muss im Leben auch sinnlose Dinge tun, denn das sind oft die, die einen am glücklichsten machen.

Seit vier Jahren spiele ich in einer Band. Das soll jetzt nicht so klingen wie: »Oh, ich bin so ein toller Hecht, ich spiele in einer Band, ich werde mal berühmt.« Wir werden garantiert nie berühmt, dafür sind wir einfach viel zu schlecht. Unser Sänger ist ziemlich untalentiert, wir haben zwar einen Trompeter und einen Bassspieler, aber keinen Gitarristen. Ich bin Schlagzeuger. Zudem schreibe ich die Texte. Die sind aber auch schlecht. Na ja, eigentlich sind sie besser als der Rest der Band, ich sollte mich selbstständig machen. Es gibt ja so wahnsinnig viele Solo-Schlagzeuger. Nicht.

Unser Sound ist auch undefinierbar, irgendwas zwischen Blasmusik und Metal. Uns bucht so gut wie nie jemand, aber das ist unwichtig. Denn obwohl es ein komplett sinnloser Zeitvertreib ist, ohne Aussicht auf Fortschritte und Erfolg, ist jede Stunde in unserem versifften Proberaum schön. Alle fünf Minuten unterbricht jemand den Song, um etwas zu erzählen und sich etwas zu essen zu holen. Zwischendrin telefonieren wir oder machen Schularbeiten. Eigentlich könnten wir uns genauso gut bei einem von uns daheim treffen, aber irgendwie ist es gerade diese Sinnlosigkeit, die unsere Treffen so besonders macht. Wie ein geheimes Ritual, dessen Bedeutung sich nur dem eingeweihten Kreis erschließt. Mit Freunden abzuhängen ist mir wirklich wichtig. Bei Leuten, mit denen man sich gut versteht, ist es auch völlig egal, was man zusammen macht. All die gewöhnlichen Sachen wie Essen, Arbeiten und Warten werden mit Freunden aufregender. Richtig spannend werden sie aber erst mit einem Mädchen, das man liebt.

Als ich Mona zum ersten Mal traf, war mir irgendwie klar, dass ich es für den Rest meines Lebens bereuen würde, wenn ich nichts unternehme. Es waren nicht nur ihr geiler Arsch und ihr verdammt hübsches Gesicht, vielmehr die Art, wie sie mit mir sprach. Ihre intensiven Augen, ihr unwahrscheinlich leichter Tonfall. Ihr Körper hatte eine ganz eigene Sprache. Ständig berührte sie die Menschen um sich herum, wie zufällig. Sie hatte den Charme eines kleinen Kinds und die Erotik einer erwachsenen Frau. Als ich mit ihr zusammenkam, war es, als wäre ich erst richtig geboren. Klingt wahrscheinlich extrem pathetisch, ist aber so. Ich hatte zuvor auch schon andere Freundinnen gehabt, und zu einigen hatte ich auch »Ich liebe dich« gesagt und es in diesen Momenten sogar so gemeint. Aber nur sie habe ich richtig geliebt. Beim Zähneputzen, in der Schule, beim Busfahren, beim Mittagessen ... immer. Ich musste es ihr auch immer sagen, es war so, als würde ich platzen, wenn ich es nicht täte. Sogar in meinen SMS habe ich ihr die berühmten drei Worte geschrieben: »Kommst du heute Abend mit ins Honey? Ich liebe dich.«

Es ist nicht so, dass ich allzu erstaunt darüber bin, dass mich ein weibliches Wesen liebenswürdig finden könnte. Es standen schon mehrere durchaus attraktive Mädchen auf mich, und meist waren sie es, die mehr für mich empfanden, als ich zurückgeben konnte. Aber bei Mona war es leider andersherum.

Ich glaube, einer liebt immer mehr. Dieser eine gibt alles und bekommt viel zurück, aber eben nicht gleich viel. Der andere bemerkt das früher oder später und versucht, etwas daran zu ändern, kann es aber nicht, und das macht ihm ein unheimlich schlechtes Gewissen und gibt ihm das Gefühl, dass etwas nicht richtig sei. Dass etwas an der ganzen Beziehung nicht richtig sei. Und dann kommt das Ende. So war es auch bei Mona und mir.

Wir waren nur vier Monate zusammen, sie hat mich abgeschossen. Warum, weiß ich bis heute nicht so genau. Es war ein wirklich unwürdiges Ende in meinen Augen. Zu Beginn wollten wir noch Freunde bleiben, ich war immer noch so in sie verliebt, dass ich alle Bedingungen in Kauf nahm, nur um sie wieder ansehen und mit ihr reden zu können. Doch dann hat sie ein paar richtig krasse Sachen gemacht, mit Typen, die einfach gar nicht gingen. So hatte ich sie nie gekannt. Nachdem ich mit ihr darüber reden wollte, fuhr sie mich nur wie eine Furie an und meinte, ich solle mich einfach aus ihrem Leben raushalten. Das habe ich getan. Und es ist der einzige Grund, warum ich sie hasse. Nach unserem Bruch war ich eine Zeit lang ziemlich unbrauchbar, ständig bedrückt und unmotiviert.

Meine jetzige Freundin, Amelie, hat mich wieder einigermaßen hingekriegt. Dafür liebe ich sie, auch wenn es nicht dasselbe ist wie mit Mona. Das würde ich ihr natürlich niemals sagen. Ich glaube, die Zeit heilt keine Wunden. Zumindest nicht ganz. Eine kleine Narbe bleibt immer. Der Schmerz fühlt sich so unerträglich an, als hätte man ein Loch im Bauch. Man sieht vor sich nur noch eine Wüste der Trauer, und was man verloren hat, war ein buntes Paradies. Das Leben, das einem bevorsteht, kommt einem abscheulich lang vor. Es ist alles andere als ein schönes Gefühl. Doch dann vergehen die Tage und man kann den Gedanken an die Vergangenheit immer mehr verdrängen. Man vergisst. Und denkt man später an den Schmerz von damals zurück, erinnert man sich nur noch an eine flüchtige Trauer. Man schwelgt in nostalgischer Melancholie. Man betrachtet die Narbe, symbolisch gesprochen. Vielleicht sogar mit einem verträumten Lächeln. Zeit hat im Allgemeinen die Angewohnheit, die Vergangenheit glänzender und wohliger erscheinen zu lassen, als sie wirklich war.

Auch deshalb fangen die ganzen alten Leute immer an, von ihren Jugendjahren zu erzählen. Ich habe mal ein Praktikum in einem Seniorenheim gemacht, und da ist mir das ganz besonders aufgefallen. Sie erzählen dir von ihrer Jugend und malen sie dabei in den leuchtendsten Farben aus. Bei diesen Erzählungen fangen ihre Augen an zu strahlen. Bei allem, was ihre Gegenwart betrifft, bleibt dieses Strahlen aus.

Eigentlich finde ich alte Menschen sehr interessant. Ich habe in meiner Zeit im Altenheim bettlägerige Patienten gepflegt, das heißt, ich musste alle Dinge tun, die sie nicht mehr erledigen konnten. Ihre Zähne putzen, ihren Urin wegwischen, sie waschen, ihnen zu essen geben. Die Vorstellung, man könne selbst mal in diese Situation kommen, empfindet man als äußerst bedrückend. Man denkt an ein dahinsiechendes Wesen, jeglicher menschlichen Würde beraubt.

Aber so ist es nicht. Viele dieser Menschen strahlen sogar im Gegenteil eine sehr große Würde aus. Sie haben die unwichtigen Pflichten und Zwänge ihres früheren Lebens abgelegt. Sie betrachten die Geschehnisse um sie herum wie ein Kind mit großem Erstaunen. Aber es ist nicht dieses neugierige Erstaunen. Sie haben kein Verlangen mehr danach, nach den Ursachen zu suchen. Als hätten sie alles schon mal gesehen und könnten sich nicht mehr daran erinnern. Sie wissen, dass es in dieser Welt nichts Aufregendes mehr für sie gibt. Sie haben alle Wichtigkeiten ihrer Lebensspanne mitgenommen. Nur das Erlebte bleibt im Gedächtnis, das Verpasste fällt nicht mehr auf. Und wenn die alten Menschen das erst mal begriffen haben, dann werden sie ganz friedlich. Dann können sie loslassen.

Zum Glück habe ich noch jede Menge Zeit, bis ich selbst in diese Situation komme. Es ist irgendwie schön, sein Leben noch vor sich zu haben, noch ohne große Pflichten. Ich finde, Jugendliche sollten sich noch nicht mit existenziellen Lebensfragen wie dem Broterwerb und der Alltagsorganisation beschäftigen müssen. Bevor zwei Menschen beschließen, sich Kinder zuzulegen, sollten sie darüber genau nachgedacht haben. Jugendliche sollten unter sorglosen Bedingungen aufwachsen können, sie müssen ja erst mal zu sich selbst finden.

Trotzdem kann jede Familienidylle von heute auf morgen durch einen Unfall oder einen Schicksalsschlag zerstört werden. Der Vater einer Mitschülerin hat ganz plötzlich eine schlimme Krankheit bekommen, irgendwas mit den Nerven. Nach einem Jahr konnte er sich kaum noch selbstständig bewegen. Jeden Tag, wenn dieses Mädchen aufsteht, kümmert sie sich um ihren todkranken Vater und hilft ihm beim Anziehen. Das sind Dinge im Leben, mit denen man erst viel später rechnet. Jeder weiß, dass die eigenen Eltern nicht ewig jung und gesund bleiben, aber Leute in meinem Alter sollten sich echt keine Gedanken darüber machen müssen.

Da wird einem bewusst, dass Gesundheit eigentlich das Wichtigste im Leben ist. Auch wenn das verdammt abgedroschen klingt. Ich bezweifle ganz stark, dass ich mit einer schweren Behinderung gerne weiterleben wollen würde. Da ich ja auch die andere Seite des Lebens kenne, wäre das bestimmt total schwer. Ich bewundere jeden, der trotz eines Schicksalsschlags noch Lebensmut zeigen kann.

Neben Gesundheit ist Liebe auch noch ganz wichtig. Aber gar nicht unbedingt nur die zu einem Partner, sondern auch die zur Familie. Und ganz wichtig, die Liebe zu Freunden. Damit meine ich jetzt keine Homoerotik. Der Wert wahrer Freundschaft wird in unserer Gesellschaft unterschätzt. Natürlich ist es in meinem Alter immer schwierig, die wirklich guten von den weniger guten Freunden zu trennen. Ich habe dreihundert Freunde bei Facebook, aber von denen stehen mir vielleicht fünf wirklich nahe. Ich finde es nicht so toll, seine Freunde in eine Rangliste einzugliedern und zu sagen: »Das ist mein bester Freund und das mein zweitbester.« Freundschaften sind viel zu unterschiedlich, um sie überhaupt vergleichen zu können. Mit manchen Menschen kann man einfach gut feiern und aufregende Dinge erleben, aber sich mit ihnen ernsthafter zu unterhalten bringt ungefähr so viel, wie mit seinem Hund zu reden. Mit anderen kann man dafür umso besser reden, über die großen und kleinen Fragen des Lebens. Und dann gibt es da noch die Freunde, mit denen man harte und wunderbare Zeiten durchgemacht hat und mit denen man sich immer gern erinnert. Man verarbeitet die Erlebnisse, indem man darüber spricht. Es gibt Freunde für ein ganzes Leben oder nur für einen Tag. Freunde zum Schweigen, zum Schreien, zum Lernen, zum Teilen, zum Glücklichsein. Und noch so viel mehr. Freundschaft ist irgendwie auch ein Gefühl, nicht nur eine Beziehung. Mit dem Offenbaren dieses Gefühls sollte man sparsam sein! Gerade Mädchen stehen ja voll auf diese öffentlichen Zuneigungsbeweise in einer »Bussi-Bussi«-Gesellschaft. Heute machen sie anderen Mädchen, die sie vielleicht alle paar Wochen mal sehen, Online-Kommentare wie »Schatzüüü, I never wanna lose U! HaB DiiScH soOoO LüP!« Und auf der nächsten Party sagen sie vielleicht nicht mal mehr »Hallo« zueinander. Das Problem ist, dass diese Leute dann von dir verlangen, sich anzupassen. Ein Mädchen war doch tatsächlich mal beleidigt, weil ich unter eine Nachricht nur »LG« geschrieben hatte, und nicht, wie ihre anderen Kumpels, meine Nachrichten mit »Hdgdl« oder »<3« beendet hatte. Da bewegt man sich auf gefährlichem Terrain. Aber ich sehe echt nicht ein, warum ich einem mir fast unbekannten Mädchen die Kurzfassung von »Hab dich ganz doll lieb« schreiben sollte.

Ich glaube mittlerweile, dass ich herausgefunden habe, warum die da so scharf drauf sind. Wer heute viele Kontakte hat und bei vielen Partycliquen wenigstens oberflächlich dazugehört, ist *in.* Denn wer viele Leute kennt, wird oft auf Partys eingeladen und bleibt im Gespräch. Da es verdammt schwierig ist, auf diese Art viele richtige Freundschaften zu entwickeln, macht man »Speed-Friendships«. Bei der Begrüßungsumarmung eines Unbekannten fängt es schon mal an, damit markiert man sein Revier und weist sich als Sympathisant des Gegenübers aus. Dann folgt eine Freundschaftsanfrage in irgendeinem Netzwerk. Sieht man sich über längere Zeit mal nicht, werden rührselige Gästebucheinträge und kitschige Kommentare hinterlassen. So pflegt man seine Kontakte.

Irgendwie finde ich, dass viele Leute Gefahr laufen, nur noch für ihre Selbstdarstellung auf Lokalisten oder onlyparty.de zu leben. Die sind zu sehr darauf fixiert, ihre Außenwahrnehmung zu verbessern, dass sie selbst kaum noch was von ihren Erlebnissen haben. Das gilt auch für Leute, die auf Partys ständig nur fotografieren. Erinnerungen sind schon wichtig, aber wenn man zu sehr darauf fixiert ist, alles festzuhalten, verpasst man den wirklichen Spaß. Die richtig genialen Momente sind meist viel zu schnell wieder vorüber, lange bevor man den Knopf einer Kamera drücken kann. Man kann Geschehnisse doch eigentlich sowieso viel besser genießen, wenn man alle Hände frei hat und alles komplett relaxt auf sich wirken lassen kann. Deshalb verstehe ich auch nicht, warum so viele Menschen bei Konzerten mit Fotohandys und Digicams herumfuchteln. Dann sieht man die ganze Show nur durch den Apparat, und gut werden die Fotos meistens auch nicht. Außerdem kann man sich Videos und Fotos mit besserer Auflösung meist nur einen Tag später im Internet anschauen.

Apropos Internet: Mir ist aufgefallen, wie viel der eigene PC über einen Menschen aussagen kann. Bei welchen Foren ist er angemeldet, welche Bilder hat er gespeichert, was sind seine meistbesuchten Seiten und wie sehen seine Clip-Favoriten aus? Das bietet bestimmt ganz neue Möglichkeiten zur psychologischen Analyse. Ebenso interessant sind Informationen, die man aus einem Audiogerät herausfiltern kann. So nach dem Motto: Zeig mir deinen iPod und ich sage dir, wer du bist! Einmal kann man natürlich erst mal schauen, welche Interpreten er überhaupt in seinem Verzeichnis hat. Ob es ein Silbermond-Hörer ist, den besonders deren pseudo-transzendentale Lieder ansprechen, oder ob er auf skandalträchtige Bands mit einem »The« vor dem Namen steht, ist ziemlich aussagekräftig. Ebenso, welche Playlists er erstellt hat oder welche Titel er am meisten hört.

Ich befürchte, uns wird unsere Jugend später mal ganz schön peinlich sein. Wenn ich mir in zwanzig Jahren Bilder von heute anschaue, denke ich mir bestimmt: Oh mein Gott, was hast du da an, und warum machst du diese komische Pose mit dem Arm? Mal abgesehen von den Party-Bildern, auf denen man meistens schon allein alkoholbedingt ziemlich doof aussieht, machen viele Leute noch andere komische Bilder von sich, ganz nüchtern. Beliebt – vor allem bei Mädchen – ist die Emo-Pose, das heißt, die Kamera wird mit einem Arm nach oben gehalten, und das Ergebnis ist ein Foto, auf dem der Kopf und die Augen riesengroß erscheinen, der Blick vorteilhaft in den Ausschnitt gelenkt wird und die Schuhe unrealistisch klein am unteren Bildrand auftauchen. Die meisten Jungs machen Spiegel-Pics von sich. Dabei wird die Kamera unter die Gürtellinie gehalten und man fotografiert sein eigenes Spiegelbild von schräg unten. Der Vorteil ist, dass man einen relativ großen Teil seines Körpers aufs Bild bekommt. Der Nachteil ist, dass es einfach bekloppt aussieht, wenn man auf dem Foto Kamera und Blitz im Spiegel sieht. Dazu kommen dann Checker-Posen wie diese hier: Man macht eine Faust, nur Daumen und Zeigefinger werden gespreizt und unter das Kinn gehalten. Gut, habe ich auch schon mal gemacht, aber mittlerweile frage ich mich ernsthaft: Warum?

Jede Generation hat ein paar Dinge, die ihr eigen sind. Jede Jugend hat ihre Idole und Ideale. Und eben Zeitgeschehnisse, die nur sie prägen. Zum Beispiel die Aufregung um die *Harry Potter*-Bücher. Sie sind mittlerweile moderne Klassiker der Jugendliteratur, und auch in hundert Jahren werden Kinder diese Geschichte noch lesen. Aber die große Magie um die ganze Sache herum konnten ausschließlich wir erleben.

Für mich ist es ganz normal, dem Sprechgesang schwarzer Ghetto-Rapper zu lauschen, meine Klamotten zwei Nummern zu groß zu kaufen. Meine Kinder werden wahrscheinlich einer ganz anderen Szene angehören, vielleicht einer, in der sich die Jungs schminken, alle nur noch Gegenmusik von iTunes herunterladen und fliegende Autos und alienartige Musiker zum Standardprogramm auf MTV geworden sind.

Ich glaube an das Alter. Jeder Mensch durchläuft bestimmte Lebensphasen, und wer sich strikt weigert, von der einen in die andere überzugehen, kommt niemals richtig an. Wenn man jung ist, muss man versuchen, sich gegen irgendetwas aufzulehnen. So sinnlos es auch erscheint. Man muss an allem zweifeln und vieles hinterfragen. Man muss seinen Idealen und Idolen folgen und rebellieren. Seine Grenzen austesten. Und man muss genießen. Das Leben darf noch keine Pflicht sein. Wir wollen träumen dürfen: von der Herrlichkeit der Liebe und all den unvollbrachten Taten, die uns glücklich machen werden. Erst später, wenn wir bemerkt haben, dass die Antworten und das Glück nicht so leicht und schon gar nicht dauerhaft zu haben sind, müssen wir wählen. Man muss sich für einige Dinge entscheiden und dafür andere Dinge aufgeben. Wir werden uns eine Existenz aufbauen, unsere Zeit gestalten. Wir wollen nicht mehr aufbegehren, gegen ein System, das uns unser Leben erleichtert.

Einige unserer Träume werden in Vergessenheit geraten, andere werden vielleicht wahr. Wir werden lieben. Unseren Partner, unsere Kinder und endlich auch aus vollem Herzen unsere Eltern. Wir werden unsere Pflicht tun. Die Jahre werden vergehen. Schnell. Dann schauen wir zurück, auf die Zeit, als wir jung waren. Wir werden wahnsinnig erstaunt darüber sein, wie sehr sich die Welt vor unserer Haustür verändert hat. Wir werden die Ideale und Idole unserer Enkel skeptisch beäugen. Daraufhin betrachten wir unsere eigenen Ideale und Idole. Sie gelten längst als veraltet. Aber wir werden uns in ihnen wiederfinden und in der Erinnerung an sie schwelgen, so wie die Menschen, die ich im Altenheim kennengelernt habe. Wir werden die Taten unseres Lebens auflisten, hoffentlich sind es unzählbar viele und überwiegend gute. Und am Ende muss man einfach loslassen.

Beten ist wie Dope für mich

Rachel (16 Jahre)

Was mir wirklich am Herzen liegt, sind Tiere. Ich habe sie schon immer geliebt und ich bin mir sicher, dass sie eine Seele haben. Seit acht Jahren, also seit der Hälfte meines Lebens, bin ich Vegetarierin. Das Schlüsselerlebnis für mich war, als ich mitbekommen habe, dass McDonald's seine Chicken McNuggets teilweise aus Küken herstellt. Seitdem bin ich bei PETA und Greenpeace dabei. Es tut mir immer wieder weh, wenn ich sehen muss, wie Füchse auf chinesischen Farmen bei lebendigem Leib gehäutet werden, Hühner ihr Leben lang auf einem DIN-A4-Blatt ausharren müssen oder Chihuahuas in enge Kostümchen gezwängt werden. Ich bin auch total gegen Zoos und den Zirkus, ich finde nicht, dass Eltern mit ihren Kindern da hingehen sollten.

Ganz abgesehen von der Tierquälerei ist es auch wesentlich gesünder, auf Fleisch zu verzichten – das ganze genmanipulierte Futter hat auf Dauer ja auch Folgen für die Gesundheit. Ich habe eine Zeit lang sogar versucht, vegan zu leben, aber das hat mir nicht so gutgetan. Trotzdem lege ich großen Wert auf Bio-Produkte, die sind einfach schadstofffrei, man unterstützt damit die Bio-Bauern und sie schmecken nicht so künstlich. Ich versuche auch, andere davon zu überzeugen, dass der moderne Mensch des 21. Jahrhunderts kein Fleisch mehr essen muss, um bei Kräften zu bleiben.

Oft sammle ich Unterschriften für PETA oder engagiere mich bei Kundgebungen. Und ich finde, dass an Schulen Videos von Tierschlachtungen gezeigt werden sollten. Man könnte doch meinen, dass wir Europäer bei all unserem Humanismus und unserer vermeintlich fortgeschrittenen Intelligenz damit anfangen könnten, uns vom Fleischfresser wegzuentwickeln. »Die Gesundheit einer Gesellschaft misst sich daran, wie sie ihre Tiere behandelt« – wenn man über diese Worte von Guillermo Vara nachdenkt, stellt man schnell fest, dass bei uns etwas gewaltig schiefläuft.

Die Politiker in diesem Land tragen auch nicht gerade dazu bei, dass sich irgendwas verbessert. Ich bin total links, wie die meisten meiner Mitschüler – die sind alle linksradikal, links oder unpolitisch, aber die meisten sind Zweiteres. Wir haben einige Punks und ein paar Leute, die sich einfach nur alle paar Monate mit dem schwarzen Block prügeln wollen, aber der Großteil steht wirklich ernsthaft hinter unseren Ideen.

An meiner Schule gibt es auch mehrere Antifa-Gruppen, wir gehen oft auf Demos oder besuchen Vorträge zum Thema, hauptsächlich in Berlin, aber manchmal auch in Dresden oder Hannover. Meine Gruppe ist sehr gut organisiert, wir lassen manchmal Aufkleber drucken und taggen nachts die Straßen mit unseren Slogans. Parteienmäßig gefällt mir Die Linke zwar gut, aber mit reißerischen Versprechungen wie »Reichtum für alle« schaden die sich nur selbst und verlieren an Glaubwürdigkeit. Wählen würde ich definitiv die Grünen.

Sobald ich mein Abi habe, möchte ich aus Deutschland raus. Ich mag es nicht sonderlich, mein Herz hängt nicht an seiner Kultur, seiner Sprache und seiner Landschaft. Auch wenn ich im Ausland bin, denke ich bei der Erwähnung von Deutschland nicht liebe- und sehnsuchtsvoll an ein warmes Gefühl von Geborgenheit und Heimat. Die Menschen hier sind mir zu verbohrt und zu intolerant, auch die aus meinem Freundeskreis. Obwohl es natürlich Ausnahmen gibt.

Was mich richtig anätzt, ist Patriotismus. Vielleicht, weil ich Angst habe, dass sich daraus etwas Schlimmeres entwickeln könnte. Oder auch weil ich es widerlich finde, wenn Menschen, die noch nie über ihr Kuhdorf hinausgekommen sind, aus lauter Neid alle anderen schönen Plätze dieser Welt abwerten. Wenn sie nichts haben, worauf sie stolz sein können, hängen sie halt eine Flagge nach draußen und bilden sich was darauf ein. Man muss allerdings auch sagen, dass das mit dem Patriotismus kein rein deutsches Problem ist, in Frankreich oder England ist das genauso bitter.

Ich spreche Deutsch, Hebräisch, Russisch, Spanisch, Englisch und Französisch. Später würde ich gerne in Paris leben, bisher war ich zwar erst zweimal dort, aber ich hatte gleich so ein magisches Gefühl von Vertrautheit. Ähnlich war es in St. Petersburg, was auch daran liegen könnte, dass meine Großeltern dort gewohnt haben, bevor sie vertrieben wurden und nach Israel gingen. In St. Petersburg habe ich viele Jugendliche aus der ganzen Welt kennengelernt, das war richtig interessant, wir haben zusammen Projekte organisiert und mit vielen Klischees und Vorurteilen aufgeräumt. Es ist etwas ganz Besonderes, auf Menschen zu treffen, die über kulturelle und geografische Grenzen hinweg meine Meinung teilen und die Welt mit ähnlichen Augen sehen wie ich. Ich könnte mir gut vorstellen, später in die Politik zu gehen, um zur Völkerverständigung beizutragen, für meine Ideale zu kämpfen und den Menschen zu zeigen, wie überflüssig ihre Kriege sind.

Ich bin überzeugte Pazifistin. Gewalt ist niemals eine Lösung, sie sät nur Hass und vertagt den Konflikt auf spätere Generationen. Da ich einen deutschen und einen israelischen Pass habe, bekam ich zu meinem 16. Geburtstag einen Musterungsbefehl – Israel ist nämlich das einzige Land der Welt, in dem die Wehrpflicht für beide Geschlechter gilt. Mit 16 bekommt man das Schreiben, mit 18 wird man eingezogen. Doch abgesehen davon, dass mir der bewaffnete Kampf zutiefst zuwider wäre, ist es so gut wie unmöglich für mich, meine Wehrpflicht abzuleisten. Ich habe mein Leben lang in Deutschland gelebt, Terror und Tod waren schreckliche, aber weit entfernte und deshalb ganz »normale« Nachrichtenthemen aus dem Fernsehen. Würde ich den Wehrdienst antreten, wäre es nicht so unwahrscheinlich, dass ich in eines der vielen Krisengebiete wie den Libanon geschickt werden würde – und das möchte ich wirklich nicht.

Nach dem ersten Schock habe ich eine Riesenliste mit guten Gründen für meine Weigerung an die israelische Botschaft in Berlin geschrieben. Doch die meinten bloß, dann müsste ich meinen Pass abgeben. Würde ich ihn behalten und trotzdem nach Tel Aviv fliegen, würde ich noch am Flughafen abgeholt werden. Das ist so ungerecht! Man kann doch nicht von einer europäischen Sechzehnjährigen verlangen, dass sie Freunde und Familie verlässt, um in einem weit entfernten Land mit der Waffe in der Hand einen jahrtausendealten Zwist auszutragen. Inzwischen habe ich direkt an Jerusalem geschrieben, aber die zuständigen Behörden haben sich noch nicht gemeldet.

Dabei will ich meinen israelischen Pass unbedingt behalten! Israel bedeutet mir so viel – vor allem seit ich im letzten Jahr zu Gott gefunden habe. Ich bin Jüdin und habe die jüdischen Festtage schon immer gefeiert, aber ich hatte mich bisher noch nie so richtig damit auseinandergesetzt. Und natürlich habe ich auch Weihnachten und Ostern mitgefeiert, als kleines Kind versteht man ja nicht, was die Religionen unterscheidet, da stehen die Geschenke im Vordergrund. Ich hatte auch keine Bat-Mizwa, sondern die Jugendweihe. Doch vor einem Jahr dann, bei einem Schulausflug, saßen wir abends entspannt herum und haben geredet. Es war eine supergemütliche Atmosphäre, total locker, Schüler aus allen Altersstufen saßen zusammen. Und neben mir saß ein fremdes Mädchen, an dessen Hals eine Kette mit eingraviertem Davidstern baumelte. Ich fragte sie, ob sie auch Jüdin sei und sie antwortete mit Ja.

Es war ein unglaublicher, ganz besonderer Moment. Sie war die einzige andere Jüdin an meiner Schule, wir sind uns dann gleich in die Arme gefallen. Wir haben den ganzen Abend und die ganze Nacht geredet. Ich spürte, dass da schon immer ein tiefes religiöses Gefühl in mir war, und sie hat es geweckt. Sie war die Einzige, die meine Verbundenheit mit Israel wirklich verstehen konnte. Wir waren durch dieselben Gassen gelaufen, erinnerten uns gemeinsam an den Geruch in der Luft und die Farbe des Himmels. Seit diesem Abend gehe ich jeden Freitag in die Synagoge. Beten macht mich wahnsinnig glücklich, es ist jedes Mal wieder wie Dope für mich, als hätte ich eine Stunde Yoga gemacht. Mein Glaube gibt mir unheimlich viel Kraft.

Schon bevor ich richtig religiös wurde, habe ich Tel Aviv geliebt, es war wie mein zweites Zuhause. Als meine Großeltern noch lebten, war ich in allen Sommerferien da, ich bin dort sogar mal kurzzeitig in den Kindergarten gegangen. Höre ich in den Nachrichten von Anschlägen im Irak, reagiere ich wie jeder andere, aber höre ich von Anschlägen in Israel, bewegt es mich sehr. Ich bin dann immer total traurig, vor allem, wenn ich weiß, wo der Anschlag stattgefunden hat und vielleicht sogar schon mal selber dort war. Dann denke ich mir: Das hätte auch ich sein können.

Meine Freunde haben wenig Verständnis für meine Religiosität. Wenn ich mal nicht auf eine Party will, sondern lieber beten gehe, halten sie mich fast schon für verrückt. Ich versuche nicht, sie zu missionieren, aber ich würde so gerne dieses wunderbare Gefühl mit ihnen teilen, ihnen ihr inneres Auge öffnen. Doch die meisten von ihnen können überhaupt nicht nachvollziehen, was mir meine Religion gibt und warum ich mich in anderen Städten und Ländern zu Hause fühle. Ihre Heimat ist Berlin, sie hängen an ihr. Die meisten haben auch noch nicht viel mehr gesehen als Deutschland und vielleicht noch Italien oder Mallorca. Sie sind glücklich oder glauben es zumindest, in ihren Einfamilienhäusern, in denen es normal ist, dass die Mutter am Herd steht und die Familie zusammensitzt, *Mensch ärgere dich nicht* spielt oder *Wetten dass...?* und *Wer wird Millionär?* schaut. Der Gedanke daran ärgert mich, auch wenn ich versuche, ihr Glück nicht abzuwerten. Vielleicht liegt es daran, dass so ein Vorstadt-Hausfrauenleben mein ganz persönlicher Albtraum ist; wenn es mal so weit kommen sollte, würde ich es, glaube ich, nicht überleben.

Dabei hatte auch ich einige Phasen, in denen ich, hart aber wahr, ein Mitläufer war. Als ich so in der achten Klasse war, wollte ich mich einfach nur anpassen. Außerhalb der Schule hatte ich eine Freundin, die langsam, aber sicher zum Emo mutierte, und ich mutierte hinterher. Meine Emo-Freunde waren wirklich alle gleich und ich war der Meinung, dass ich genauso aussehen müsste wie sie.

Gleichzeitig war ich auch stolz darauf, in meiner Klasse der einzige Emo zu sein, ich fühlte mich also auf der einen Seite total akzeptiert und auf der anderen megaindividuell. Es hat mich gereizt, anders auszusehen als meine Klassenkameraden, auch wenn manchmal Sprüche wie »Na, hast du dich schon geritzt, Emo-Bitch?« kamen.

Damals war das mit dem Ritzen gerade total in. Auch die Leute aus meiner Klasse haben diesen Trend benutzt, um mehr Aufmerksamkeit zu bekommen. Die haben dann ihren Unterarm angeritzt, riesige Pflaster drübergeklebt und am nächsten Tag wie zufällig mit dem beklebten Arm vor der Klasse rumgewedelt. Ich selbst habe das nie gemacht, ich hatte wohl zu große Angst vor dem Schmerz und den eventuell bleibenden Narben. Aber ich habe mich in meiner Emo-Gruppe richtig wohlgefühlt, die waren alle supernett. Es war eine große Runde, und die meisten von ihnen waren überhaupt nicht unglücklich und melancholisch. Nur ein paar waren wirklich innerlich zerstört, die haben damit geprahlt, Dauerdepressionen und Suizidgedanken zu haben. Und die bekamen sie nach einer Weile dann auch wirklich!

In meiner Emo-Phase war ich echt schlecht in der Schule, weil ich einfach nicht mehr lernen wollte. Das führte natürlich zu ständigem Stress mit meiner Mum. Und irgendwann habe ich gemerkt, dass ich nur noch äußerlich einen auf Emo gemacht habe, aber innerlich schon gar nichts mehr mit dieser Jugendkultur zu tun haben wollte. Der Dauerstreit mit meiner Mutter hat dann den Ausschlag gegeben, und ich bin langsam aus der ganzen Emo-Szene rausgefallen.

Von dem einen Extrem bin ich gleich zum nächsten übergegangen. Ich hatte damals eine beste Freundin, Larissa, von der ich mich komplett beeinflussen ließ. Sie war sehr hübsch, blond mit endlos langen Beinen, alle Jungs standen auf sie. Eine Weile war sie mein großes Vorbild.

Larissa wohnte in einem Problembezirk, wo alle einen auf Oberproll machten. Dementsprechend haben wir viel Hip-Hop gehört, ich war großer Bushido-Fan und habe mir Tops und sogar eine Tasche mit seinem Gesicht drauf gekauft. Ich war so ein Merchandising-Opfer! Larissas Eltern hatten krass liberale Erziehungsmethoden, sie haben ihr Kippen gekauft und ihr geraten, alles mal auszuprobieren. Ich fand das faszinierend. Dass sie bei den Jungs so beliebt war, war ein gigantischer Vorteil für mich, auch wenn das alles notgeile Macho-Möchtegern-Rapper waren. Wir haben ihnen aber auch allen Grund zum Rumsabbern gegeben – wir liefen total im Schlampen-Style rum, mit den kürzesten Röcken, den tiefsten Ausschnitten, den knalligsten Lippen, so richtig im superbilligen New-Yorker/Pimkie-Style. Larissas Macker waren auch immer leicht kriminell, ich war mehrmals dabei, als sie Leute abgezogen haben.

Diese Phase währte zum Glück nur sehr kurz. Ich habe mich mit Larissa gestritten, weil sie, die alle haben konnte, mir einen Jungen weggeschnappt hatte, von dem sie wusste, dass ich heimlich auf ihn stand. Da sie kurz darauf sowieso die Schule wechselte, trauerte ich der Freundschaft nicht lange nach.

Die Mädchen, mit denen ich danach rumhing, waren passionierte Kaufhaus-Zocker. Wir waren oft in der Stadt, und sie haben sich die Taschen mit Schmuck oder anderen Kleinigkeiten vollgestopft. Ich selbst habe mich das nie getraut, aber das hat sie nicht gestört, sie haben angefangen, auch für mich Sachen mitgehen zu lassen. Ich hatte zwar schon ein schlechtes Gewissen, dass sie für mich – wie zum Beweis der Freundschaft – klauten und ich ihnen gar nichts zurückgeben konnte. Aber ich bekam Geschenke und keiner wurde erwischt, über Recht und Unrecht habe ich nicht viel nachgedacht. Schließlich wurde es immer krasser, sie haben mehrere Handys mitgehen lassen und bei Media Markt sogar mal einen Laptop.

Meine Mutter hat angefangen, sich zu fragen, woher ich die ganzen neuen Sachen hätte. Auch wenn ich kein Taschengeld mehr hatte und sie das wusste, lag trotzdem immer wieder neue Kosmetik im Bad, oder ich hatte neue Ohrringe oder ein neues Shirt. Als sie geblickt hat, woher das Zeug kam, ist sie total ausgetickt und wollte, dass ich mir neue Freunde suche. Doch die geklauten Sachen machten mich glücklich, nicht nur wegen des materiellen Werts, sondern auch als Gesten der Freundschaft, also ignorierte ich ihre Warnungen.

An einem Morgen dann – das werde ich nie vergessen – hat meine Mum mir noch mal ins Gewissen geredet und gesagt, ich solle nach der Schule gleich nach Hause kommen. Ich habe ihren Rat nicht befolgt und bin mit den anderen ins Kaufhaus gefahren. Während ich ein Kleid anprobierte, gingen die anderen zocken. Wir waren weit oben in besagtem Kaufhaus, und als wir eine Etage tiefer fuhren, holten sie ganze Berge von Schmuck aus ihren Taschen. So viel war es noch nie gewesen, ich weiß bis heute nicht, wie sie das alles in die Taschen gekriegt haben.

Jedenfalls war es total blöd, noch mitten im Kaufhaus die Beute herauszuholen, denn auf einmal spürte ich eine grobe Hand auf meiner Schulter. Ich drehte mich um und schaute in das Gesicht des Ladendetektivs. Wir rannten, aber es half nichts, er hat uns in der zweiten Etage gefasst. Wie Schwerverbrecher wurden wir durch das ganze Kaufhaus geführt – es war schrecklich demütigend. Dann mussten wir uns auf den kalten Boden eines Büros setzen, während irgendwelche Männer beratschlagten, was nun mit uns zu tun sei. Als der Ladendetektiv mich fragte, ob ich von der ganzen Sache gewusst hätte, verneinte ich, und die anderen schauten mich böse an.

Wir hatten riesige Angst und weinten und bettelten: »Wir schrubben alle Toiletten! Wir arbeiten zehn Jahre für Sie!« Aber es hat alles nichts geholfen. Nachdem sie die Polizei informiert hatten, forderten die Männer uns auf, unsere Eltern anzurufen. Ich hatte riesige Panik vor der Reaktion meiner Mutter, und um meinen Kopf wenigstens ein bisschen aus der Schlinge zu ziehen, telefonierte ich mit ihr auf Russisch. Ich verzerrte die Wahrheit natürlich, ich dachte, es würde mich eh keiner verstehen: »So ein Idiot hält uns hier fest, er hat uns richtig hart angefasst, der hat keine Ahnung…«

Der Ladendetektiv drehte sich um, sah mir mit hartem, kaltem Blick in die Augen und sagte in übel schlechtem Russisch – wahrscheinlich noch aus DDR-Zeiten: »Du weißt schon, dass ich alles verstehe?« Ich bin einfach nur gestorben.

Danach wurden wir zum Revier abtransportiert. Die Fahrt war grauenhaft, die Polizisten haben uns ständig gefragt, warum wir das gemacht hätten, es fehle uns ja nicht an Geld, und so weiter und so fort. Die anderen wurden relativ schnell abgeholt, aber meine Mutter hat mich zappeln lassen. Sie war so sauer – sie hatte mich ja noch gewarnt –, dass die Wut sie sprachlos machte. Nach vierzig Minuten kam sie dann auf dem Revier an, aber sie hat den ganzen Tag nicht mehr mit mir gesprochen. Später erzählte sie mir, sie sei auf dem Weg zur Polizei eine ganze U-Bahn-Station gelaufen und habe sich noch einen Kaffee geholt, um sich abzuregen.

Zum Glück hat sie danach alles getan, um mir zu helfen, sie hat einen Anwalt engagiert, der mich rausgeboxt hat. Ich bekam keine Vorstrafe, nur ein Jahr Ladenverbot. Ich habe das Kaufhaus auch nach dieser Frist nie wieder betreten und werde es wohl auch nicht mehr tun. Es war ein heilsamer Schock für alle Beteiligten, danach wurde nie mehr geklaut.

Unsere Freundschaft ist an der ganzen Sache zerbrochen, weil jede die Schuld von sich schieben wollte. Ich durfte ein Polizeiprotokoll lesen, in dem stand, dass meine Freundinnen über mich ausgesagt hätten, ich hätte von dem Diebstahl gewusst. Und auch ich steckte in einem echten moralischen Dilemma: Auch wenn ich an diesem Tag nicht davon gewusst hatte, so hatte ich es doch geahnt. Und davor hatte ich alle Geschenke meiner Freundinnen angenommen, sie hatten sich unzählige Male für mich in Gefahr begeben. Als ich auf dem Revier meine Unschuld beteuerte, verriet ich unsere Freundschaft.

Danach kamen keine krassen Phasen mehr, das hatte ich hinter mir. Ich wollte kein Mitläufer mehr sein, mich nicht mehr anpassen. Ich fand mich selbst und ich fand die Liebe. Er hieß Richard, ich lernte ihn auf der Party von dem Jungen kennen, den mir Larissa damals weggeschnappt hatte. Richard war sein bester Kumpel, und für mich war es wirklich Liebe auf den ersten Blick.

Wir kamen ziemlich schnell zusammen, auch wenn die Anfangszeit unserer Beziehung eher turbulent war. Als wir zum ersten Mal gemeinsam auf einer Party waren, lief alles ein bisschen aus dem Ruder: Ich trank ziemlich viel, und als ich dann in meinem Delirium rumstrahlte, erblickte ich einen Jungen aus meiner Schule, den ich schon immer unglaublich heiß gefunden hatte. Obwohl mein neuer Freund neben mir saß, schmiss ich mich an ihn ran. Er ging auch auf mich ein, was Richard natürlich ziemlich wütend machte. Auf einmal entfaltete der Alkohol seine volle Wirkung und ich fiel zu Boden. Ich habe kaum noch Erinnerungen an die ganze Sache, aber irgendjemand zerrte ständig an mir rum und der heiße Typ und mein Freund wollten sich prügeln. Richard hat dann aus Wut gegen eine Straßenlaterne getreten und sich den Fuß gebrochen. Das tut mir bis heute wahnsinnig leid.

Es ist schon bescheuert, was man alles anstellt, wenn man betrunken ist, aber ich trinke halt total gerne Alkohol, mit Vorliebe Wein. Drogen und Zigaretten dagegen finde ich blöd. An meiner Schule kiffen die Leute sogar in den Pausen, ich kam also schon einige Male in Versuchung, und in einem schwachen Moment habe ich auch nachgegeben. Aber ich habe festgestellt: Drogen und ihre Wirkung werden überschätzt.

Richard und ich blieben jedenfalls zusammen, trotz des katastrophalen Abends. Ich habe mich selten so gut gefühlt wie mit ihm. Jemand der es niemals erlebt hat, kann so etwas wie Jugendliebe nicht begreifen – eine rauschhafte Liebe, die nicht mit früheren Beziehungen und alten Narben konkurrieren muss. Wir hatten eine wunderschöne Zeit zusammen. Einmal waren wir zusammen im Urlaub, irgendwo auf dem Land, in einer kleinen Pension. Nur er und ich, wir haben uns eine Woche lang ausschließlich vom Pizzaservice ernährt.

Und da ist diese eine Nacht, diese eine Erinnerung, die mich mein Leben lang begleiten wird: Wir fuhren an einen See und schwammen im Wasser, küssten uns im Sommerregen. Danach lagen wir auf einem Steg, in eine warme Decke gewickelt. Als wäre das nicht schon zu märchenhaft, um überhaupt wahr zu sein, war der Himmel sternenklar, und der Mond beleuchtete die Wellen und Kreise, die unsere Körper im Wasser hinterlassen hatten.

Wir waren 17 Monate zusammen, bis Richard mir allen Ernstes mitteilte, er habe das Bedürfnis, auch mit anderen Mädchen zu schlafen. Da für mich eine offene Beziehung nicht in Frage kam und ich tief verletzt war, dass er unsere Beziehung mit einer solchen Banalität in Frage stellte, habe ich Schluss gemacht.

Nachdem wir eine Zeit lang getrennt waren und er auf die Schnelle keine Neue gefunden hatte, wollte er mich wieder zurück. Er hat mich ständig angerufen und ins Telefon geweint. Ich blieb zunächst standhaft, aber irgendwann wollte ich ihn wiederhaben. Doch dann wollte er nicht, es war ein fürchterliches Hin und Her.

Ich habe angefangen, ihn zu hassen, so sehr, wie ich ihn davor geliebt hatte. Plötzlich haben wir einander übers Internet fertiggemacht, ich habe Rundmails an seine Kumpels geschickt, über seine Macken gelästert und gewisse Vorlieben offengelegt. Er ebenso. Das war echt bitter. Mittlerweile gehen wir uns aus dem Weg. Er hat jetzt eine neue Freundin, so ein übles Mainstream-Girlie, das vier Jahre jünger ist. Die beiden haben schon bestimmt zweihundert Bilder von sich ins Internet gestellt, aber keiner kommentiert sie. Zusammen sehen sie einfach hässlich aus, da will keiner lügen und »Oh ihr seid so ein perfektes Paar« drunterschreiben.

Seine Kumpels finden seine Neue auch sehr merkwürdig. Sie sind jetzt, nachdem mit Richard und mir Schluss ist, total scharf darauf, mit mir auszugehen. Momentan habe ich deswegen echt viele Verehrer, was mich eigentlich total freuen müsste. Aber manchmal befürchte ich, ich hab's immer noch nicht ganz verkraftet.

In der Wüste bräuchte niemand Drogen

Fabian (17 Jahre)

Ich bin ein totaler Kommunikationsspastiker. Wenn ich Menschen nicht kenne, habe ich immer so einen »Geht weg und nervt mich nicht«-Blick drauf. Dabei bin ich überhaupt nicht introvertiert, ganz im Gegenteil. Oftmals bin ich einfach nur zu unmotiviert, um oberflächlichen Small Talk zu führen.

Wenn ich mit Leuten befreundet bin, gehen sie mir häufig sehr schnell auf die Nerven. Und selbst wenn das nicht der Fall ist, lasse ich Freundschaften manchmal einschlafen. Einer meiner besten Kumpels beispielsweise macht gerade ein Auslandsjahr. Seit er umgezogen ist, haben wir vielleicht zweimal telefoniert, davor hingen wir fast jeden Tag aufeinander rum. Wir vermissen uns halt einfach nicht. Manchmal denke ich zwar schon, dass seine Anwesenheit jetzt ganz cool wäre, aber richtig stören tut es mich nicht im Geringsten.

Dass ich so schnell von anderen Menschen angeödet bin, hat den Nachteil, dass ich häufig meinen Freundeskreis wechseln muss. Und da sich jeder Mensch über sein Umfeld definiert, wirkt das manchmal wie eine Art Identitätsverlust. Wie die meisten bin ich es gewohnt, meine Wirkung anhand der Reaktionen meiner Freunde zu überprüfen. Die geben einem ja bei so ziemlich jeder Handlung ein ehrliches Feedback. Da sie aber auch meine Gefühle schützen wollen, braucht es einige Zeit, bis ich durchschaut habe, wie ich ihre Rückmeldung deuten muss. Kenne ich die Leute schon seit Jahren, ist das um einiges einfacher, bei Bekannten und Freunden verhalte ich mich deshalb völlig anders als bei Fremden.

Ich bin auf Partys immer der Lauteste und der, dem die Überidee kommt. Neulich auf einer Feier – ich muss wohl nicht erwähnen, dass ich extrem viel gesoffen hatte – hielt ich es für einen sensationellen Einfall, mich nackt auszuziehen. Mit einem Kumpel, der sofort begeisterter Anhänger dieses Plans war, bin ich dann im Adamskostüm auf dem Schrägdach des Hauses rumspaziert (Was haben die Nachbarn da wohl gedacht?) und ging anschließend splitterfasernackt auf der Tanzfläche ab. Ein Umstehender hat uns sogar gefilmt, was mich aber irgendwie nicht stört, noch ist der Film ja nicht auf YouTube. Noch. Vielleicht hätte ich auch auf YouPorn nachschauen sollen…

Ich liebe es, Publikum zu haben. Meine Hauptintention im Umgang mit den meisten Menschen ist es, sie zu beeindrucken – egal ob mit meiner physischen Vollkommenheit oder mit meinen philosophischen Thesen. Vor allem bei Mädchen funktioniert das super, die stehen total auf intellektuelles Gelaber, damit kriege ich fast jede rum. Die heißen Tanten sitzen dann mit großen Augen da und ich kann fast hören, wie sie denken: Woah, ist der tiefgründig!

Mit Mädchen habe ich überhaupt keine Schwierigkeiten, nur einmal habe ich mich nicht getraut, die Initiative zu ergreifen. Damals war ich 13 und zum allerersten Mal verliebt. Meine Absichten waren damals noch total unsexuell, ich wollte einfach nur mit ihr zusammen sein. Aber ich hatte nicht die Eier in der Hose, sie zu fragen, und ehe ich aufwachen konnte, war sie mit einem 18-Jährigen zusammen und meine Chance war dahin.

Meine letzte Beziehung endete vor zwei Monaten. Das war vielleicht eine mysteriöse Angelegenheit! Es lief so weit alles normal, bis wir eines Abends auf ICQ chatteten und sie auf einmal schrieb: »Ich glaube, dass du mich mehr liebst als ich dich!«

Mal abgesehen davon, dass meine »Liebe« zu ihr auch nicht sonderlich groß war, hat mich das total aufgeregt. Wenn eine schon so ankommt! Ich war angepisst und habe ihr zurückgeschrieben: »Okay, dann war's das, hat keinen Sinn!« Doch sie begann sofort, mich anzubetteln, und ich wurde schwach und meinte: »Wir treffen uns in den nächsten Tagen und reden noch mal darüber.« Daraufhin schrieb sie »Es gibt keine Hoffnung mehr!« und ward nie mehr gesehen. Was sollte das bitte?

Ich muss ehrlich zugeben, dass mich die Sache mehr belustigt als bedrückt hat. Auch als sie zwei Wochen nach dem Beziehungs-Aus mit einem meiner Kumpels rumgemacht hat, hat mich das nicht verletzt. Nur geärgert, weil es eben mein Kumpel war, normalerweise bin nämlich ich derjenige, der so was bringt. Da habe ich gemerkt, wie doof es ist, wenn man mit dem neuen Lover der Ex befreundet ist. Innerlich hatte ich immer diesen Drang, ihn nach ihr zu fragen: Warst du wieder bei ihr? Wo habt ihr euch getroffen? Was habt ihr unternommen? Und nach so einem Gespräch hätte ich mich immer gefragt, was sie gemacht haben und wie weit sie jetzt gegangen sind.

Ich war, seit ich 13 war, zwar öfter mal in einer Beziehung, doch wirklich verliebt war ich nie mehr. Momentan fühle ich zwar wieder was in dieser Richtung, aber die Frau ist zwei Jahre älter als ich und ich blicke bei ihr gar nicht durch. Sie scheint mich zu mögen, aber irgendwie ist es merkwürdig mit uns; wir haben schon mal rumgemacht, aber nie in der Öffentlichkeit, das mag sie überhaupt nicht. Ich frage mich: Warum? Bin ich ihr peinlich, oder was? Ich habe echt keine Ahnung, woran ich bei ihr bin.

Bei all den Mädchen davor fiel es mir nicht schwer, meine Gefühle einzuordnen. Ich hatte viele Beziehungen, aber ich dachte mir dabei immer, dass ich eigentlich gar nicht auf das

Mädel stehe. Meistens war da nach ein paar Tagen sogar ein starkes Ekelgefühl.

Bei Eine-Nacht-Nummern kommt dieses Ekelgefühl sogar noch schneller. Nicht, dass es mir keinen Spaß macht, Knutschen und Brüste anfassen ist schon geil. Aber nach dem Sex und in vereinzelten Fällen schon währenddessen will ich die Frau einfach nur noch loswerden. Das läuft bei mir immer ähnlich: Zuerst finde ich sie geil und will sie haben, aber sobald ich sie gevögelt habe, überkommt es mich. Ich kann es gar nicht ab, wenn sie mich danach noch anfassen und streicheln wollen. Am allerwiderlichsten ist der klebrig verliebte Blick, mit dem sie mich manchmal beäugen. Es ist jetzt auch nicht so, dass ich total abgestumpft bin. Ich glaube schon an eine Art Liebe – aber eher an das Gefühl des Verliebtseins statt an die Liebe als Schicksalsinstanz.

Und ich glaube überhaupt nicht an Monogamie. Sie liegt nicht in der menschlichen Natur und ist nichts weiter als ein gesellschaftlich auferlegtes Moralgebot, um den Besitzanspruch an einen anderen Menschen zu rechtfertigen. Außerdem gibt es viel zu viele Frauen, die auf ihre Art begehrenswert, schön oder liebenswert sind. Ich sehe nicht ein, warum ich auch nur auf eine von ihnen verzichten sollte.

Zudem kommen die Mädchen meistens zu mir – muss wohl an meiner Ausstrahlung liegen oder so. Erst vor ein paar Tagen war ich in einer Bar und dann kam so eine angerauscht und fragte: »Bist du öfters hier?« – »Ja.« – »Können wir zu dir nach Hause?« So was passiert mir ständig. Und das sind wahrlich nicht die hässlichsten Frauen dieser Welt. Obwohl so ein paar Ausrutscher auch schon dabei waren: Nachdem ich gerade wieder mit einer Freundin Schluss gemacht hatte, war ich in einem Club. Schon als ich reinkam, sah ich eine Frau an der Bar und dachte mir: Boah, ist die widerlich! Und da hatte ich sie erst von hinten gesehen… Da ich mir ein wenig den Frust wegtrinken wollte, ging ich trotzdem zur Bar, und als ich mich ordentlich besoffen hatte und zufrieden dasaß, kam die Widerliche auf mich zu, machte mich übertrieben an und sagte auf einmal: »Ich will dich küssen!« Da ist es mir echt eiskalt den Rücken runtergelaufen. Aber nach ein paar weiteren Drinks tat ich das Unverzeihliche ... Failure of the year! Selten war ich so gottfroh, als es wieder hell wurde.

Ich könnte echt stundenlang von meinen One-Night-Stand-Anekdoten erzählen. Treffen Alkohol und Sex aufeinander, kommen die lustigsten Geschichten raus. Eine davon ist besonders erinnerungswürdig: Ich war im Urlaub mit meinem Dad. An einem Abend fand im Hotel eine Party statt, es wurde gut getrunken. Ich war gerade auf der Veranda, um eine zu rauchen, als ein Mädchen auf mich zukam. Wir haben getanzt und geredet, aber irgendwann wollte ich wieder rein und sagte zu ihr: »Gehen wir irgendwohin, wo es warm ist?«

»Auf mein Zimmer!«, erwiderte sie ohne zu zögern.

»Gibt es Alkohol für mich auf deinem Zimmer?« – »Vielleicht!«

»Gibt es Gras für mich auf deinem Zimmer?« – »Vielleicht!«

»Gibt es auch Sex für mich auf deinem Zimmer?« – »Vielleicht!«

Letztendlich kam es auf besagtem Zimmer zu allen drei Dingen. Ich war so richtig dicht, so dicht wie selten in meinem Leben. Trotzdem haute ich gleich nach dem Akt wieder ab. Im totalen Delirium wankte ich auf das Zimmer, das ich mit meinem Vater teilte. Nachdem ich ungefähr eine halbe Stunde geschlafen hatte, wurde ich wach, weil meine Blase am Platzen war. Immer noch sauhacke stand ich auf, um das Klo zu suchen. Was ich fand, war ein Sessel. Ich wollte den Klodeckel hochklappen, was logischerweise nicht ging, aber zur Folge hatte, dass ich mir dachte: Okay, ist schon oben! Dann habe ich mich auf das »Klo« gesetzt, also auf den Sessel, auf dem noch die Klamotten meines Vaters lagen, und losgepinkelt. Mein Dad wachte von dem Geräusch auf und schrie erst mal fett rum. In solchen Momenten ist man bestimmt stolz auf seine Kinder – ich saß dort, mitten im Hotelzimmer und schiffte Sessel und Boden voll.

Am nächsten Tag war ich erst mal eine Leiche, er aber zog sich an und machte sich auf den Weg zum Frühstück. Plötzlich bemerkte er, dass es an der Schulter und am Hosenbund verdächtig nass war ... Natürlich hat er eins und eins zusammengezählt und kam hoch ins Zimmer gestürmt.

Mein Verhältnis zu meinem Dad ist merkwürdig. Meine Mum ist das Sinnbild einer perfekten Mutter, aber trotzdem wohne ich bei ihm, was mir manchmal schon ein schlechtes Gewissen bereitet. Er war früher total locker und gechillt, aber je älter ich werde, desto gestresster ist er. Ich befürchte, bei ihm verläuft das mit der Erziehung falsch herum. Seitdem ich mit der Pubertät so gut wie durch bin, haben wir viel häufiger Probleme. Ich bleibe trotzdem bei ihm, einfach weil er viel näher an den ganzen Clubs und Bars wohnt, in die ich so gehe.

Wenn ich weggehe, trinke ich immer recht viel. Ich habe auch nur einen einzigen Kumpel, der das nicht tut. Für ihn gibt's auf dem Höhepunkt der Party einen Kamillen- oder Pfefferminztee mit viel Zucker. Er hat schon ziemlich viel ausprobiert, aber seine Trips fand er immer beängstigend, und Alkohol gibt ihm nichts. Ich selber habe nur einmal Drogen genommen. Extrem bizarres Erlebnis: Ich hatte die ganze Nacht durchgefeiert und war hundemüde. Da ich aber am nächsten Tag zur Schule gehen sollte, bot mir ein Freund eine Pep-Pille an. Das ist ein Aufputschmittel, ähnlich wie Speed, die Wirkung kann man in etwa so beschreiben: kaum oder nicht mehr vorhandenes Ess- und Schlafbedürfnis, Gelassenheit, gesteigerte Leistungsfähigkeit. Ich Ahnungsloser nahm die kleine Tablette in der Hoffnung, diesen Schultag irgendwie zu überstehen. Nur leider schien es, als wäre ich der einzige Mensch auf diesem Planeten, bei dem Pep verkehrtherum wirkt. Statt wacher zu werden, wurde ich nur noch müder, und als ich aufs Klo gehen wollte, bin ich irgendwo auf dem Weg dorthin eingepennt.

Der Effekt, den Alkohol auf mich hat, ist mir dagegen hinreichend bekannt. Trinke ich eine bestimmte Menge, bin ich supergut drauf und fungiere als Alleinunterhalter. Trinke ich dann noch ein bisschen mehr, nerven mich die ganzen Leute und ich könnte ihnen nur noch eine reinschlagen. Mache ich natürlich nicht, bin ja Humanist. Stattdessen gehe ich schlafen oder spazieren, quasi zur Aggressionsprävention. Auf diesen Spaziergängen mutiere ich dann zum Sachbeschädiger aus Leidenschaft: Ich trete irgendwelche hässlichen Mülltonnen um oder zupfe Blätter von den Bäumen. Einmal habe ich sogar eine Schranke so verbogen, dass sie parallel zur Straße stand.

Ich glaube, in manchen Belangen bin ich ziemlich intolerant. Das hat jetzt nichts mit der Hautfarbe zu tun; ob jemand schwarz oder weiß ist, ist mir wirklich völlig Banane. Aber wenn ich zwei Minuten mit jemandem rede und finde, dass er ein Hurensohn ist, dann gebe ich ihm keine zweite Chance, dann halte ich ihn nach drei Wochen immer noch für einen Hurensohn. Bei solchen Menschen fällt es mir äußerst schwer, freundlich zu bleiben, ich will die dann eigentlich nur noch beleidigen. Was mir in solchen Momenten hilft, ist der Gedanke, dass sie mit ihrem Leben schon genug gestraft sind. Wenn so ein Spast in den Club kommt, womöglich noch mit einer Tussi im Arm, dann denke ich: Ich sehe besser aus, bin intelligenter und komme besser bei den Mädchen an. Wenn ich weiß, dass ich der coolste Typ in dem Laden bin, tröstet mich das über die Dummheit mancher Leute hinweg.

Irgendwie finde ich ja, dass sich unsere gesamte Gesellschaft dumm verhält. Die gedankliche Ausgangsbasis, auf die sich die Ziele und Moralvorstellungen der meisten Menschen in Deutschland stützen, ist schon mal vollkommen falsch. »Ich muss etwas erschaffen, ein Haus bauen, Karriere machen…« – das ist doch komplett sinnfrei. Vor allem die ganze Planerei ist schlimm! Planen macht die Menschen so unspontan. Die meisten würden sich bei diesem typischen Filmszenario, in dem die große Lebensliebe davonfliegt, vermutlich dagegen entscheiden, ihr nachzurennen, weil sie geplant hatten, einkaufen zu fahren, weil es ja gerade Sonderangebote bei REWE gibt.

Planen ist der Anfang vom Ende. Wenn du einmal damit anfängst, bist du schon im System. All diese ehrgeizigen Jugendlichen gehen davon aus, dass sich ihr Leben verbessern wird, dass sich die Welt stetig verbessern wird. Aber das stimmt nicht. Die Welt wird auch nicht stetig schlechter, nur für den Einzelnen wird sie immer unerträglicher. In unserer Leistungsgesellschaft herrscht ein gigantischer Mangel an Sensibilität für die individuellen Probleme und Bedürfnisse. Es ist, als würden keine Menschen arbeiten, sondern Maschinen, das ist alles ein riesengroßes Absurdum.

Die Mächtigen und Einflussreichen unserer Zeit verwissenschaftlichen wirklich alles. Eigentlich sollte die Wissenschaft philosophische Thesen auf ihren Wahrheitsgehalt überprüfen, aber es findet keine Philosophie mehr statt, dafür wird alles wissenschaftlich erklärbar gemacht. Und der Technik wird ein völlig falscher Stellenwert zugesprochen.

Die größte Gruppe, die den Fortschritt der Menschheit in meinem Sinne verhindert, ist eindeutig die Industrie. Die Gesellschaft ist von ihren Produkten so abhängig wie Junkies von ihren Drogen. Es scheint, als wäre das Streben nach Bequemlichkeit und Schnelligkeit der Dreh- und Angelpunkt des Universums. Ich kenne so viele Leute, die sich ständig mit Technik umgeben müssen, um das Gefühl zu bekommen, dass sie glücklich sind. Und dieses ständige Berieseln macht abhängig. Sie müssen dauernd in Kontakt mit der ach so wichtigen Außenwelt sein, sie haben mehrere Handys, in jedem Zimmer einen Fernseher, einen Computer und einen mobilen Laptop. So leben sie dahin, schreiben noch ein paar SMS und fallen dann tot um.

Ich selber besitze kein Handy, und Internet habe ich nur, um Mädchen meinen Namen bei Facebook sagen zu können. Einsamkeit – die Fähigkeit, nur mit sich alleine auszukommen – wird schrecklich unterschätzt. Zu dieser Erkenntnis kam ich, als ich mit meinen Eltern im Urlaub in Saudi-Arabien war. Irgendwie kam es dort dazu, dass ich freiwillig alleine durch die Wüste gewandert bin. Stundenlang. Das ist eine Erfahrung, die jeder mal gemacht haben sollte, diese Reduzierung auf sich selbst. In der Wüste brauchte ich keinen Alkohol, in der Wüste bräuchte auch niemand Drogen. Die ganzen Rauschmittel sind eh bloß unsere Reaktion auf eine viel zu aufdringliche Umwelt. Und obwohl es in Saudi-Arabien auch laut und wuselig war, war es wunderschön. Ich könnte mir vorstellen, mal versuchsweise dort zu leben. Aber am Ende bin ich nun mal bloß ein verwöhnter Europäer, der die warme Dusche und die Sozialversicherung vermissen würde und von andauernden Stromausfällen angepisst wäre.

Dass wir alle so verwöhnt sind, ist unser größtes Problem. Keiner denkt mehr nach! Die Menschen arbeiten und denken nicht nach, sehen fern und denken nicht nach, rennen irgendwelchen Promis hinterher und denken nicht nach. Und dann sterben sie und haben nie nachgedacht.

Die Promiwelt trägt in meinen Augen eine große Mitschuld an der allgemeinen Verdummung. Es geht in dieser Industrie doch überhaupt nicht mehr um das Werk. Der Künstler macht vielleicht noch fünf Prozent aus, 95 Prozent sind schon längst PR. Ziel ist es, aus diesen Menschen alles herauszupressen, sie bis zum letzten verkäuflichen Tropfen zu melken. Ich habe keine Star-Vorbilder, es gibt wenig Schlimmeres, nur Jim Morrison finde ich bewundernswert. Er hat sich nackt ausgezogen, wenn er sich nackt ausziehen wollte, er hat seine Meinung gesagt, wenn er seine Meinung sagen wollte, und er hat seine Klappe gehalten, wenn er sie halten wollte. Der gehört nicht zur ganzen Mainstream-Kacke dazu.

Das nächste Problem unserer Gesellschaft ist, dass man kaum noch zwischen Mainstream und Nicht-Mainstream unterscheiden kann. Und dass die Leute keine Qualität mehr erkennen. Es ist traurig, aber viele könnten wohl ein Buch von Schiller nicht als Weltliteratur einstufen, wenn man den Namen des Autors entfernen würde. Sie haben keine eigene Vorstellung von Qualität. Sie überprüfen das ganze neue Zeug nicht, stellen keine Fragen, trauen sich nicht, sie zu stellen. Sie finden das gut, wovon sie glauben, dass es gut sein muss, weil es ihnen als Insider-Tipp oder Klassiker verkauft wird. Ohne für einen der folgenden Künstler Sympathie zu empfinden: Warum sind alle überzeugt, dass die Rolling Stones, Anna Netrebko oder irgendwelche Indie-Bands qualitativ hochwertige Musik machen, während Tokio Hotel, Dieter Bohlen oder die ganzen Disney-Stars nur kritisiert werden? Die breite Masse gibt sich da leider mit vorgefertigten Meinungen zufrieden.

In unserer Generation haben die Leute noch einen zusätzlichen Schaden. Alle empfinden sich als zugehörig zu einer ganz besonders individuellen Gruppe: Die Emos denken, sie seien besonders tiefgründig, weil sie so überemotional sind, die Hopper denken, sie seien besonders krass, weil sie indizierte Texte hören, und die Vintage-Styler denken, sie seien besonders besonders, weil sie die *NEON* und die *blonde* lesen und auf Koks raven. Und dabei entsprechen sie nur der Rolle des Klischee-Emos/Hoppers/Vintage-Stylers.

Hinzu kommt, dass die Leute in meinem Alter so dermaßen komplexbeladen sind. Sie kommen beispielsweise auf ihren Körper überhaupt nicht klar, haben aber auch nicht die Leidensfähigkeit, sich dünn zu hungern oder sich Schmerzen zuzufügen. Sie sind so mit Scheiße überhäuft und versuchen, einen möglichst bequemen Mittelweg zu finden, dass sich daraus ein extrem langweiliges und farbloses Leben ergibt.

Aber natürlich nehmen sich alle das Recht, über diejenigen zu urteilen, die diesen Mittelweg verlassen. Eine Freundin von mir hat mich kürzlich so was von auf die Palme gebracht. Sie meinte, sie möchte nach der Schule unbedingt was im sozialen Bereich machen – aber auf keinen Fall Alkoholiker oder Junkies betreuen, weil die ja selber an ihrem Unglück schuld sind. Aber woher will sie mit 17 wissen, dass man selber daran schuld ist? Woher will sie wissen, dass das Leben einen nicht so ficken kann, dass es keinen anderen Ausweg mehr gibt? Sie hat einfach kein Recht, über solche Menschen zu urteilen.

Irgendwie ist unser ganzer Staat ein bisschen daneben. Zuerst mal sind Berufspolitiker doch der größte Irrsinn! Wie soll jemand ohne praktische Erfahrung ein ganzes Ministerium leiten? Also beispielsweise ohne Kinder Familienministerin sein? Und dann sind die Koalitionsparteien auch immer am Rumdealen, zuerst ist der eine Wirtschaftsminister, dann auf einmal Verteidigungsminister. Ich kann doch auch nicht ohne jahrelange Ausbildung vom Arzt zum Anwalt wechseln! Die ganzen Parteien und Politiker sind mir so ziemlich egal, nur Gregor Gysi finde ich cool. In Talkshows stürzen sich immer alle auf ihn, und er giftet ohne Rücksicht auf Diplomatie zurück.

Ich glaube nicht an die Demokratie, schon gar nicht an die in Deutschland. Wehrhafte Demokratie – lächerlich! Du kannst zwar auf die Straße pinkeln, aber zu sagen hast du nichts. Und sobald du das Staatssystem kritisierst, kommt der BND und stellt dich unter Beobachtung. Das ist doch alles so verlogen!

Ebenso verlogen finde ich die Kirche. Der Vatikan vermarktet sich fast wie beim mittelalterlichen Ablasshandel und tut dabei noch so heilig. Auch wenn ich nicht im kirchlichen Sinne gläubig bin, glaube ich an einen Gott. Zumindest wenn ich gut drauf bin. Ich denke schon, dass da jemand ist, der rumsitzt und beobachtet, wie ich mit den natürlichen Ressourcen umgehe, die er mir gegeben hat – also mit meinem Hirn, meinem Aussehen und meiner Umwelt. Ich werde ihn früher oder später zu Gesicht bekommen, aber so weit denke ich noch gar nicht voraus. Ich habe keine Zukunftspläne, obwohl ich natürlich schon manchmal über so grundsätzliche Sachen nachdenke. Vielleicht studiere ich Philosophie.

Eine Idee würde ich gerne verwirklichen: eine Lesebar mit zwei Räumen. In dem einen ist es total ruhig, an den Wänden stehen riesige Bücherregale, es gibt gemütliche Sessel und Tische und einen Plattenspieler. Da kann man einfach eine angenehme Zeit verbringen. Über dem zweiten Raum hängt ein Schild, auf dem steht: »Wir unterhalten uns pseudomäßig über Bücher und machen dann rum.« Dieser Raum ist total rauchig und überfüllt, es gibt eine Bar, eine Tanzfläche und es läuft gute Musik. Die Leute treffen sich im ersten Raum, unterhalten sich pseudomäßig über Bücher und gehen dann in den zweiten und machen rum.

Kinder will ich später keine. Zum einen, weil ich vermutlich ein Scheißvater wäre, und zum andern, weil ich viel zu hohe Erwartungen in sie setzen würde und dann nur enttäuscht wäre. Ich fände es nämlich total deprimierend, wenn ich noch so einen Menschen in die Welt setzen würde, der zwar seine Emo/Hopper/Vintage-Styler-Phase übersteht, aber dann trotzdem vierzig Jahre lang einer Arbeit nachgeht, die er hasst. Noch einen Menschen, der jeden Morgen aufsteht und sich denkt: Scheißescheißescheiße, ich muss zur Arbeit! Und der sich dann so einen überflüssigen Selbsthilferatgeber kaufen muss, in dem steht, dass man sich an den kleinen Dingen des Lebens erfreuen muss, und der sich dann jeden Tag denkt: Scheißescheißescheiße, ich muss zur Arbeit. Aber – juhuuu! – ich habe ein leckeres Frühstückscroissant.

Ganz ehrlich? Nein danke.

Der Schein trügt oft

Laura (16 Jahre)

Ich bin ein recht lebensfroher und lebensfähiger Teenager. Meine alleinerziehende Mutter hat mich gut großgekriegt, glaube ich zumindest. Ich will zwar noch nicht so schnell erwachsen werden, mit all den dazugehörigen Pflichten, aber ein gesunder Menschenverstand hat sich bei mir eigentlich schon herausgebildet. Ich habe so gar nicht das Bedürfnis, mir nur noch schwarze Kleidung zu kaufen oder auf einmal K.I.Z.-Konzerte zu besuchen. Was natürlich nicht heißt, dass ich nicht auch manchmal Dinge tue, von denen meine Mutter besser nichts erfahren sollte.

Ich bin eine passionierte Partygängerin und habe unter Alkoholeinfluss schon so bekloppte Aktionen gebracht, dass die Leute noch in drei Jahren darüber lachen werden. Aber ich glaube, ich kenne meine Grenzen. Meine Mutter muss sich jedenfalls keine Sorgen machen, dass sie bald zur Oma wird.

Und das, obwohl ich ja nie offiziell aufgeklärt wurde – meiner Mum ist es total unangenehm, über solche Sachen zu reden. Andere Eltern setzen sich bei Pubertätsbeginn ihrer Kinder mit ihnen an den Tisch und sprechen in aller Ausführlichkeit über das Erwachen der Hormone. Und bei den meisten tun sie das in den nächsten zehn Jahren in regelmäßigen Abständen immer wieder. Für die Kinder ist das dann verdammt peinlich. Meine Mum hat sich und mir diese unangenehme Situation zum

Glück erspart. Ihr schlechtes Gewissen hat sie damit betäubt, dass sie mir Unmengen an Aufklärungsliteratur gekauft hat. Da war ich ungefähr zwölf. Doch Bücher wie *Mein Pickel und ich* konnten mir schon lange nichts Neues mehr erzählen. Ich weiß gar nicht mehr genau, wann ich aufgeklärt wurde, ich glaube, das kam so schrittweise. Über Schulkameraden, Zeitschriften und natürlich über das Internet. Eigentlich könnten sich alle Eltern, deren Kinder Zugang zu einem Computer haben, die ganze Bienchen-und-Blümchen-Geschichte eh sparen.

Bei meinen Kindern würde ich es nicht anders machen als meine Mutter. Niemals würde ich Sätze wie »Der kleine *Prinzi* kommt in die *Mumu*« benutzen. Ich will mir auch auf keinen Fall vorstellen, dass meine Kinder mal Sex haben könnten, genauso wie sie sich bestimmt auf keinen Fall vorstellen wollen, dass sie auf diesem Weg entstanden sind. Eigentlich will ich mir mein Leben als Mutter momentan überhaupt nicht vorstellen. Ich lebe total im Jetzt.

Über mein Leben jenseits der vierzig oder jenseits dieser Welt mache ich mir noch keine Gedanken. Ich könnte mir gut vorstellen, dass es einen Gott gibt, aber ich glaube nur an ihn selbst, nicht an sein Bodenpersonal. Intensiver habe ich mich damit nicht beschäftigt – in die Kirche gehen kann man immer noch, wenn man alt ist. Ich bezweifle, dass Gott, soweit er existiert, sauer wäre, wenn ich erst mal jung bin und mein Leben lebe und mich dann, wenn sich die Fragen nach »Sein oder Nichtsein« auch wirklich stellen, intensiver damit auseinandersetze.

Den Tod an sich empfinde ich im Übrigen gar nicht als so unglaublich große Bedrohung. Jeder möchte möglichst lange leben, aber auf keinen Fall lange alt sein. Mir geht es da nicht anders: Bevor ich Ewigkeiten als alte Frau vor mich hinvegetiere, sterbe ich lieber einen friedlichen Tod, bevor mich meine Kräfte verlassen. Selbst wenn ich für immer jung sein könnte, hätte das krasse Nachteile: So würden zum Beispiel alle meine

Freunde vor mir sterben, und irgendwann würde ich dann ganz alleine da hocken, mit meiner ewigen Jugend.

Außerdem verändert sich der Zeitgeist ständig. Oft sind Achtzigjährige total unglücklich über die Entwicklung der modernen Welt, die irgendwie nicht mehr die ihre ist. Die Werte, die ihnen anerzogen wurden, sind so anders als jene, die die Jüngeren um sie herum ausleben. Und ich glaube, dass es ohne die Begrenzung unserer Lebenszeit keinen Forschritt gäbe. In der Kürze liegt die Würze! Hätte man im wahrsten Sinne des Wortes alle Zeit der Welt, würde man so ziemlich jede Sache, die ein wenig Mut erfordert, auf morgen verschieben.

Viel schlimmer, als selber zu sterben, fände ich es, wenn ich einen geliebten Menschen verlieren würde. Deshalb kann ich auch gar nicht verstehen, weshalb es als so heldenhaft gilt, für seine große Liebe zu sterben – damit bürdet man doch nur dem anderen die Last der Trauer auf. Würde meine große Liebe in jungen Jahren von mir gehen, würde ich das wohl mein ganzes Leben lang nicht verkraften.

Im Moment bin ich ziemlich oft verknallt. Aber wenn's mit dem Objekt der Begierde mal nicht hinhaut, bin ich auch kein Kind von Traurigkeit. Obwohl ich so oft auf Typen abgehe, fällt es mir schwer, an Liebe auf den ersten Blick zu glauben. Da schon eher an Begierde auf den ersten Blick. Man lernt jemanden kennen und beide finden einander sofort attraktiv. Ist man charakterlich dann auch auf einer Wellenlänge, stellt sich die Verliebtheit ein.

Ich hatte schon so einige Freunde, aber bei den meisten hielt das höchstens drei Monate. Die große Liebe war nicht dabei, das waren dann eher so Feier-Freunde. Feier-Freunde sind Freunde, mit denen man hauptsächlich auf Partys geht, aber ansonsten nicht viel anzufangen weiß. Mit denen lief dann auch nie viel mehr als ein bisschen Rumknutschen. Mehr muss in unserem Alter auch noch gar nicht sein, finde ich. Spaß haben, jung sein, sich einfach frei fühlen.

Auch eine gewisse Freude an der Peinlichkeit gehört dazu. Als ich jünger war, in der sechsten Klasse, standen so ziemlich alle Mädchen aus meinem Jahrgang entweder auf US5 oder Tokio Hotel – ich gehörte zur US5-Fraktion. Damals gab es so richtige kleine Kämpfe zwischen den Fanlagern. Heute ist das dem Großteil derer, die damals bei Konzerten in der ersten Reihe standen, total peinlich. Einige haben sogar ihre CDs zerschnitten.

Ich höre die Musik mittlerweile auch nicht mehr, aber es war eine coole Zeit und ich schäme mich nicht dafür. Manchen ehemaligen Teenie-Bands sollte man im Laufe der Zeit auch zugestehen, dass sie sich weiterentwickelt haben, auch wenn ihnen immer noch dieses Image mit den kreischenden Mädchen anhaftet. Aber natürlich würde ich jetzt auch nicht auf einer Party rumspringen und neuen Bekanntschaften von meiner großen Liebe zu Richie, einem US5-Sänger, erzählen. Gibt man zu, Boybands zu mögen, beziehungsweise gemocht zu haben, ist das gesellschaftlicher Suizid.

Es ist ja auch der totale Wahnsinn: Du gibst verdammt viel Geld für CDs, DVDs und Konzerte aus, und vielleicht auch noch für Fanartikel wie Kalender, Bettwäsche, Uhren oder T-Shirts. Du willst die ganze Zeit nur über den Star reden, den du verehrst, auch wenn der Gesprächspartner wenig Interesse zeigt. Du klebst dir Bilder von ihm in deine Hausaufgabenhefte. Dein Star ist in deinen Gedanken, immer. Du träumst von ihm und malst dir das Leben an seiner Seite aus. Du beschäftigst dich so intensiv mit diesem Menschen – aber er weiß nicht einmal, dass du existierst. Er beeinflusst dein Leben und prägt dich, aber er hat keine Ahnung davon. Als Fan bist du immer einer von vielen im ewigen Kampf der Hoffnung gegen die Realität. Wie viele Mädchen wohl schon Liebeskummer wegen Elvis, Paul McCartney oder Robbie Williams hatten?

Obwohl ich denke, dass Liebe nicht wirklich Liebe ist, wenn sie nicht erwidert wird. Man verehrt nur das Bild einer Person.

Vielleicht ist es ganz gut, dass wir den Star unserer Träume nie persönlich kennenlernen. Wir wären sicherlich enttäuscht – die ganze Glitzerwelt ist doch bestimmt mehr Schein als Sein.

So ist es oft im Leben. Der Schein trügt. Menschen spielen uns etwas vor, was sie nicht sind, schmücken ihr Leben mit Oberflächlichkeit. Und das alles, um die Langweiligkeit ihrer Persönlichkeit zu überspielen. Ich habe mal einen Typen kennengelernt, der sich wie so eine Comicfigur nennen ließ, den komplizierten Namen habe ich vergessen. Eigentlich heißt er Rüdiger. Er war ungefähr 25 und groß gewachsen. Sein Haar war ein wildes Durcheinander – oder sorgfältig auf chaotisch gestylt, auch wenn es den Eindruck erweckte, es sei noch nie gekämmt worden. Durch die mittellange, rotbraune Struwwel-mähne zogen sich vereinzelte Rastas mit eingearbeiteten Silber-anhängern an den Spitzen. Die Nase war in der Mitte gepierct. Rüdiger trug braunen Nagellack, der jedoch schon größtenteils abgeblättert war, und unter einem braunen Ledermantel einen hautengen schwarzen Rollkragenpullover (es war Sommer, als ich ihn kennenlernte!) und eine braun-graue Hose, bei der man nicht so recht sagen konnte, ob sie so mysteriös gemustert oder einfach nur dreckig war.

Hinter dieser Fassade erwartete ich einen coolen Szene-Kenner mit vielen Untergrund-Kontakten, der es schwer hatte im Leben und dessen Erscheinungsbild Ausdruck seiner Individualität war. Stattdessen studierte Rüdiger Wirtschaftsmathematik, ging so gut wie nie auf Partys und wohnte mit seinem besten Freund, einem Computer-Freak, in einer superordentlichen Wohnung.

So ähnlich sieht es im Privatleben vieler Superstars bestimmt auch aus. Die haben wahrscheinlich gar keinen Bock mehr auf ihr Image, werden aber von ihrem Management unter Druck gesetzt. Und so schleppen sie halt das hundertste Groupie mit auf ihr Hotelzimmer oder trinken auf der tausendsten After-Show-Party zu viel, nur um ihren skandalträchtigen Ruf als abgefuckter Rocker oder begehrtes Sexsymbol zu pflegen.

Und für uns Normalsterbliche ist es doch ganz amüsant. Eigentlich wollen wir die Wahrheit gar nicht wissen, wir wollen nicht hören, dass die ganzen spektakulären Skandale nur ein ausgeklügelter PR-Gag waren.

Ich finde es im Allgemeinen nicht gut, wenn die Menschen immer alles hinterfragen und analysieren müssen. Unser Lehrer hat mal einen Experten erwähnt, der Märchen tiefenpsychologisch gedeutet hat. Nach Ansicht dieses Experten steht die Geschichte von Brüderlein und Schwesterlein für eine inzestuöse Beziehung des Geschwisterpaars – und dass sich Dornröschen an einer Spindel sticht, ist eine Metapher für die erste Monatsblutung eines Mädchens. Ich war aufrichtig schockiert, als unser Lehrer uns davon erzählte, das hatte ich eigentlich gar nicht wissen wollen. Märchen waren für mich bis dahin einfach nur spannende Geschichten mit mutigen Prinzen auf weißen Pferden gewesen.

Auf den Prinzen mit der starken Schulter zum Anlehnen warte ich übrigens noch. Dabei muss er gar nicht auf einem weißen Pferd dahergeritten kommen. Wie bereits gesagt: Ich verliebe mich immer recht schnell und auch immer in völlig unterschiedliche Typen. Mir ist egal, ob er älter oder jünger ist als ich, welche Haarfarbe er hat. Meinetwegen darf er auch ein bisschen fülliger sein, so ein kleiner Teddybär. Hauptsache, ich kann mich gut mit ihm unterhalten. Das ist nämlich so ein Problem in unserem Alter: Oft wählt man seine festen Freunde nur nach dem Erscheinungsbild aus, aber wenn man dann mit dem Partner allein in seinem Zimmer sitzt und keine Basis für ein Gespräch hat, langweilt man sich schnell. Meine beste Freundin hat gerade so eine Beziehung: Die beiden wussten nie, worüber sie miteinander reden sollten, deshalb haben sie sich selten alleine getroffen. Doch dann hatten sie ihr erstes Mal – und ab da ging die Post ab. Warum sollte man denn auch nach einer anderen Beschäftigung suchen, wenn man sich auf diese Weise vergnügen kann? Das artet dann manchmal zu einer richtigen Fickbeziehung aus. Meine Freundin und ihr Freund hatten schon in allen Zimmern seines Elternhauses Sex, bis auf das elterliche Schlafzimmer. In allen! Sogar auf der Waschmaschine. Die machen wirklich nichts anderes mehr. Halleluja.

Was ich auch überhaupt nicht verstehen kann, sind diese dürren Mädchen, die die ganze Zeit auf Diät sind. Ich habe mir auch schon ein paar Mal gedacht, das eine oder andere Pfund könnte schon noch runter, aber ich kenne auch so ein paar Hardcore-Fälle, die auf dem besten Weg in die Anorexie sind. Die sind dann auch bei ProAna-Seiten angemeldet. ProAna-Seiten sind Internetblogs, auf denen Magersüchtige sich gegenseitig Tipps geben, wie sie noch schlanker werden können. Dünner geht immer. Die Ironie von dem Ganzen ist, dass gerade die Mädchen, die ständig mit solchen Zitaten ankommen und Dauer-Diäten einlegen, meistens eher noch zunehmen. Es geht denen gar nicht darum, wirklich weniger zu wiegen, sondern vielmehr darum, immer wieder gesagt zu bekommen, dass sie schlank genug sind. Viele brauchen diese Bestätigung immer und immer wieder, vor allem von Jungs. Manchmal finde ich das ja auch nachvollziehbar – nach einer längeren freundlosen Phase dachte ich mir auch schon mal: Bin ich zu hässlich, oder warum bin ich Single? Aber dann habe ich wieder so eine geile Sau mit einer unansehnlichen Tussi an seiner Seite gesehen... Daran kann es also auch nicht liegen.

Ich hatte schon einige Male Liebeskummer, aber nie so wirklich schlimmen. Bei Freundinnen von mir war das teilweise richtig hart, die waren monatelang deprimiert. Da denke ich mir immer: Es ist doch eigentlich wahnsinnig unfair, dass nicht jeder den bekommt, den er will! Es geht im Leben einfach nicht auf. Irgendjemand wird immer alleine sein. Wie toll wäre es, wenn jeder den einen Menschen finden könnte, der sein Gegenstück ist und den er ultimativ sexy findet. Aber um dieses eine Puzzleteil zu finden, muss man viele andere durchprobieren und sich mit ihnen verhaken.

Auch abseits vom ganzen Beziehungskram habe ich in meinem Leben schon so einige Sachen ausprobiert und angefangen, aber nicht durchgehalten. Einmal war ich zum Beispiel fest entschlossen, Vegetarierin zu werden. Eine ganze Woche lang habe ich dem würzigen Geruch und dem saftigen Geschmack von totem Tier widerstanden, doch dann schleifte mich ein Kumpel mit zu McDonald's. Mein Widerstand war dahin. Ebenso fruchtlos war mein Versuch, das Gitarrespielen zu erlernen. Aber als ich nach drei Monaten immer noch keinen richtigen Song spielen konnte, war meine Geduld weg.

Aber dann denke ich mir immer, ich bin einfach nicht dazu geboren worden. Gut, die Vegetarier-Sache hat auch viel mit Willensstärke zu tun, aber ich glaube fest daran, dass die meisten Dinge, bei denen man schnell die Lust verliert, nicht für einen bestimmt sind. Ich weiß nicht, ob das was mit Gott oder dem Schicksal zu tun hat, oder ob es einfach nur an der DNA liegt. Aber es gibt eben manche Menschen, die für das Gitarrespielen geboren sind – und denen sollte man es dann auch überlassen. Zu früh aufzugeben ist zwar nie besonders rühmlich, aber sich verbissen und nur in Maßen erfolgreich überall durchzukämpfen, ebenfalls.

Ich will immer auf mein Bauchgefühl hören, poetischer ausgedrückt, auf mein Herz. Und egal, wie meine Zukunft auch aussieht, ich will niemals gegen meine Überzeugungen handeln müssen. Die 16-jährige Laura soll auf die 60-jährige Laura stolz sein können. Der Verrat an den eigenen Idealen gehört mit zum Schlimmsten überhaupt, deshalb könnte ich beispielsweise niemals Anwältin werden, da ich keine Kriminellen verteidigen will.

Ich will auch niemals käuflich sein und mich für Geld hergeben. Und damit meine ich nicht nur das horizontale Gewerbe, sondern auch Berufe in der Medienbranche. Da sieht man so viele gescheiterte Menschen, Mediennutten, die für ein bisschen Ruhm und Reichtum fast alles tun würden. So einen maßgeschneiderten Persönlichkeitsanzug verpasst zu bekommen, würde mir total widerstreben.

Ich bin bei Weitem nicht der individuellste Mensch auf Erden. Eigentlich bin ich sogar ganz gewöhnlich und wahrscheinlich sogar ein bisschen langweilig. Aber meinen letzten Rest Selbst aufzugeben, um anderen Menschen zu gefallen, wäre definitiv nichts für mich. Ich halte mich deshalb aber nicht für besonders oder bewundernswert – ganz im Gegensatz zu den vielen Stylern und Selbstdarstellern, die glauben, sich mit Nerd-brillen oder Skullcandys Einzigartigkeit erkaufen zu können. Die sind superindividuell – und zwar genauso superindividuell wie die tausend anderen Menschen, die dasselbe Zeug gekauft haben und damit nicht minder bescheuert aussehen. Die haben alle keinen Stil, eben nur Style.

Die Mädchen in meinem Alter lassen sich momentan in drei Richtungen einteilen: Die Skater-Mädchen, die Hopper-Mädchen und die, die nirgendwo reinpassen. Das Hopper-Schlampen-Outfit besteht aus weißen Sneakers oder weißen Stiefeln mit Pfeilspitze und Pfennigabsatz. Dann tragen diese Mädchen in 95 Prozent aller Fälle eine weiße Jeans und ein rosa Oberteil, gerne eine Nummer zu eng. Dazu unbedingt noch Goldschmuck, am besten von Playboy, und Jacken mit Fake-Pelz. Die meisten haben künstlich geglättete Haare, das Make-up ist kontinuierlich eine Nuance zu braun und die Augen werden mit schwarzem Kajal fett umrandet.

Die ganz coolen Skater-Mädchen, die alle sicher nicht skaten können, sind von hinten meist nur schwer von ihren männlichen Gegenstücken zu unterscheiden. Die T-Shirts sind viel zu groß, da sie oft in der Herrenabteilung eingekauft werden. Je weiter, desto lässiger. Es ist eigentlich auch egal, wie die dann aussehen, Hauptsache es prangt groß Volcom, Titus, Quicksilver oder Mazine darauf. Die Hosen hängen irgendwo unter dem Gesäß, und da diese Mädchen, um die Hose am Körper zu behalten, sehr ausholend und breitbeinig laufen müssen, schleicht sich langsam so ein männlicher Gang bei ihnen ein. Bei manchen verschwindet der auch nicht mehr, wenn sie das Tragen der Hängehosen wieder aufgeben. Caps und Schuhe von Vans oder Etnies komplettieren den Look.

So bin ich auch eine Zeit lang mal rumgelaufen; ich sah echt aus wie ein Junge, trotz Schminke. Dann hat mich mein Spiegelbild bekehrt. Mittlerweile gehöre ich zur dritten Gruppe. Da fällt alles rein: normale, modische Kleidung von Zara, Mango oder H&M, Punk-/Emo-/Gothic-Style und was es sonst noch gibt, vom Kartoffelsack bis zum Gucci-Kleid.

Für gewöhnlich mag ich es nicht, wenn andere Leute dasselbe tragen wie ich, aber es gibt Ausnahmefälle, bei denen ich es schön finde, wenn sich durch die Kleidung ein Wir-Gefühl bildet. Auf Festivals zum Beispiel, wenn alle in alten, löchrigen Jeans und Gummistiefeln im Matsch umherspringen.

Ich liebe große Menschenmassen. Konzerte, Großraumdiscos – überall da, wo sich viele Menschen treffen, um gemeinsam Spaß zu haben. Aber auch in anderen Lebenslagen, in denen die meisten Leute Menschenmassen nervig finden, mag ich es gerne überfüllt. Beim Weihnachtsshopping am 23. Dezember etwa, oder in Zügen. Besonders in vollen Eisenbahnabteilen ist es total faszinierend, andere Menschen zu beobachten. Kaum vorstellbar, dass sie alle ein Leben haben. Dieselben Probleme wie ich sie habe oder hatte, oder sogar noch schlimmere. Dass sie Erinnerungen haben, von denen niemand etwas weiß. Gedanken, Gefühle. Der Zufall oder das Schicksal oder vielleicht auch beide haben dafür gesorgt, dass sich ein winziger Teil meines Lebens mit ihrem überschneidet. Für die Dauer einer Zugfahrt. Danach geht jeder getrennte Wege, ohne den anderen auch nur kennengelernt zu haben. Der alte Mann, der mir im Abteil gegenübersitzt, besucht vielleicht seine Enkel. Oder das Grab seiner Frau. Und das junge Liebespaar neben mir wird vielleicht irgendwann heiraten. Oder sie trennen sich im Anschluss an diese Fahrt, weil der eine den anderen betrogen hat.

Man wird nie wieder von diesen Menschen hören, aber manchmal bleiben einem solche Begegnungen im Gedächtnis. Man ist stiller Beobachter des Lebens.

Ich erinnere mich immer an dieses eine Mal, als ich mit ein paar Freunden bei Pizza Hut war. Am Nachbartisch saßen ein gut aussehender junger Mann und ein hübsches Mädchen. Ich dachte gleich, die beiden seien ein Liebespaar. Doch wenig später kam ein anderer Junge dazu, setzte sich neben den ersten und knutschte ihn ab. Auch wenn ich mich dafür schäme, gingen mir zuerst Gedanken durch den Kopf wie: Iiiihh, Schwuchteln! Ich glaube, viele Menschen denken das im ersten Moment, auch wenn sie es niemals laut aussprechen würden.

Jedenfalls beobachtete ich die beiden länger. Und irgendwann kam es mir nicht mehr komisch oder ekelhaft vor. Dafür fand ich mich selbst komisch und ekelhaft. Es war ein ganz normales Liebespaar – keine Brüno-mäßig überschminkten Gestalten in Frauenkleidern. Seitdem sage ich meine Meinung, wenn jemand dumme Sprüche über Homosexuelle bringt. Auch wenn das erfreulich selten vorkommt. Wir können uns besser als unsere Eltern mit dem Gedanken an gleichgeschlechtliche Liebe anfreunden. Leben und leben lassen. Früher oder später sieht's so ziemlich jeder ein. Die beiden Typen habe ich nie wieder gesehen, trotzdem muss ich immer an sie denken, wenn es um Vorurteile und Toleranz geht.

Wie eigentlich jeder Jugendliche liebe ich Musik. Ich sehe das dabei gar nicht so streng, ich unterscheide nicht dauernd zwischen guter Qualität und schlechter Qualität. Ein Musiker definiert sich für mich über seine Melodien, seine Texte und sein Auftreten. Damit er mir gefällt, müssen eigentlich nur zwei von diesen drei Dingen stimmen. Für einen einzigen Song reicht es eigentlich schon, wenn ich in der richtigen Lebenslage auf ihn stoße.

Lieder sind wie Speicherkarten für Erinnerungen. Du begegnest einem Song in einer ganz bestimmten Situation, und wann immer du ihn danach hörst, erinnert er dich daran. Als würde er deine Gedanken und Gefühle zwischen seinen Zeilen speichern. Einige Lieder werden mich mein ganzes Leben lang begleiten, zum Beispiel *Als gäb's kein Morgen mehr* von Philipp Poisel. Eine Hymne auf das Leben, die auf fast allen Hauspartys der letzten Monate lief. Alle waren total fertig, aber bei diesem Lied sprang jeder noch mal auf und alles war gut. Gut und friedlich. Und zu *Wire to Wire* von Razorlight habe ich eine ganz kleine Liebe begraben.

Bei bekannten Liedern bin ich mir sicher, dass ziemlich viele Menschen persönliche Erinnerungen damit verbinden. Es ist der totale Wahnsinn, wenn ich mir vorstelle, dass bei Konzerten mehrere Tausend Fans ein und dasselbe Lied aus vollem Halse mitsingen können. Und du bist einer von ihnen. Du legst all dein Gefühl in die Strophen. Und die Menschen um dich herum tun dasselbe. Dieser eine Song kann in unzähligen verschiedenen Lebenslagen gelaufen sein. Der Musiker, der diesen Song singt, präsentiert nur seine eigene Version. Aber all diese Leute in der Konzerthalle singen ihre eigene Interpretation – so wie du. Wie ein Kunstwerk, das nur aus Erinnerungen und Emotionen geschaffen wurde. Jeder Einzelne trägt nur einen Pinselstrich dazu bei, aber ohne ihn wäre es weniger schön.

Wenn wir schon mal bei Musik sind: Ob das US5-Konzert (in meinem Fall), die Daniel-Küblböck-CD (zum Glück nicht in meinem Fall) oder die Leidenschaft für Disneys *Hannah Montana* – irgendeine Geschmacksleiche hat doch fast jeder im Keller. Auch wenn unsere Jugend noch lange nicht zu Ende ist, fallen jedem so einige Ausrutscher aus jüngerer oder weniger junger Vergangenheit ein, die so ganz und gar nicht gesellschaftsfähig sind. Solche Fauxpas werden dann gerne als »Jugendsünden« tituliert.

Im Laufe der Pubertät durchläuft man aber auch so einige fragwürdige Phasen! Die einen voteten sich für *DSDS*-Heulsuse Stephan die Finger wund, andere machten bis zur neunten Klasse jedes Jahr Urlaub auf dem Ponyhof. Einige wollten zeitweise aussehen wie Britney Spears, inklusive blond gefärbtem Kopf auf schwarzem Naturhaar. Selbst das orange Ergebnis konnte die Freude, dem Idol ein paar Farbnuancen näher zu sein, damals nicht trüben. Auch wer Ex-*Baywatch*-Star David Hasselhoff das Idol seiner Kindheit nennen muss, erntet einige Lacher.

Besonders in Erinnerung bleiben auch alle blamablen Erlebnisse in Zusammenhang mit den ersten Hormon-Flashs. Einige sind sehr peinlich berührt, wenn sie sich daran erinnern, ihren eigenen Namen mal unter einer Frage an das Doktor-Sommer-Team gelesen zu haben. Auch lyrische Ausrutscher sind relativ zahlreich – die meisten verschwinden in geheimen Tagebüchern, einige finden jedoch ihren Weg an die Öffentlichkeit. Zum Beispiel, wenn man seine misslungenen poetischen Versuche mit zwölf an den großen Schwarm geschickt hat und dieser es besonders lustig fand, all seinen Freunden das Meisterwerk an Dichtkunst vorzutragen. (»Es gibt nichts, was mir nicht an dir gefällt, du bist meine Welt...«)

Besonders prekär sind natürlich Modesünden. Klamottentechnisch hat so ziemlich jeder ein paar Totalausfälle zu verzeichnen. Ich erinnere mich noch an mein Lieblingsoutfit in der siebten Klasse: Eine rosa-weiße Glitzerhose mit pinkem Hemd – natürlich in die Hose gesteckt – und lila Chucks. Extrem heiß!

Das Thema »Jugendsünden« ist auch ein super Party-Motto. Die mittlerweile etwas zu eng gewordenen Fan-Shirts vergangener Tage werden aus dem Schrank gekramt, es darf mal wieder die BRAVO gelesen und zu Boybands getanzt werden. Und wenn die ersten dann im Rausch der Nacht zugeben, US5 eigentlich immer noch zu mögen (oh ja, ich habe es getan), die Daniel-Küblböck-CD gelegentlich zu hören und sich manchmal *Hannah Montana* anzusehen, wird es so richtig amüsant. Den Betroffenen sind diese Geständnisse danach meist eher unangenehm – und der Abend wird ebenfalls schnell in die Kategorie »Jugendsünden« eingeordnet.

Das Partyspiel »Wenn ich du wäre« erfüllt ebenfalls alle Peinlichkeits-Kriterien. Meist tut man dabei völlig sinnfreie Dinge, die einen unheimlich blamieren. Trotzdem liebe ich es! Populär geworden ist es durch die TV-Show *MTVHome*. Man kann es zu zweit spielen oder sich in Gruppen aufteilen. Die eine Gruppe, beziehungsweise der eine Mitspieler, sagt dann zur Gegenseite: »Wenn ich du wäre, würde ich…« und nennt eine Aufgabe seiner Wahl. Ich spiele das total oft mit Freunden, manchmal härter, manchmal weniger hart. Wir haben echt schon ein paar verrückte Sachen gebracht – einmal musste ich einen ganzen Abend lang im Ganzkörper-Schnappi-Kostüm rumlaufen. Ein anderes Mal sollte ich wie ein wildes Dschungeltier eine Treppe hinaufkrabbeln, auf der eine Gruppe geiler Jungs saß. Diese musste ich dann mit ungestümer Gestik wild anfauchen. So Standardaufgaben wie »Wenn ich du wäre, würde ich den jetzt küssen« kommen natürlich auch immer vor.

Das Geilste an dem Spiel ist einfach der Moment, in dem du deine Angst überwunden hast. Und das ist manchmal gar nicht so einfach. Ich musste auch mal irgendwelche Typen mit Porno-Bewegungen antanzen und dabei *Wenn du denkst* von Fresh Dumbledore feat. Hermine G. singen. Das ist so ein Spaßlied, das über YouTube bekannt geworden ist, einzuordnen in die Kategorie »Fragwürdig geile Musik«. Es ist der totale Wahnsinn, irgend so ein Witzbold hat sich gedacht: Mir ist langweilig, stell ich halt 'ne *Harry Potter*-Parodie ins Netz. Und mittlerweile kennen fast alle den Track. Das ist das Tolle am Internet: Jeder hat die Chance, seine Genialität mit dem Rest der Welt zu teilen. Und weil das Netz so aktuell ist, trifft es immer den Nerv der Zeit. Ich könnte mir ein Leben ohne Internet gar nicht mehr vorstellen.

Es ist total gruselig, aber ich befürchte ja, dass diese Irren, die behaupten, der Computer sei ein Teufelswerk, recht haben. Irgendetwas stimmt damit nicht, er bringt die Zeit dazu, schneller zu vergehen. Deswegen beschwert sich meine Mum immer, ich würde jetzt schon Ewigkeiten davorsitzen – dabei waren es doch nur gefühlte zehn Minuten. Aber ich mache echt viel vor dem PC, einfach deshalb, weil er, insbesondere das Internet, so viel zu bieten hat.

Auf Facebook und Lokalisten pflege ich meine sozialen Kontakte. Auf YouTube sehe ich mir Musikvideos an, auf Failblog ziehe ich mir lustige Missgeschicke rein. Andere Blogs informieren über Mode, Stars oder auch über politische Ereignisse. Dann gibt es so Seiten, auf denen ich Musik downloade oder Hausaufgaben kopiere. Und es gibt welche, auf denen ich meine Bilder professionell bearbeiten kann. Einkaufen tue ich natürlich auch, wenn auch nur selten. Man kann echt alles im WWW machen. Genial!

Obwohl – ich war echt schockiert, als mir mein bester Kumpel erzählt hat, dass er jeden Tag bis zu dreimal vor dem PC masturbiert. Seine Porno-Vorlagen dabei heißen Vivian Schmitt, Kim Chambers oder Jana Bach – alles Namen, von denen ich noch nie etwas gehört habe. Für die meisten Jungs hingegen sind die so bekannt wie für mich Brad Pitt. Wenn ein Typ behauptet, er würde sich nie Pornos reinziehen, muss man ihn nur nach diesen Namen fragen. Ein todsicherer Test.

Ich persönliche finde Pornos ja ekelhaft. Schon allein deswegen, weil die männlichen Akteure *immer* hässlich sind. Wenn die wirklich heiß wären, könnte ich der ganzen Sache vielleicht etwas abgewinnen. Wie Jungs das Gesicht der Darstellerinnen so komplett ausblenden können, ist mir ein echtes Rätsel.

Ebenso unverständlich für mich ist die Freude, die Jungs an Gewalt haben. Nicht gleich an Mord und Totschlag, aber an kleineren, schmerzhaften Aktionen. Jungs lieben es, wenn Leute irgendwo drüber-, drauf- oder runterfallen. Noch mehr lieben sie es, wenn das dicke Leute sind. Oder betrunkene. Am besten dicke, die betrunken sind. Es gibt auch Mädchen, die bei so was total abkacken, genau wie es Mädchen gibt, die Pornos geil finden. Aber die werden dann oft komisch angeschaut.

Ich finde, ich lebe in einer emanzipierten Gesellschaft. Ich wurde noch nie benachteiligt, weil ich eine Frau bin. Nur wenn es um Liebe und Sex geht, finde ich, dass Frauen immer noch nicht ganz gleichberechtigt sind. Teilweise auch, weil einige das selbst verhindern.

Ich habe mich erst neulich total aufgeregt, als so eine alte Schrapnell in einer Frauenzeitschrift über Madonna und ihren 28 Jahre jüngeren Lover abgelästert hat, sie würde sich damit lächerlich machen und so. Ich finde das überhaupt nicht schlimm. Madonna wird von den Medien ohnehin unfair behandelt – Pop-Oma und so weiter. Dass sie eine verbissene und verbitterte Frau sei, die nur an ihre Karriere denkt und tonnenweise Schminke benötigt, um einigermaßen business-tauglich auszusehen. Das kann schon sein, ist mir aber egal. Wenn Madonna anfangen würde, nur noch schlechte Platten zu produzieren, dann würde ich den Kritikern zustimmen, aber sie tut es nicht. Sie erschafft zwar keine neuen Soundwelten oder bringt revolutionäre Ideen auf den Musikmarkt, aber sie hat den perfekten Riecher, um im richtigen Moment auf neue Trends mit aufzuspringen. Und sie verändert sich ständig. Das ist bestimmt harte Arbeit, immerhin muss sie mit Lady Gaga und Co. mithalten, die ihre Töchter sein könnten. Ich finde es bewundernswert, dass sie immer noch aktiv ist.

Ich will mit fünfzig auch nicht unbedingt als Oma abgestempelt werden. Ich werde dann zwar mehr Erfahrung haben und mehr Verantwortung und Pflichten übernehmen, aber ich bezweifle, dass ich spießig und langweilig sein werde. Auf alle Fälle werde ich auch dann noch neugierig sein.

Außerdem möchte ich mit fünfzig noch nicht alles in meinem Beruf erreicht haben. Beschäftigt zu sein, gebraucht zu werden, gehört doch zu den schönsten Dingen der Welt.

So durchschnittsdeutsch

Timucin (15 Jahre)

Wir leben in einer Stadt mit vierzigtausend Einwohnern in einem 120-Quadratmeter-Haus. Meine Mutter arbeitet in einer Boutique und mein Dad ist Physiotherapeut. Meine große Schwester studiert Medizin, mein großer Bruder macht eine Ausbildung zum Koch und ich gehe derzeit auf die Realschule, neunte Klasse. Klingt alles erst mal ganz normal und durchschnittsdeutsch. Wir sind aber nicht durchschnittsdeutsch. Als mein Dad noch klein war, zogen seine Eltern mit ihm von Bandirma, einer türkischen Hafenstadt am Marmarameer, hierher. Mein Großvater hatte ein gutes Arbeitsangebot als Dolmetscher bekommen. Meine Mutter ist auch Türkin, mein Dad lernte sie im Urlaub kennen. Aber sie kann ziemlich gut Deutsch, und ein Kopftuch trägt sie auch nicht mehr, seitdem sie in der Boutique arbeitet. Das muss man ja immer dazusagen, sonst haben die Leute gleich so ein komisches Bild von einem: diese fundamentalistischen Islamisten, die unsere Kultur unterwandern wollen, diese arbeitsscheuen Ausländer und ihre kriminellen Kinder und Blablabla.

Wenn ich mir meine Familie anschaue, regen mich solche Vorurteile schon ein bisschen auf. Aber ich habe auch einen Großcousin in Hamburg, und wenn man sich den so betrachtet, kann ich das mit den Vorurteilen schon nachvollziehen. Wir fahren einmal pro Jahr zu ihnen, wenn meine Großmutter

– mein Großvater ist leider schon gestorben – den Verwandten zum Geburtstag gratulieren will. Besagter Cousin, Akai, erfüllt alle negativen Klischees. Er und seine Eltern wohnen in einem hässlichen Hochhaus in Hamburg-Veddel. Sein Vater ist eigentlich ganz okay, er kann sich einfach nur nicht durchsetzen. Die Mutter ist eine üble Klatschtante und kann dabei kaum Deutsch. Akais Schwester wirkt extrem eingeschüchtert und steht total unter der Fuchtel ihres Bruders. Dessen Vorstrafenregister dürfte mittlerweile eine ganze Polizeiakte füllen. Ständig beschimpft er die deutschen Mädels und verbietet seiner Schwester, sich mit Jungs zu treffen. Am liebsten wäre es ihm, wenn sie sich verschleiern würde. Dabei steht das mit dem Verschleiern nicht mal eindeutig im Koran. Dass man keinen Alkohol trinken soll, keine Drogen nehmen und keine krummen Wetten abschließen soll, dagegen schon. (Sure 5,90-91: »O die ihr glaubt! Siehe, Berauschendes und Glücksspiele sind ein Greuel, Satans Werk. Meidet sie, auf dass es euch wohl ergehe.«) Diese Regeln übersieht Akai jedenfalls. Das geht einfach gar nicht. Er ist so ein verblödeter Proll, der später mal harzen oder als Rapper groß rauskommen will. Ich sag ja, klischeehafter geht's nicht.

Trotzdem ist Akai definitiv eine Ausnahme. Aber wie so oft im Leben interessieren sich die großen Medien nicht für den integrierten Normalfall, sondern für den kriminellen Sozialschmarotzer.

Das ist ja auch mit unserer Generation im Allgemeinen so: Die Zeitungen schreiben fast nie darüber, dass die meisten von uns eben *nicht* gewalttätig und *keine* Rütli-Schüler mit Vorliebe für Drogenexzesse sind. Natürlich habe ich mich schon mal geprügelt, aber mehr als ein blaues Auge ist da nie passiert. In früheren Generationen war das doch genauso! Einer unserer Lehrer, der kurz vor der Pensionierung steht, meinte mal, dass sie sich in seiner Schulzeit auch ständig gerauft und den Lehrern Streiche gespielt hätten. Er sagte, dass solche Zwischenfälle damals sogar noch viel häufiger vorgekommen seien. Aber, und das unterscheide seine Jugend von meiner Jugend, die jungen Männer hätten damals immer noch gewusst, wo Schluss ist. Wenn einer am Boden lag, wurde nicht mehr nachgetreten. Und wenn eine Lehrerin den Tränen nahe war, entschuldigte man sich sofort bei ihr. Schlagstöcke und Messer wären überhaupt kein Thema gewesen.

Es sind zwar nicht viele, die heutzutage auffällig werden, aber wenn sie loslegen, dann richtig! Ich persönlich habe zum Glück noch keine Erfahrungen mit solchen extremen Aggressionen gemacht, und in meinem Freundeskreis wissen auch alle, dass Gewalt keine Lösung ist. Trotzdem gibt es Situationen, in denen sie vielleicht angebracht sein kann. Keine gute Alternative, aber auch keine schlechte. Ich hatte zum Beispiel mal was mit einem Mädchen am Laufen, sie hieß Lisa, und wir wären beinahe zusammengekommen.

Dann waren wir aber auf einer Party, und ich habe mich mehr oder weniger unabsichtlich total betrunken. Im Rausch hatte ich dann was mit einem anderen Mädchen, ohne daran zu denken, dass diese Aktion wegen Lisa total scheiße war. Sie war danach auch ziemlich unterkühlt mir gegenüber, hat mich den ganzen Abend nicht mehr beachtet. Ich Hohlkopf bin dann wieder zu dem anderen Mädchen gegangen, wir haben rumgemacht, ich habe sie gefingert und angefangen, sie auszuziehen. Als sie bloß noch einen Tanga anhatte, fiel mir ein, dass ich einem meiner Kumpel noch was sagen wollte. Ich habe sie dann einfach stehen gelassen. Eine, die mit Lisa und dem anderen Mädchen befreundet war, kam dann zu mir und schrie mich an, was für ein Vollassi und Arschloch ich doch sei. Aber da war ich immer noch so zu, dass ich bloß verblödet gelächelt habe.

Dann hat sie mir eine geknallt. Und zwar so richtig, kein leichter Schlag, sondern mit voller Wucht auf die linke Backe. Ich bin nach hinten umgefallen. Endspeinlich! Im ersten Moment war ich natürlich extrem angepisst, das tat ja scheißweh. Aber dadurch wurde ich endlich wieder klarer im Kopf.

Der Schmerz hat mir bewusst gemacht, was ich getan hatte. Ich habe dann versucht, die Situation noch zu retten, habe mich entschuldigt und alles, aber aus Lisa und mir ist leider nichts mehr geworden. Sie und das andere Mädchen können mich bis heute nicht wirklich leiden. Irgendwie kann ich sie auch verstehen. So was habe ich einem Mädchen seitdem nie mehr angetan und die Aktion tut mir auch bis heute leid.

Danach war ich auch nie wieder so besoffen, die Ohrfeige hat mich echt geläutert. Ich finde es voll übel, wenn Typen auf Alkohol zu herzensbrecherischen Arschlöchern mutieren. Man muss doch niemandem mit Absicht wehtun. Obwohl das in unserem Alter schon noch verdammt schwierig ist, mit der Liebe und so. Es ist ja alles noch so neu, und manchmal redet man sich was ein, um dann nach ein paar Tagen zu bemerken, dass man doch falsch lag. Außerdem muss man sich, wenn man selbst keine Erfahrungen macht, ständig die Prahlerei der Freunde anhören. Wer den Längsten hat, wer mit welcher geilen Ische was hatte, wer es sich zu welchem Pornostreifen fünfmal selbst besorgt hat. Ich glaube, eigentlich regt das jeden Typen auf, aber mitmachen tun dann doch wieder alle, weil jeder denkt, er müsse mit den anderen mithalten.

Mir zum Beispiel geben Pornos eigentlich gar nichts. Diese ganzen Gierig-günstig-geil-Tussen schrecken mich eher ab. Auch Selbstbefriedigung ist nicht so mein Ding – das würde ich meinen Freunden aber niemals verraten, die würden mich für verrückt erklären. Ich mag es viel lieber, den anderen zu spüren und zu wissen, dass ich in diesem Moment der Einzige für ein Mädchen bin. Was mich allerdings abschreckt, ist, wenn das Mädchen zu erfahren ist (oder auch nur so tut) und die Kontrolle übernehmen will. Das macht mir... ja, das macht mir Angst. Vielleicht auch, weil ich diesbezüglich ein kleines Trauma habe. Als ich so ungefähr zwölf war, war es in meinem Freundeskreis total beliebt, sich über das Internet mit fremden Leuten zum Telefonieren zu verabreden. Manchmal saßen wir dann zu fünft um das lautgestellte Telefon herum und telefonierten mit irgendwem in Berlin oder sonst wo. Wir haben immer so getan, als wären wir schon mindestens 16. Meistens waren das ganz normale Leute – Jungs, mit denen wir über Fußball gequatscht haben, oder kleine Mädchen, die sich bestimmt auch vier Jahre älter gestellt hatten, bei denen wir uns teilweise als Jimi Blue Ochsenknecht ausgaben.

Aber einmal hatten wir eine Frau in der Leitung, die schon mindestens wie vierzig klang. Ich hätte ja sofort aufgelegt, aber mein Freund Adrian wollte unbedingt dranbleiben. Er hatte damals schon eine ziemlich tiefe Stimme und eigentlich redete nur er mit ihr. Nach zehn Minuten haben die beiden dann angefangen, sich mit Worten heiß zu machen. Zuerst das ganz normale Gesäusel, aber dann stieg die alte Frau auf Sadomaso um! Ich fand das unheimlich und wollte sie wegdrücken, aber Adrian hat sich fast weggekippt vor Lachen und mich vom Hörer weggeschubst. Irgendwann fragte die Frau: »Was machst du solche Geräusche?« Er erwiderte eiskalt: »Das sind meine Stöhner der Lust.«

In dem Moment wollte ich die Biege machen, aber die anderen bezeichneten mich als Feigling, also bin ich geblieben. Ein anderer Kumpel fand das wohl auch nicht so toll, der machte auch schon ein ganz komisches Gesicht. Und dann wurde es richtig gruselig. Die alte Frau meinte, Adrian solle das Licht ausmachen, was dieser auch bereitwillig tat. Dann auf einmal hörten wir ein Knallen. »Ich werde dir den Hintern versohlen, dass du nie wieder darauf sitzen kannst«, schallte es aus dem Hörer. Gleichzeitig knallte und klirrte es in der Leitung. Heute ist es mir peinlich, das zuzugeben, aber ich hatte echt Schiss. Als sie dann meinte, sie würde in ihrem schwarzen Nietenkorsett zu »dem ungezogenen Bürschchen« kommen, rannte ich aus dem dunklen Raum und zog den Telefonstecker. Das hat Adrian mir bis heute nicht verziehen, ich werde immer noch damit aufgezogen.

Adrian ist so ein Mensch, der die totale Aufmerksamkeit braucht. Zum Beispiel wenn er einem ständig reinwürgen muss, was er wieder Neues von Papi bekommen hat oder welche Tussi er abgeschleppt hat. Und er muss sich immer mit anderen messen, mit Wetten, wie zum Beispiel: »Wer hat zuerst einen Dreier, bei dem beide Mädels High Heels tragen...«

Dabei ist er eigentlich voll schüchtern im Bett – meinen zumindest seine Exfreundinnen! Er versucht es immer hinter einer Arschlochfassade zu verstecken, aber eigentlich ist er ein richtiges Sensibelchen. Voll die Pussy. Wenn er sich nicht genug beachtet fühlt, kann er eine richtige Diva sein. Manchmal sitzt er dann im wahrsten Sinne des Wortes schmollend in der Ecke. Er ist ein Mensch, bei dem man sich in manchen Augenblicken ernsthaft fragt, warum man überhaupt mit ihm befreundet ist. Aber dann gibt es auch wieder diese krass intensiven Momente mit ihm, in denen wir genau auf einer Wellenlänge sind. Oder wenn wir beide zusammen irgendeine verrückte Aktion bringen. Wenn er alleine eine verrückte Aktion bringt, die dazu führt, dass ich und der Rest der Beobachter (er braucht immer ein größeres Publikum) grölend am Boden liegen.

Einmal waren wir zum Beispiel mit der Klasse in einer Aufführung der Oper *Entführung aus dem Serail*. Das war wirklich eine übelst langweilige Angelegenheit. Unser Lehrer hatte uns »liebreizende Haremsdamen« versprochen, was wir aber zu sehen bekamen, waren übergewichtige und überschminkte Sopranistinnen mit einer Gestik zum Davonlaufen. Zu allem Überfluss waren sie auch noch mindestens dreimal so alt wie wir – und bei so was kommt immer mein Telefon-Trauma wieder hoch!

Jedenfalls langweilten wir uns schrecklich, bis Adrian nach einer besonders fürchterlichen Arie anfing, »Unflätigkeiten« (so drückte es unser Lehrer später aus) auf die Bühne zu rufen. Tatsächlich hatte er die dicke Dame nur lautstark mit »Ausziehen, ausziehen!« angefeuert. Da unser Lehrer am anderen Ende der Zuschauerränge saß, konnte er nur drohend zu Adrian herüberwinken, aber nicht einschreiten. Das tat dann ein Ordnungsmann mit den Worten: »Kommen Sie mal mit, junger Mann.«

Adrian, dem nun die volle Aufmerksamkeit sicher war, kam nun erst so richtig in Fahrt. Auf die Aufforderung entgegnete er: »Deine Mudda steht vor dem KiK und schreit: ›Nur ich bin billiger!‹«

Auf jeden Satz des Ordnungsmannes reagierte er mit einem neuen Muddawitz. Von »Wenn deine Mudda aus der Haustür geht, singen die Kinder: ›Wenn der Mond in mein Gheddo kracht!‹« bis hin zu »Deine Mudda gibt Trinkgeld bei McDonald's!« war alles dabei. Während der Ordnungsmann immer wütender wurde, drehte Adrian mehr und mehr auf. Irgendwann rang sich unser Lehrer dann doch dazu durch, dem Ganzen ein Ende zu bereiten. Gerade als der Pausenvorhang fiel, erreichte er Adrian und den Ordnungsmann. Die Konsequenz war, dass wir den zweiten Teil der Aufführung nicht mehr ansehen durften, sondern gleich nach Hause fahren mussten. Das fanden wir natürlich zu schade! Für uns war Adrian danach jedenfalls der Held.

Für die Schulleitung dagegen hat sich dadurch sein Image als Problemschüler nur noch gefestigt. Aber das tangiert ihn so gut wie gar nicht. Das finde ich schon ziemlich hart. Wenn alle meine Lehrer mich hassen würden, würde mir das schon was ausmachen. Obwohl es meinem Vater noch viel mehr ausmachen würde! Der ist immer total darauf bedacht, nirgendwo negativ aufzufallen. Auch bei der Arbeit schluckt er Ärger oft runter und sagt in schwierigen Situationen lieber nichts, selbst wenn er im Recht wäre.

Darüber könnte ich mich manchmal echt aufregen! Wenn man sich ungerecht behandelt fühlt, muss man doch auch den Mut haben, das zu sagen. Aber ich glaube, er hat da immer noch so ein Psycho-Problem, weil er aus der Türkei kommt. Dabei macht das den meisten Leuten in unserem Umfeld eigentlich gar nichts aus, zumindest zeigen sie es nicht. Ich persönlich habe auch noch nie schlechte Erfahrungen mit Neonazis oder Ausländerhass im Allgemeinen gemacht. Da denkt man immer, in ländlicherer Umgebung seien die Leute voller Vorurteile, aber das ist gar nicht so. Manchmal, wenn man auf Partys Stress mit irgendwelchen Opfern hat, weil sich ein Besoffener unbedingt prügeln will, kommt zwar schon mal so ein Spruch wie: »Geh in dein Land zurück!« Aber meine Freunde werden von denen ja auch mit so hübschen Worten wie »Arschficker«, »Hurensohn« oder »Rosettenlecker« tituliert, daher ist das nur halb so schlimm.

Mit Hass hat das in meinen Augen nichts zu tun, nur mit Dummheit. Ich persönlich sehe mich zwar als Deutscher, aber eigentlich bin ich stolz auf meine Wurzeln. Immerhin kenne und verstehe ich die Kultur von zwei verschiedenen Ländern und spreche zwei Sprachen. Auch wenn Traditionen – egal ob deutsche oder türkische – im Alltag fast keine Rolle für mich spielen. Aber das ist in meinem gesamten Freundeskreis so, da sind wir voll auf einem Level.

Keiner von uns glaubt an einen Gott. Und ich halte mich genauso wenig an den Ramadan wie andere an die Fasten-zeit. Meine Mama sieht das gar nicht so gerne, der wäre es lieber, wenn ich mich ein wenig mehr meiner spirituellen Selbstfindung widmen würde. Sie ist ziemlich abergläubisch und hat viel Freude an den ganzen kleinen Weisungen und Ritualen des Islam. Für so ziemlich jede Lebenslage hat sie ein türkisches Sprichwort auf Lager. Es gibt auch ein paar Werte und Vorstellungen, die ich von ihr übernommen habe. Gast-freundschaft zum Beispiel. Wenn Freunde bei mir übernachten, meinen sie immer, man fühle sich bei uns wie im Verwöhnpro-gramm eines Fünf-Sterne-Hotels.

Ich bin in vielen Situationen der Augen-zu-und-durch-Mensch. Meine ersten näheren Kontakte mit Mädchen waren nicht durch großartiges Verliebtsein motiviert, sondern schlicht durch Neugierde. Meinen ersten Kuss hatte ich mit meiner heute besten Freundin Bianca. Wir waren damals ungefähr 13, das Ganze spielte sich im Freibad ab. Wir, das heißt Adrian, zwei andere Freunde und ich, hatten sie und zwei ihrer Freundinnen erschreckt und unter Wasser getaucht. Nachdem sie dann aus Rache unsere Rucksäcke mit ausgerupftem Gras vollgestopft hatten, kamen wir ins Gespräch. In keinem Lebensalter stimmt der Spruch »Was sich liebt, das neckt sich« so sehr wie in der Vorpubertät!

Die anderen wollten unbedingt Volleyball spielen, aber ich hatte eine Verletzung an der Hand und konnte deshalb nicht mitmachen. Bianca blieb bei mir und wir unterhielten uns ein bisschen. Sie war zu der Zeit voll der *High School Musial*-Fan, was ich extrem merkwürdig fand. Ich laberte sie mit Spieler-steckbriefen des HSV zu, was sie bestimmt auch extrem merk-würdig fand. Irgendwann redeten wir dann über Beziehungen und taten so, als seien wir schon krass erfahren. Auf einmal schauten wir uns dann an, mit so einem voll unromantischen, leicht hyperaktiven Blick, und pressten einfach unsere Lippen aufeinander. Reflexartig schloss ich die Augen, doch als ich dann kurz blinzelte, bekam ich einen echten Schock: Sie hatte ihre Augen weit aufgerissen, und darin spiegelte sich mein Ge-sicht. Menschen sehen echt verdammt komisch aus, wenn man sie beim Küssen beobachtet, *während* man sie selbst küsst! Ich habe die Lider wieder zugemacht und nicht weiter darüber nachgedacht. Später hat sie mir mal erzählt, dass es auch ihr erster Kuss war. Und ich muss echt sagen: Dafür, dass wir beide blutige Anfänger waren, war es gar nicht so schlecht. Eigentlich war es sogar ziemlich gut. Ich bin halt ein Naturtalent! Wir hat-ten mindestens zehn Minuten rumgezüngelt, als sie auf einmal mit ihrem Kopf gegen meinen Schädel knallte und mich dabei auf die Lippe biss. Adrian und die anderen waren zurückge-kommen, um uns mit Gekicher und »Ohhs« zu nerven – aber erst, nachdem sie uns mithilfe eines treffsicheren Schusses mit dem Volleyball voneinander getrennt hatten.

Im Laufe des Sommers haben wir uns dann ziemlich gut mit der Mädchengruppe angefreundet, aber zwischen Bianca und mir lief nichts mehr. Ich war auch ganz froh darüber, ich fand sie zwar süß und alles, aber eine Beziehung (die wahrscheinlich so um die zwei Wochen gehalten hätte) hätte mich überfordert. Vor allem, da ich ja dachte, dass sie total erfahren sei. Erst vor knapp einem Jahr haben wir mal darüber geredet und einander gestanden, dass der jeweils andere die Nummer eins war. Davor war uns das irgendwie peinlich. Mittlerweile ist Bianca meine engste Freundin, wir erzählen uns alles. Sie ist ein ganz besonderer Mensch, sie hat dieses Augen-zu-und-durch-Prinzip perfektioniert. Ich kenne nichts, was sie nicht ausprobieren würde – Extremsportarten, Nebenjobs, Typen. Vor allem Letzteres!

Nachdem sie ihre Kuss-Jungfräulichkeit an mich verloren hatte, dauerte es nicht lange, bis Bianca sich weiter vorwagte. Vom Fingern im Kleiderschrank über Blowjobs im Wald bis hin zum Quickie im Klassenzimmer hat sie alles mal versucht. Und das mit so einer neugierigen Unschuld, dass man gar nichts dagegen sagen will. Für mich wäre die Hälfte der Aktionen viel zu nervenaufreibend gewesen. Im Klassenzimmer! Wenn mich dabei ein Lehrer beobachtet hätte – ich würde ja echt sterben vor lauter Peinlichkeit.

Wenn ich ehrlich bin, gehe ich gerne in die Schule. Zwar weniger wegen den Lehrern und den Prüfungen, sondern wegen meinen Freunden, aber da ich kein großartiges Problem mit Autoritäten habe, stören mich Schulaufgaben und verschrobene Mathelehrer nicht sonderlich. Ich bin auch Klassensprecher – bei uns wählt man richtig, nach Beliebtheit und nicht nach Streberhaftigkeit –, was mich schon stolz macht. Ich bin, glaube ich, ganz gut darin, meine Lehrer zu überreden. Meine Lieblingslehrer sind immer die, die sich am besten belabern lassen, über irgendein aktuelles Thema zu sprechen und darüber den Unterricht zu vergessen. Ich finde es immer voll schön, wenn die ganze Klasse diskutiert und am Ende dann eine durch viele Argumente gefestigte Meinung entsteht. Eigentlich sind die meisten meiner Überzeugungen und Prinzipien durch solche Gespräche entstanden.

Was ich zum Beispiel total daneben finde, ist Korruption. Wenn sich die Minister irgendwelcher Bananenrepubliken auf Kosten der Bevölkerung einen blasen lassen, geht das echt gar nicht. Diese Überzeugung teilt so ziemlich jeder in unserer Klasse. Uneinig sind wir uns allerdings bei der Frage nach den Parteien. Es ist für Jugendliche halt schwierig, sich zu entscheiden. Ich finde die CDU eigentlich ganz gut. Die versuchen, einen Mittelweg zu finden. Außerdem ist Angela Merkel eine coole Kanzlerin. Sie hat so was Gechilltes und Niedliches! Wenn sich die von der Opposition mit ihren Parteikollegen die Köpfe einrennen, bleibt sie ganz ruhig und sitzt alles aus. Das wird ihr zwar oft zum Vorwurf gemacht, aber ich finde das völlig okay. Ich meine, ich kenne mich jetzt ehrlich gesagt nicht so gut mit dem ganzen Politik-Zeug aus, aber man muss sich ja nicht immer künstlich über alles aufregen, was die aktuelle Regierung gerade macht. Die versuchen schon immer, ihr Menschenmöglichstes zu geben, um unseren überschuldeten Staat am Laufen zu halten. Ich vertraue unserer Angie da.

Dass viele Menschen dieses Vertrauen nicht haben, finde ich sehr schade. Obwohl ich auch verstehen kann, dass Leute den Glauben an die Gesellschaft verlieren, wenn die Existenz, die sie sich aufgebaut haben, zusammenbricht. Solchen Menschen würde ich später gerne helfen. Da ich ein großer Fan von Coaching-Formaten wie *Raus aus den Schulden* oder *Teenager außer Kontrolle* bin, hätte ich Lust, später mal einen sozialen Beruf auszuüben. Wenn man jeden Tag einen Obdachlosen von der Straße wegholt, einen Junkie zum Entzug überredet oder einen Teenager mit Gewaltproblemen zur Aggressionstherapie bringt, dann ist man am Ende des Tages bestimmt stolz auf sich.

Ich hasse Romantik

Sonja (16 Jahre)

Meinen ersten Termin beim Psychologen hatte ich mit sechs Jahren. Es war nicht der letzte. Nachdem ich mit fünf eingeschult worden war, begann eine jahrelange Odyssee, während der ich von Schule zu Schule wechselte.

Mein Klassenlehrer in der Grundschule war ein Beispiel für Inkompetenz und Ungerechtigkeit. Er war echt böse und hatte lauter Lieblingskinder, die er maßlos übervorteilte. Und einige Hasskinder, denen er das Leben schwer machte. Eines davon war ich. Das war der totale Horror. Machte ich einen Fehler – und in der Grundschule macht man für gewöhnlich viele Fehler –, wurde ich zusammengeschrien. Ich fühlte mich dauerhaft gedemütigt und bloßgestellt.

Irgendwann haben mich meine Eltern beim Schulpsychologen angemeldet, von dem ich dann an einen richtigen Psychologen überwiesen wurde. Ich bin auf eine andere Schule gewechselt, aber mein Biorhythmus hat dort die Unterrichtszeiten nicht auf die Reihe gekriegt.

An der Schule, an der ich danach gelandet bin, gefiel es mir eigentlich gut, ich fand viele Freunde. Auch wenn ich im Rückblick zugeben muss, dass sie ein echt schlechter Umgang für mich waren, fühlte ich mich zum ersten Mal richtig wohl. Ich habe mich ihnen vollkommen angepasst und wie sie angefangen, andere Kinder zu schlagen und zu mobben. Auch zu den

Lehrern wurde ich immer frecher, ich stand kurz vor dem Rausschmiss. In der sechsten Klasse drehte sich der Spieß dann allerdings um. Meine damals beste Freundin hat bemerkt, dass ich allmählich beliebter wurde als sie, und hat unsere komplette Clique gegen mich aufgehetzt. Sie hat alles getan, um mich bei meinen anderen Freunden in Verruf zu bringen, und leider ist es ihr auch gelungen. Nun war ich diejenige, die gemobbt wurde und der man Schläge androhte.

Das alles hat mit der Zeit extrem krasse Formen angenommen. Ich kam absichtlich zu spät zum Unterricht, damit ich nicht vor der ersten Stunde in die lehrerlose Klasse musste, ich hatte richtige Angst und konnte mich überhaupt nicht mehr frei bewegen. Meine Eltern mussten mich von der Schule abholen; ich hätte Panik gehabt, alleine heimzulaufen. Wir haben dann auch bald zusammen beschlossen, dass ich da nicht mehr hingehen konnte. Für das letzte Halbjahr der sechsten Klasse habe ich dann noch mal die Schule gewechselt, aber weil mich das alles so fertiggemacht hat, musste ich erneut zum Psychologen.

Danach kam ich auf ein anderes Gymnasium, auf dem es mir super gefiel. Da ich auf der Grundschule ein Jahr wiederholt hatte, gehörte ich zu den Ältesten in der Klasse. Die Schule war sehr sozial, meine Zeit dort war wirklich schön, aber da ich mich in den vorangegangenen Jahren an die Null-Bock-Einstellung meiner »Freunde« gewöhnt hatte, waren meine Lücken riesig und ich musste runter auf eine Realschule. Das war eine private, und mir fiel sofort auf, dass es dort viel gesitteter zuging als an den staatlichen Schulen. Da waren Kinder, die mit ihrer teuren Kleidung angaben und nicht mit ihren Straftaten. Ich fand schnell Freunde, und es machte mir Spaß, ihr größtes Hobby, das Einkaufen von Markenklamotten, auch zu meinem zu machen. Da lief keiner mit H&M- oder Tally-Weijl-Kleidung rum, stattdessen war Chanel sehr beliebt und Prada auch. Zwischendurch ging auch mal American Apparel.

Aber mit 15 habe ich mich dort nicht mehr wohlgefühlt. Ich hatte Angst, meine Zukunft zu verkacken. Alle aus meiner Familie haben Abitur, ich stand da indirekt unter ziemlich großem Druck. Ich hatte immer das Bedürfnis, mitzuhalten. Dazu kam noch Stress mit meinem damaligen Freund, also musste ich wieder zum Schulpsychologen, um darüber zu reden. Meine Eltern waren dann auf einmal ganz begeistert von der Idee, mich auf ein Internat auf dem Land zu schicken, aber ich war so was von dagegen und konnte mich erfreulicherweise durchsetzen. Inzwischen bin ich auf einer Gesamtschule. Meine Eltern haben mir mehr oder weniger ein Ultimatum gestellt: Wenn ich es dort nicht aushalte, muss ich aufs Internat. Ich bin mit meiner jetzigen Schule eigentlich unzufrieden, aber was bleibt mir anderes übrig?

Der Großteil meiner Mitschüler ist einfach nur asozial. Keiner aus meinem Freundeskreis geht auf meine Schule, mit den Leuten aus meiner Klasse habe ich abseits des Unterrichts überhaupt keinen Kontakt. Was nicht heißt, dass ich mich mit ihnen streite. Sie akzeptieren mich, aber wir lassen uns gegenseitig in Frieden. Wir reden nie miteinander – worüber denn auch? Auf meiner Schule sind so Kinder, die sich nachts an irgendwelchen U-Bahn-Stationen zum Saufen verabreden, weil sie nirgendwo anders hingehen können. In jeder Klasse herrscht eine brutal aggressive Atmosphäre. Die Leute suchen ständig nach Beschäftigung, die sie nicht finden. Und aus Langeweile schlagen sie dann drauf, meistens wegen Banalitäten, weil der eine Araber ist und der andere Türke oder so.

Was ich auch ziemlich furchtbar finde, sind die Klamotten, mit denen die rumrennen. Die Prolls stehen total auf Picaldi-Hosen und HoodBoyz-Hoodies, die Frutten (weibliche Prolls) mögen Jogginganzüge und alles, was weiß, rosa oder goldfarben ist und billig aussieht. In der Oberstufe wird es zum Glück besser, da werden die ganzen Frutten aussortiert. Dann bleiben nur noch die Leute mit coolem Style übrig, und die sehen dann schon eher aus wie ich.

Ich würde meinen Style und den meiner Freunde als retro-individuell bezeichnen. Ich gehe gerne in Vintage- oder Secondhandläden, dann hat man garantiert Einzelteile. Das ganze Zara-Zeug hat doch jedes zweite Mädchen an, dem man auf der Straße begegnet! Ich ahme ungern andere Leute nach, die BRAVO-Seiten, auf denen Tipps stehen, wie man diesen und jenen Star nachstylen kann, finde ich ätzend. Ein Stil-Vorbild habe ich nicht, obwohl ich Edie Sedgwick, die Muse von Andy Warhol, bewundere.

Ich bin der Überzeugung, dass der Look immer den Charakter eines Menschen widerspiegelt. Es ist zwar eigentlich nicht gut, Menschen anhand ihrer Optik zu be- oder verurteilen, aber in den meisten Fällen liege ich mit meiner Einschätzung richtig. Eigentlich immer – ich hab noch nie eine Frutte getroffen, die mich im Laufe eines Gesprächs dazu bringen konnte, meine Meinung über sie zu ändern.

Das Problem ist, dass die meisten Jugendclubs ab 16 von exakt solchen Frutten und Prolls bevölkert werden. An einem Wochenende, an dem meine Freunde und ich keinen Plan hatten, wohin wir gehen sollten, schlug ein Kumpel vor, in so einen Assi-Club ab 14 zu gehen. Da wir nichts zu verlieren hatten, taten wir es wirklich. Wir erhofften uns wenig davon, und unsere Erwartungen wurden sogar noch untertroffen. Da waren einfach nur Dutzende kleiner Mädchenfrutten mit ausgestopftem Ausschnitt und peinlich-pinken Accessoires. Die Krönung ihres Looks sind natürlich die abrasierten und anschließend nachgemalten Augenbrauen. Wir haben es dort nicht lange ausgehalten; nachdem wir ein bisschen durch die hässlichen Kinder gepogt sind, verließen wir den Laden.

Zwischen deren Partys und den unseren liegen Welten. Da ich einen sehr großen Bekanntenkreis habe, gehe ich fast nur auf Privatpartys. Aber keine Kinderfeiern mit einer Handvoll Leuten im eigenen Haus oder so, sondern richtig große Partys. Eigentlich so ziemlich jedes Wochenende mietet irgendein Freund oder

Freundesfreund einen Club. Einlass ist immer um 22 Uhr, wer nicht auf der Gästeliste steht, hat keine Chance reinzukommen. Die Anzahl der Gäste variiert, aber es sind selten weniger als zweitausend. Mal abgesehen davon, dass sie alle cool sind, haben sie noch etwas gemeinsam: Alle rauchen, wirklich alle. Ich selber auch, ich habe vor zwei Jahren damit angefangen. Im Club erschallt nur Techno, es ist immer ein DJ engagiert.

Eine Bar gibt es selbstverständlich auch, aber die, die schon länger bei unseren Partys dabei sind, trinken sehr selten Alkohol. Wir nehmen nur noch Drogen, die sind um einiges besser. Wer auf den Geschmack gekommen ist, hat überhaupt keine Lust mehr auf Alkohol. Was nicht heißen soll, dass einer von uns süchtig ist, wir sind absolut keine Junkies! Das Tolle an Drogen ist ganz einfach, dass sie keine blöden Nebenwirkungen haben. Man muss nur im Ausnahmefall kotzen, außerdem rennt man nicht ständig aufs Klo, weil die Blase am Platzen ist. Hinzu kommt, dass Pillen leichter einzunehmen sind, ohne den ekelhaften Geschmack von Alkohol.

Ich kann mittlerweile keinen Wodka mehr trinken, schon beim Geruch wird mir übel. Früher gehörte ich tatsächlich zu den wenigen Menschen, denen das Zeug schmeckt, aber heute kann ich das absolut nicht mehr ab. Wer neu in unsere Gruppe kommt, fängt mit Alkohol an, bemerkt mit der Zeit, wie viel besser es den anderen geht, und probiert es mit Drogen. So war es auch mit mir. Ich vertraue meinen Freunden da total – wenn die etwas getestet und für gut befunden haben, ziehe ich unbesorgt nach.

Ich habe schon verdammt viel ausprobiert. Mit zwölf fing ich an, natürlich erst mal nur mit Alkohol. Damals war ich zum allerersten Mal in meinem Leben dicht, ich erinnere mich an gar nichts mehr, abgesehen davon, dass ich das Zimmer meines Kumpels vollgekotzt habe und erst um sieben Uhr heimkam. Mit 14 habe ich dann mit dem Kiffen angefangen und mit 15 habe ich Speed genommen. Auch auf Koks, LSD und anderen

Drogen habe ich schon gefeiert, aber Speed ist und bleibt mein absoluter Favorit.

Speed verfrachtet mich in den geilsten Zustand. Ich lasse alles von mir abfallen und fühle mich nur noch schwerelos. Ich kann mich auch – anders als beim Alkohol – im Nachhinein an alles erinnern. Wenn ich drauf bin, wirke ich auf andere, als wäre ich betrunken, ich selber empfinde eine unglaubliche Seligkeit, aber keine Müdigkeit und keinen Hunger. Nichts bindet mich an meinen Körper, nichts trübt mein Glück. Selbst wenn ich Monsterabsätze anhabe und meine Füße eigentlich übertrieben wehtun müssten, lässt mich meine Lieblingsdroge keinen Schmerz fühlen. Mit Speed kann es mir gar nicht schlecht gehen – selbst wenn ich es manchmal ein bisschen übertreibe. Einmal zum Beispiel habe ich so viel genommen, dass ich drei Tage lang hängen geblieben bin. Ich musste natürlich trotzdem in die Schule gehen, das war echt extrem. Ich habe diese drei Tage nichts gegessen, nichts getrunken und kaum geschlafen. Meine Eltern haben es, glaube ich, nicht mal gemerkt.

Ich komme gut mit meinen Eltern aus, ihr Pädagogikprinzip besteht aus einem Wort: Reden! Sie setzen mir kaum Grenzen – und das ist gut so, denn so was könnte ich gar nicht ab. Ich habe da ein außerordentliches Autoritätsproblem. Eltern, die alles Mögliche verbieten, denken meiner Meinung nach absolut unlogisch. Je weniger Verbote ich habe, desto mehr Wert lege ich doch darauf, diese wenigen nicht zu strapazieren.

Aber natürlich wissen meine Eltern nicht, was auf unseren Partys abgeht. Ich weiß auch ehrlich gesagt nicht, ob sie mir, wenn sie es wüssten, nicht doch mehr Grenzen ziehen würden. Ich weiß nur, dass ich mich mit Sicherheit über diese Grenzen hinwegsetzen würde. So sehr, wie ich Verbote generell doof finde, finde ich Drogen generell nicht schlimm. Ich bin jung und das Leben ist kurz, das muss der Rechtfertigung Genüge tun.

Obwohl ich genug Geld hätte, mich mit dem Stoff, den ich brauche, selber einzudecken, muss ich fast nie selber was kau-

fen. Ich habe viele Tickerfreunde und andere Bekannte, die teilweise selber anbauen, und von denen ich viel geschenkt kriege.
Im Sommer treffen wir uns oft in Parks, um Musik zu hören
und zu kiffen. Dass sogar Gras in Deutschland unter das Betäu-
bungsmittelgesetz fällt, finde ich einfach nur lächerlich.

Da Die Linke die Legalisierung von Cannabis befürwortet,
ist mir diese Partei am sympathischsten. Zudem finde ich gut,
dass sie einen finanziellen Ausgleich zwischen Arm und Reich
anstrebt. Und das, obwohl meine Eltern zu den Besserverdienern
gehören. Ich habe im Grunde auch kein Problem damit, Geld
zu haben, aber ich hasse es, als Bonzenkind abgestempelt zu
werden. Oft bringen mich die Kommentare anderer dazu, mich
schlecht zu fühlen, wenn ich mit meiner Kreditkarte ankomme.

Wirklich politisch bin ich nicht. Ich war schon öfter auf
Demos, aber eher aus Spaß. Es bereitet mir eine gewisse Freude,
wenn ich sehe, wie Nazis verprügelt werden. Bei manchen
Großveranstaltungen, wie den Riesendemos am 1. Mai, geht es
manchmal schon richtig krass zu; das ist echt spannend, wenn
der linke Block auf den rechten stößt. Vor allem wenn die Polizei dazukommt. Obwohl die Bullen es echt übertreiben mit der
Brutalität, die schreiten gelegentlich so rücksichtslos ein, dass
ich mich frage, ob das Gesetz da überhaupt noch auf ihrer Seite
ist. Bei manchen hat man das Gefühl, die haben nur auf eine
Gelegenheit gewartet, mal ordentlich zuzuschlagen. Trotzdem
kann man die Polizisten nicht anzeigen, das wird so dermaßen
vertuscht. Die helfen sich in dem Verein doch alle gegenseitig.
Ich selber prügel mich auf Demos nicht – da hätte ich viel zu
große Angst –, aber ich stand oft daneben. Da hatte ich teilweise schon Schiss, selber eins draufzukriegen.

Prügeleien in der Schule finde ich total doof, aber politische
Schlägereien sind okay. Manche Menschen kapieren es anders
einfach nicht. Und damit meine ich nicht nur die Neonazis.
Nach einer Party wurde ich zum Beispiel mal von einem schlei-
migen Perversling angelabert. Ich war mit Freundinnen auf

dem Nachhauseweg und dieser Kerl, mindestens doppelt so alt wie ich, hat uns richtig gestalkt. Als er mich dann am Arm gepackt hat, habe ich ihm mit der Faust ins Gesicht geschlagen. Da habe ich überhaupt keine Hemmungen, ich weiß mir sehr gut zu helfen.

Ich bin im Allgemeinen nicht die Sorte Mensch, die ewig lange abwägen muss, um zu einer Entscheidung zu kommen. Menschen, die den ganzen Tag lang vor sich hin philosophieren, öden mich an. Ich mag auch keine tiefgründigen Männer mit demonstrativem Die-Leiden-des-jungen-Werthers-Blick. Romantik hasse ich auch. Das finde ich ekelig und aufdringlich, ich fühle mich davon erdrückt. Eingeladen zu werden ist mir ebenfalls so was von unangenehm! Ich mag lieber die einfachen Jungs, mit denen man sich gut amüsieren kann. Längere Haare sind mir auch wichtig, auf kurze stehe ich überhaupt nicht. Und Röhrenjeans und Hemden sind super – am liebsten mag ich Typen mit gutem Geschmack, aber nicht zu extravagantem Style.

Mein erster Freund war noch sehr weit von diesen Kriterien entfernt, da waren er und ich aber auch erst elf. Ich habe traditionell einen Zettel zugesteckt bekommen, auf dem stand: »Willst du mit mir gehen?« Und ich konnte dann »Ja!«, »Nein!« oder »Vielleicht!« ankreuzen. Das war so eine Händchenhalt-Beziehung, wir haben uns nicht mal geküsst. Nach zwei Wochen wollte ich nicht mehr. Mit einem Zettel, auf dem »Ich liebe dich nicht mehr« stand, war die Sache beendet.

Mit 14 habe ich dann Moritz kennengelernt, auf einer Veranstaltung, auf der ich mit meinen Eltern war. Da er aber fünfhundert Kilometer entfernt wohnt, wurde eine Fernbeziehung draus. Mit Moritz ging dann schon mehr, aber da wir uns so selten gesehen haben, war es auch nicht der Burner. Nach einem halben Jahr haben wir es dann gelassen, die Gefühle waren irgendwie weg, das kam ganz automatisch. Die Beziehung, die am tiefsten ging, war wohl meine letzte. Simon kommt aus

meiner Clique und ich hatte eine tolle Zeit mit ihm. Am schönsten war, dass mich seine Familie so herzlich aufgenommen hat.

Was mir an Simon ebenfalls gut gefiel, war seine Spontani-
tät. Einmal sind wir mit mehreren Leuten durch einen Tunnel
gelaufen, in dessen Wand einige Nischen waren. Plötzlich hat er
mich dann gepackt, in so eine Nische reingezogen und geküsst,
das war total geil. Mit Simon hatte ich auch mein erstes Mal,
hat schon gepasst. Dass die ganze Sache trotzdem nur zwei
Monate lang gehalten hat, lag daran, dass ich von Anfang an
ein großes Problem mit seiner Beliebtheit bei Mädchen hatte.
Er ist schon so eine Art Frauenschwarm, und es hat sich unter
seinen Bewunderinnen ziemlich schnell eine Anti-Simon-hat-
eine-Freundin-Fraktion gebildet. Und auch er war da manchmal sehr taktlos: Obwohl er wusste, wie eifersüchtig ich war,
hat er sich immer allein mit anderen Mädchen – angeblich nur
guten Freundinnen – getroffen und stundenlang mit den Tussen
telefoniert. Und dann wollte ich was mit ihm alleine machen
und er hat schon wieder so eine Tussi angeschleppt. Ich war
scheißsauer und habe aus einer Trotzreaktion heraus Schluss
gemacht.

Trotzdem läuft zwischen uns noch was, wir kommen wohl
noch nicht so schnell voneinander los. Nach ein paar Tagen
Funkstille haben wir schon wieder telefoniert, so sehr haben
wir uns vermisst. Und dann hat es halt wieder angefangen. Vor
Kurzem haben wir uns auf einer Party getroffen, wir haben uns
zuerst ganz unschuldig unterhalten und was von Freundschaft
gelabert und am Ende doch wieder rumgemacht. Naja, mal abwarten.

Ich glaube nicht an so etwas wie die große und einzige
Liebe. Aber Liebe an sich gibt es möglicherweise schon – wenn
auch nur als zeitlich begrenzter Abschnitt der Verbundenheit.
Wenn ich jemals geliebt habe, dann Simon, für ihn waren mei-
ne Gefühle bisher am stärksten. An Heirat oder etwas in die
Richtung denke ich aber überhaupt nicht, ich finde das mit

dem Trauschein komplett überflüssig. Man freut sich über das schöne Kleid, den schönen Ring, die Aufmerksamkeit, aber dafür bekommt man das Gefühl, seine Freiheit verloren zu haben, es droht lebenslange Gebundenheit, im Hinterkopf spukt eine kostspielige und nervenaufreibende Scheidung herum. Nein danke! Und an Gott glaube ich sowieso nicht, von wegen heiliger Bund der Ehe. Das sehen übrigens alle in meinem Freundeskreis ähnlich, nur die Dauerbekifften nicht. Aber die sehen immer alles schön und unkompliziert.

So wie ich es jetzt sehe, habe ich überhaupt keinen Bock auf mein späteres Leben. Es gibt keinen Beruf, der mir gefällt, keine Tätigkeit, die ich so ansprechend finde, dass ich mit dem Gedanken leben könnte, ihr jeden Tag bis zu meiner Rente nachzugehen. Und bei den Sachen, die mich wenigstens ein ganz kleines bisschen interessieren würden, ist klar, dass ich damit kein Geld verdienen kann. Ich will einfach vor mich hin leben und nicht über das Warum, Wieso, Weshalb nachdenken. Ist zu anstrengend.

»Ich lerne aus der Vergangenheit, träume von der Zukunft und lebe in der Gegenwart, die ich jede Sekunde genieße« – den Spruch habe ich mal irgendwo gefunden. Ist so was wie mein Lebensmotto – you only live once! Und ich habe so was von gar keinen Bock, alt zu werden. 55 Jahre wären okay, danach kann's gerne vorbei sein. Alte Menschen sind so beängstigend, die stempeln uns, die jungen, völlig ab. Bei *TVtotal* haben sie mal Omas und Opas befragt, was sie mit Kindern machen würden, die in einem Geschäft klauen. Da kamen dann Antworten wie »Finger abhacken und ins Heim«. Die Vorstellung, mal so zu werden, ist grauenvoll.

Nicht jeder wird mein ABFF

Phillip (17 Jahre)

Ich würde sagen, dass ich eigentlich ziemlich normal bin. Ich gehe aufs Gymnasium und schreibe mittelmäßige Noten in so ziemlich allen Fächern außer Mathe. Mathe ist meine Stärke, darin bin ich richtig gut, aber für die ganzen Lernfächer tue ich nicht wirklich viel. Wenn ich anfangen würde, mehr zu machen, wäre ich wahrscheinlich sogar ein ziemlich guter Schüler.

In meiner Freizeit gehe ich den typischen Jungshobbys nach: Fußball, PC und natürlich Party. Meine erste richtige Party habe ich mit 15 gefeiert, in der Gartenlaube vor unserem Haus. Wir waren zehn Leute, fünf Mädchen und fünf Jungs, also das perfekte Verhältnis. Bevor wir uns gemütlich im Garten niederließen, gingen wir einkaufen. Wenn man unter 18 Jahren Schnaps haben will, muss man einfach einen russischen Telefonladen suchen. Das sind kleine Shops, auf denen in riesigen Lettern »Telefonladen« steht, und darunter, verschwindend klein, »Spirituosen«. Die verkaufen einem so ziemlich alles.

Wir haben ein paar Flaschen mitgenommen und sind zurückgegangen. Es war Sommer und total warm, wir haben uns um eine Shisha gesetzt und erst mal eine Runde Al Waha Orange Cream Flavour geraucht. Rauchen an sich finde ich assi, total eklig, aber Shisha smoken gibt mir was. Dabei hockt man ja auch nicht alleine herum, mit seinem einsam qualmenden

Glimmstängel in der Hand, sondern ist in Gesellschaft. Gerade das gefällt mir richtig gut an der Wasserpfeife.

Es wurde ein echt geiler Abend, alles war noch so neu, wir haben zum ersten Mal getrunken. Natürlich wollte keiner schlafen, wir haben durchgemacht, das war für alle selbstverständlich. Um sechs Uhr am nächsten Tag wollten wir dann irgendwas Verrücktes machen und sind zur nächsten Straße gelaufen, die Mädchen haben ihre Daumen im Tramp-Style nach oben gehalten und wir Jungs haben die Hosen runtergezogen und den Autofahrern unseren blanken Arsch präsentiert. Danach sind wir aufräumen gegangen, Spuren beseitigen. Wir haben dummerweise eine volle Wodkaflasche übersehen, die unter den Gartentisch gerollt war. Meine Mum hat die dann gefunden und mich ganz fragend angeschaut. Aber da die Flasche ja noch voll war, habe ich so ganz cool gesagt: »Da siehste mal, wie wenig wir getrunken haben!«

Ich feiere auch heute noch am liebsten im kleineren Kreis mit guten Freunden, Homepartys und so. Alle Clubs, die in meiner Gegend ab 16 sind, sind krasse Türkendiscos, da gehen nur die Mini-Gangster mit ihren NY-Caps hin. Ich finde das aber auch nicht schlimm, Homepartys sind meistens sowieso geiler, weil man die Leute kennt und alles vertrauter ist.

Eine Privatfeier werde ich nie vergessen, ich werde vermutlich noch in zwanzig Jahren mit meinen Freunden über die Insider lachen, die an jenem Abend entstanden sind. Ich war gerade 16 geworden und wir hatten das dreistöckige Haus meines besten Freundes Flo okkupiert. Wir waren vielleicht 15 Leute und hatten so richtig viel Alkohol besorgt, bestimmt zehn Flaschen Hochprozentigen, viel Bier und ein paar Flaschen Sekt für die Mädchen. Natürlich haben wir unser Bestes gegeben, um alles zu vernichten. Je später der Abend, desto mehr dezimierte sich die Anzahl der wachen und zurechnungsfähigen Gäste. Zwei waren schon früh pennen gegangen, fünf andere hatten zuerst ein bisschen rumgekotzt und sich dann schlafen gelegt. Mein Freund Michi wollte es ihnen gleichtun, er stürzte ins Bad und übergab sich. Leider traf er die Kloschüssel nicht mehr und saute den ganzen Raum voll. Obwohl er hackedicht war, blickte er noch, dass das ganz und gar nicht gut ist, und so wollte er alles wieder wegmachen. Nur blöd, dass ihm in diesem Moment keine bessere Reinigungsmethode einfiel, als den Duschkopf aus der Halterung zu ziehen und damit das ganze Bad abzuspritzen. Ich war noch einigermaßen bei Verstand, und als ich komische Plätschergeräusche hörte, suchte ich nach ihrer Ursache.

Aber als ich Michi fand – versonnen lächelnd mit dem Schlauch in der Hand –, war es schon zu spät: Er war klitschnass, an den Wänden lief das Wasser herunter und der Boden war eine einzige, mindestens drei Zentimeter tiefe Pfütze. Nachdem ein anderer Kumpel und ich das Bad wieder begehbar und Michi trocken gemacht hatten (Dazu mussten wir ihn natürlich erst mal entkleiden, eine Freundin fragte voll begeistert: »Darf ich ihn ausziehen?«), betteten wir ihn auf eine Couch. Wir schauten auch regelmäßig nach den anderen, einer musst sich ja um die Betrunkenen kümmern, und dieses Mal hatte halt ich die Arschkarte gezogen.

Die Leute, denen es noch gut ging, hielten sich hauptsächlich im Erdgeschoss auf, alle anderen wurden auf die Betten in der ersten und zweiten Etage verteilt. Plötzlich erklang ein dumpfer Knall. Ich dachte, da sei jemand von seiner Schlafstätte gefallen, also schaute ich nach. Doch Michi lag noch auf seiner Couch und auch die anderen schnarchten seligst vor sich hin. Blieb nur noch Flo, der in seinem Zimmer ganz oben lag. Als ich gerade die Tür öffnen wollte, hörte ich eine Stimme, besser gesagt zwei. Eine lallte ganz gewaltig, es war der unverkennbare Bariton von Flo. Die andere gehörte Caro, einem Mädchen, das für seine sexuellen Aktivitäten berüchtigt war. Sagen wir es, wie es ist, sie war eine Schlampe, zwar noch eine ungevögelte, aber trotzdem eine Schlampe.

Sie schienen sich ganz normal zu unterhalten und ich wollte schon wieder gehen, als auf einmal ein lautes Stöhnen aus dem Zimmer drang. Ich drehte mich um, riss die Tür auf und machte den Lichtschalter an. Ich habe nur eine Sekunde lang hingeschaut, Ehrenwort, aber dieses Bild hat sich mir für alle Ewigkeit eingebrannt: Flo lag mit fast schon leidender Miene und flatternden Lidern auf dem Boden, Caro saß auf ihm drauf.

Ich knallte die Tür zu und rannte durch das Haus, um allen davon zu erzählen. Wir haben auch die Besoffenen aufgeweckt. Ich meine, hey, die Tussi hat meinen besten Kumpel entjungfert und er konnte gar nichts dagegen tun! Auf einmal waren alle hellwach und diskutierten über das Geschehen im dritten Stock. Irgendwann kam dann Caro runter, nur mit einem Bademantel bekleidet, man konnte sehen, dass sie nichts drunter hatte. Sie hat dann voll einen auf Drama-Queen gemacht und davon gelabert, sich im Bad einzuschließen und sich mit Tabletten umzubringen. Wir fanden das eher lustig als besorgniserregend, aber wir haben trotzdem alle gefährlichen Gegenstände und den gesamten medizinischen Vorrat von Flos Familie konfisziert – man kann ja nie wissen. Damit waren wir erst mal die nächste Zeit beschäftigt.

Ein paar Stunden später, mittlerweile war es helllichter Tag, kam Flo heruntergewankt. Da er die ganze Nacht auf dem Boden gepennt hatte, zog sich das hübsche Muster eines Teppichabdrucks quer über seine rechte Wange. Zudem hatte er viel zu enge Boxershorts an – es waren Caros, denn damals war es unter Mädchen große Mode, sich H&M-Boxershorts zu kaufen. Unter Beachtung seines fast komatösen Zustandes war es nicht allzu verwunderlich, dass er nach dem Akt danebengegriffen hatte.

Als wir ihn so sahen, sind wir total abgebrochen. Erst da schaute er mal an sich herunter. Und dann kam's: »Fuck, ihr habt mich in der Nacht ausgezogen und…!« Zuerst dachten wir, er verarscht uns, aber er schien es echt nicht zu peilen.

Ich übernahm dann die Aufgabe, ihm mitzuteilen, dass er in der vergangenen Nacht seine Jungfräulichkeit an Caro verloren hatte. Sie hat ihn so dermaßen vernascht und er konnte sich nicht mehr daran erinnern, an nichts! Flo fand es dann irgendwie gar nicht so schlimm – gut, er musste ja im Gegensatz zu mir auch nicht bei voller Beleuchtung ihren Hintern betrachten.

Ich fand die Geschichte damals ganz schön krass. Eigentlich finde ich das bis heute. Caro trug seit dieser Aktion endgültig den Schlampen-Stempel, die ganze Clique war sauer auf sie. Ich kann auch gar nicht genau beschreiben, warum wir gerade diese Aktion so übel fanden, dass wir uns von ihr abgewendet haben. Vielleicht lag es an diesem Motto, »Mädchen hat viel Sex = Schlampe, Junge hat viel Sex = Held«. Zudem grenzte ihr Vorgehen schon fast an Vergewaltigung, er konnte sich ja gar nicht mehr wehren…

Wahrscheinlich war es nicht gerecht, dass wir sie danach praktisch verstoßen haben. Immer wenn wir sie auf Partys trafen, sprangen wir mit Blowjob-Geste herum mit der Erklärung: »Wir tanzen den Caro!« Das war schon ein bisschen mies.

Normalerweise lasse ich Menschen, die einmal in meinen engeren Freundeskreis gelangt sind, nicht so leicht fallen. Ich bin auch niemand, der jeden neuen Bekannten, mit dem er einmal ein Bier getrunken oder sich nett unterhalten hat, gleich als neuen ABFF (allerbesten Freund forever) einstuft. Die, die ich in mein Leben lasse, haben es normalerweise recht leicht mit mir.

Ich würde sagen, dass ich einen eher einfach strukturierten Charakter habe. Ich bin leicht zufriedenzustellen, ich brauche nicht andauernd die volle Aufmerksamkeit und fühle mich auch nicht gleich gekränkt, wenn jemand einen Scherz auf meine Kosten bringt. Zudem bin ich eigentlich immer gut gelaunt, ich ziehe nie jemanden runter. Meine Freunde sind mir sehr wichtig. Ich würde fast so weit gehen, zu sagen, dass sie das Wichtigste für mich sind. Es ist ein tolles Gefühl, zu wissen, dass da Menschen sind, die die gleichen Sachen geil finden und mit denen ich alles machen kann, auch den größten Scheiß.

Mit zwei Freunden, Flo und Tom, war ich mal die ganze Nacht auf der Straße, wir sind einfach ziellos rumgerannt. Als wir schon gut angetrunken waren, kamen wir an einer Wand vorbei, an der ganz viele Partei-Plakate hingen, es war gerade Wahlkampf. Wir wollten sozial sein und die NPD-Plakate abreißen. Das Blöde war nur, dass die ganz oben hingen! Wir haben ewig lange versucht, ranzukommen, aber es hat leider nicht funktioniert. Aus Versehen haben wir dabei die ganzen anderen Plakate abgerissen – und am Ende waren alle demoliert, nur die von der NPD hingen noch. (Da wollten wir *einmal* was Gutes tun, und dann das!) Danach sind wir weitergelaufen, haben noch mehr getrunken, bis Tom plötzlich rief: »Hey, meine alte Schule!«

Wir haben uns dann einfach dort auf den Schulhof gegammelt, bis Flo auf die Idee kam, die Pausentische wegzuschleppen und direkt vor dem Haupteingang abzustellen. Die Teile waren sauschwer, aber wir haben es letztendlich geschafft. Ich frage mich, wer die wieder wegtragen musste – derjenige tut mir ja schon ein bisschen leid!

Nachdem wir also das Tor verrammelt hatten, machten wir es uns auf dem Dach der Schule gemütlich, auf das man über die Feuertreppe kam. Wie wir da so zusammensaßen und über die Stadt blickten ... das war einfach nur pure Freiheit. Und als dann die Sonne aufzugehen begann, kamen mir die folgenden Zeilen von Kaas in den Sinn:

Es ist 'ne wunderschöne Welt
Wenn du richtig schaust
Überall ist Hoffnung und ich weiß du findest auch
Es ist 'ne wunderschöne Welt

Und in dem Moment war wirklich alles perfekt. Ich wusste um den Wert des Augenblicks, ich war jung und mit zwei Menschen zusammen, die mir wirklich wichtig sind.

Leider haben uns die Bullen nur zehn Minuten später aus dieser Harmonie gerissen. Wir haben sie zum Glück noch rechtzeitig bemerkt, und auf eine Art war das auch geil, so alkoholisiert und voller Adrenalin einfach nur zu rennen. Wir sind richtig gesprintet und über Zäune und Mauern gesprungen, doch dann bin ich an einer Hecke hängen geblieben. Als die Bullen nur noch fünf Meter von mir entfernt waren, konnte ich mich endlich losmachen. Das war so was von knapp!

Ich hatte echt Glück, dass ich entkommen bin. Ich weiß nicht, wie ich reagiert hätte, wenn sie mich geschnappt hätten; ich hoffe, ich hätte sie nicht getreten oder so was. Aber wenn man voller Adrenalin und Alkohol ist und dazu noch in Panik, reagiert man manchmal total blöd. Wenn ich nach dem Hausfriedensbruch und der Sachbeschädigung auch noch einen Polizisten verletzt hätte, wäre ich richtig dran gewesen.

Die gelungene Flucht hat uns in totale Hochstimmung versetzt, und um sechs Uhr morgens haben wir beschlossen, unsere Skatebords zu holen. Wir hatten alle überhaupt kein Gleichgewichtsgefühl mehr, ich glaube, so schlecht wie an diesem Tag bin ich noch nie gefahren. Auf einmal waren wir jedenfalls voll müde, wir haben uns dann einfach unter die Büsche im Skatepark gelegt und gepennt. Um 14 Uhr sind wir wieder aufgewacht und noch mal gefahren.

Skater sind sowieso die Coolsten, im Gegensatz zu den BMX-Prolls mit ihren Alphajacken. Ich hasse es, wenn die ihre schlechte Musik über den Platz schallen lassen. Es ist nicht so, dass ich nicht auf Rap stehe, aber der, den ich höre, ist definitiv niveauvoller als ihrer. Ich mag zum Beispiel SDP und Blumio. Aber wenn wir Shisha rauchen, hören wir auch oft klassische Musik oder Jazz, das glauben uns die älteren Leute immer gar nicht. Es ist mir eigentlich sehr suspekt, dass Erwachsene für sich beanspruchen, dass sie die qualitativ hochwertige Musik hören. Sie wollen, dass wir uns Mozart reinziehen, uns über Beethovens Schaffen informieren und das Lebenswerk der

Beatles zu schätzen wissen, aber für unsere Musik interessieren sie sich überhaupt nicht. Und wenn, dann nur, um sich anschließend über die Texte zu beschweren.

Mit Mädchen habe ich noch nicht so viele Erfahrungen, das stört mich aber überhaupt nicht. Ich stand noch nie so sehr auf eine, dass es für mehr gereicht hätte. Dabei mache ich schon mit Mädchen rum und alles, aber mehr passiert da nicht. Ich habe kein Problem, zuzugeben, dass ich noch nie Sex hatte.

Meinen ersten Kuss dagegen hatte ich schon mit zehn. Sie war 14 – sehr skurril. Wir sind mit einem Reisebus aus dem Urlaub heimgefahren und da hat es sich dann ergeben. Allerdings hatte ich den Höhepunkt meines Liebeslebens für die nächsten Jahre damit erst mal erreicht. Erst, als es dann in die heiße Party-Phase ging, lief wieder was.

Einmal war ich mit Tom und zwei Mädchen unterwegs, die eine hatte einen Freund, also haben wir uns die andere geteilt. Es war schon ziemlich spät und ich sagte, dass ich müde sei. »Okay«, erwiderte Tom, »dann küssen wir uns jetzt so lange im Kreis, bis wir einschlafen!« Der Spruch war eigentlich total schlecht, aber er hat funktioniert. Eingeschlafen sind wir natürlich nicht, das wäre traurig gewesen.

Momentan bin ich so ein bisschen unglücklich verliebt. Sie heißt Nora und ich habe echt Gefühle für sie, obwohl ich auf gar keinen Fall mit ihr zusammen sein will. Die Sache ist ein wenig kompliziert – sie ist extrem unzuverlässig, ich denke, ich könnte ihr nicht vertrauen. Auf ihre Art ist sie total rücksichtslos, aber sie scheint es gar nicht zu merken. Wenn wir einen Termin ausmachen, vergisst sie ihn, kommt zu spät oder sendet mir eine Stunde davor eine SMS mit »Tut mir leid, kann doch nicht«.

Vor einem Monat oder so war es echt schlimm mit ihr. In einem Park in der Nähe fand eine große öffentliche Feier mit über zweitausend Leuten statt; alle, die ich kenne, waren dort, auch sie. Der Abend verlief ganz gut, bis Nora auf einmal mit so einem alten Typen verschwand. Als sie nicht wiederkam, machte ich mir Sorgen und beschloss, sie zu suchen. Ich habe mich total beeilt und dabei einem Mann versehentlich das Bier aus der Hand geschubst. Da ich sie einfach nur finden wollte, bin ich trotzdem weitergerannt. Der Mann ist mir aber hinterher, er wollte, dass ich ihm die 1,50 Euro erstatte. Ich dachte mir, gut, er hat ja recht, und gab ihm sein Geld. Aber gerade als ich mein Portemonnaie zurück in die Hosentasche stecken wollte, kam so ein riesiger Kerl auf mich zu. Er packte mich am Kragen und sagte mit drohender Stimme: »Du hast auch mein Bier runtergeschmissen! Hast du auch Scheine?« Das mit dem Bier war natürlich nur ein Vorwand seinerseits, er wollte mich abziehen. Ich verneinte seine Frage nach den Scheinen zwar, aber es half alles nichts: Er riss mir mein Portemonnaie aus der Hand und nahm das ganze Geld heraus, vierzig Euro, ließ den Geldbeutel fallen und verschwand in der Menge.

Der Verlust der vierzig Euro hat mich in dem Moment gar nicht so schwer getroffen, ich wollte einfach nur weiter nach Nora suchen. Doch ich habe sie den ganzen Abend nicht mehr gefunden und musste irgendwann heimgehen. Da war ich echt total fertig. Soweit ich mich erinnern kann, war das auch das einzige Mal, dass ich ohne physische Schmerzen geweint habe. Ich weine sonst nie, selbst nicht bei *Blackhawk Down*, meinem Lieblingsfilm, einem echt verdammt traurigen Streifen. Doch Nora hat mir damals echt den Abend ruiniert, und zwar so richtig.

Mit so einer Frau würde ich niemals zusammen sein wollen. Aber ich denke, ich finde schon noch die Richtige. Ich mag braunhaarige Frauen mit dunklerer Haut, so kurvige Südländerinnen wie Jessica Alba oder auch Rihanna, bevor sie so männlich wurde. Mein Mädchen sollte auch intelligent sein, ich würde mich schon gerne mit ihr unterhalten können. Ich glaube auch an Liebe, Heiraten fände ich eigentlich auch ganz aufregend, aber nur wenn ich mir wirklich sicher bin.

Meine Eltern sind geschieden, was mich komischerweise gar nicht stört. Auch als sie es mir gesagt haben, dachte ich nur: Jetzt streiten sie sich nicht mehr, ist doch gut! Aber bei mir selbst fände ich eine Scheidung nicht so toll, entweder ganz oder gar nicht. Kinder wären später auch ganz nett, am besten Zwillinge, Jungs, die dann Fußballstars werden.

Aber bevor ich eine Familie gründe, möchte ich noch viel rumreisen. Wenn man ein Land besucht, sieht man, wie die Menschen dort wirklich ticken. Am meisten fällt mir das bei den Türken auf. Ich habe früher mit einigen türkischen Jungs in derselben Straße gewohnt, die waren an sich schon ganz nett, wir haben manchmal zusammen Playstation gespielt oder YuGiOh-Karten getauscht, aber sie waren leider auch fürchterliche Prolls, und mit der Zeit wurde das immer übler. Vor allem die Türken in meinem Alter sind total unentspannt und verstehen keinen Spaß. Mir und drei Freunden war im Schwimmbad mal so langweilig, dass wir uns mit Edding »Anal Sex mit mir?« auf den Rücken geschrieben haben, jeder bekam ein Wort. Wir liefen dann in der richtigen Reihenfolge durch die Anlage, und alle haben gelacht, nur die ganzen Türken machten uns dumm an.

Deshalb war ich ein bisschen vorbelastet, was Türken anging, und dementsprechend nicht gerade begeistert, als ich mit meinen Eltern in die Türkei reisen sollte. Aber die Leute dort waren ganz anders, als ich dachte! Ich habe noch nie so freundliche Menschen kennengelernt. Im Urlaub bin ich in einen Laden reingegangen und habe mit Handzeichen zu verstehen gegeben, dass ich Durst hätte, und der Besitzer hat mir dann grinsend eine Cola in die Hand gedrückt, ohne Geld zu verlangen. In Deutschland würde das keiner machen!

Mein Traumland, das ich unbedingt mal bereisen möchte, ist Kuba. Meine Mum schenkt mir das vielleicht zum Schulabschluss; wenn das klappen würde, wäre ich ihr echt dankbar. Kuba interessiert mich wegen der schönen Landschaft, den heißen Frauen und ein bisschen auch wegen Che Guevera.

Ich hatte mal Schuhe mit Ches Gesicht drauf. Es gibt ja unglaublich viele Produkte, auf denen er zu sehen ist, fast jeder hat irgendetwas von ihm zu Hause, auch wenn nur die wenigsten wissen, wer er ist und was er gemacht hat. Ich finde ihn toll, obwohl es mir dabei nicht so sehr um seine marxistischen Ideale geht. Sein Schaffensmotto »Let's be realistic. Try the impossible!« ist auch mein Leitsatz für mein eigenes Leben. Viele Menschen meinen, dass er zu brutal vorgegangen sei und dass selbst das Streben nach einer besseren Welt für das eigene Volk niemals Gewalt rechtfertigt. Doch das sehe ich ein bisschen anders: Wenn es unvermeidbar ist, ist auch der Kriegsweg okay.

Ich würde den Wehrdienst auch nicht verweigern, wie es viele meiner Freunde tun wollen. Wenn ich zum Bund muss, würde ich mich vielleicht sogar für ein Auslandsjahr verpflichten lassen, dafür erhält man immerhin 10.000 Euro und kommt in der Welt rum. Aber länger als ein Jahr würde ich das auf keinen Fall machen wollen.

Es ist jetzt aber auch nicht so, dass ich es nicht mehr in Deutschland aushalte. Ich finde es hier eigentlich ganz gut, Demokratie ist toll, wir haben alle Freiheiten und ein gutes Rechtssystem. Nicht so eins wie die USA, wo man Elfjährige lebenslänglich wegsperren und McDonald's wegen zu heißem Kaffee verklagen – und damit gewinnen – kann. Wir haben zwar keinen Obama, aber unsere unglamourösen Politiker geben auch ihr Bestes. Wenn ich heute wählen müsste, würde ich mich am ehesten noch für die FDP entscheiden; wir haben in der Schule die verschiedenen Parteiprogramme durchgenommen und da hat sie mir am meisten zugesagt.

Obwohl ich nicht der schlechteste Schüler bin und Freunde in meiner Klasse habe, gehe ich nicht so gerne in die Schule. Aber ich schätze sie und die Möglichkeiten, die sie mir bietet. Ich weiß, dass ein Abi wichtig ist – und immer wichtiger wird, weil die Abiturienten den Realschülern die Arbeitsplätze wegnehmen und die Realschüler den Hauptschülern und so weiter.

Vielleicht kann ich später etwas machen, das mit Mathe zu tun hat – Mathe ist ein tolles Schulfach, weil nur die absolute Logik über Richtig und Falsch bestimmt. Bei Deutsch dagegen ist man immer auch vom Geschmack der Lehrkraft abhängig.

Aber was auch immer passiert: Ich werde schon nicht als arbeitsloser Alleinerziehender enden. Ich denke, ich kann so ziemlich alles erreichen.

Der Tag danach

Elisabeth (15 Jahre)

Wenn ich an meine Freunde und mich denke, stelle ich mir oft vor, wie wir alle in zwanzig oder dreißig Jahren sein werden. Dabei habe ich das Szenario eines Klassentreffens vor Augen: Wer wird wohl die meisten Kinder bekommen? Wird einer von uns berühmt oder zumindest unglaublich erfolgreich? Werden einige Gesichter schon gar nicht mehr wiederzuerkennen sein, da ungesunde Ernährung, das Alter oder kosmetische Eingriffe das einst vertraute Bild verändert haben? Wird jemand nicht mehr unter uns sein?

Bei einigen meiner Freundinnen kann ich mir ziemlich genau vorstellen, wie ihr Leben später mal aussehen könnte. Die einen werden sich auf Cocktailpartys nach einem reichen Typen umsehen, diesen so schnell wie möglich ehelichen, um den Rest ihrer Tage in Sonnen- und Kosmetikstudios zu verbringen. Manche sehe ich schon, wie sie umringt von fünf Kindern in blauen Latzhosen Petersilie einpflanzen. Und wieder andere werden wohl im strengen Kostüm in einem riesigen Bürokomplex für Werbe-, Finanz- oder Entwicklungsabteilungen arbeiten. Und bei einigen ist alles denkbar...

Wir sind Teil einer Generation, die mehr Möglichkeiten hat als jede andere zuvor. Doch das macht es nicht unbedingt leichter, sondern vielleicht sogar viel schwerer. Bei all den Dingen, die möglich wären, ist es kompliziert, sich für etwas zu entscheiden, ohne danach das Gefühl zu kriegen, man habe etwas anderes dafür verpasst.

Manchmal regt es mich ganz extrem auf, dass ich nicht weiß, wie meine eigene Zukunft aussieht. Dass ich nicht einmal einen klitzekleinen Einblick bekomme. Manche Dinge würde ich jetzt vielleicht geduldiger abwarten, wenn ich sehen könnte, wie sie sich in Zukunft entwickeln. Wenn man jung ist, gibt es ein paar völlig unrealistische Sachen, die man sich dermaßen verzweifelt wünscht, dass man sie niemandem mitteilen kann, ohne in eine peinliche Situation zu geraten. Es scheint, als würde die Wahrscheinlichkeit, dass das Gewünschte eintritt, mit der steigenden Anzahl der Mitwisser noch weiter schrumpfen. In aller Heimlichkeit hält man an unmöglichen Träumen fest, die einen viel mehr beschäftigen als die Dinge, die man tatsächlich erreichen könnte. Mein geheimer Traum von der Zukunft sieht so aus: Trotz fehlender Lerninitiative erreiche ich einen super Schulabschluss, jede Universität empfängt mich mit ausgebreiteten Armen. Meine Studienzeit ist der Hammer, jeden Tag eine andere Party. Ich bin aber trotzdem fit genug, um allen möglichen Hobbys nachzugehen, ich arbeite an verschiedenen Projekten, besuche jede Menge Kulturevents. Natürlich stresst mich mein vollgestopfter Freizeitplan kein bisschen.

Nach etwa zwei Jahren Germanistik- und Geschichtsstudium treffe ich in einem Szene-Club einen Fernsehredakteur, der mich nur zu gerne in seinem erfolgversprechenden neuen TV-Format als Moderatorin einsetzen würde. Diese Show, die hochanspruchsvolle Sachverhalte jugendgerecht aufbereitet, wird selbstverständlich ein absoluter Erfolg. Ich erfreue mich jeden Tag an den interessanten Persönlichkeiten, die ich über meinen Beruf kennenlerne; zu meinem Freundeskreis zählen die bewundernswertesten und vielschichtigsten Charaktere meiner Zeit. Den Kontakt zu meinen alten Bekannten aus der Jugendzeit kann ich problemlos aufrechterhalten. Aufgrund meines Erfolgs kann ich ihnen neidlos den ihren gönnen.

In der Liebe habe ich auch nur Glück, die unterschiedlichsten Männer kreuzen meinen Weg. Ich habe mehrere leidenschaftliche Affären, unter anderem mit James Franco, Jared Leto und Baptiste Giabiconi. Nach all diesen wunderbaren Erfahrungen verspüre ich so im Alter von 35 Jahren kein Bedürfnis mehr nach dem ewigen Ausprobieren und Suchen. In Bill Kaulitz, der bis dahin gar nicht mehr als peinlich gilt, finde ich schließlich meine große Lebensliebe. Zusammen bereisen wir die Welt und machen die verrücktesten Sachen. Letztendlich plagt uns dann doch das Heimweh und wir lassen uns an einem schönen Flecken Erde nieder. Vielleicht widmen wir uns der Familienplanung. Routine kommt trotzdem nie auf.

Im Alter von 99 Jahren versterbe ich schließlich gleichzeitig mit meinem Ehemann nach einem Familienessen auf dem Sofa, während im Radio auf dem Oldiesender ein tolles Lied aus unserer Jugendzeit gespielt wird. Zum Zeitpunkt meines Todes hat mir mein langes Leben keinen Wunsch versagt, alle meine Ziele habe ich erreicht. Bis zum Ende behalte ich Kleidergröße 34.

Mir ist selbstverständlich klar, dass es nie so kommen wird, nie so kommen *kann*, und dass das vielleicht sogar besser ist. Und doch ist es eine schöne Illusion.

Diese Wunschträumereien beschränken sich bei mir und meinen Freunden aber keinesfalls nur auf unsere Zukunftsplanung. Als ich mit einer Freundin auf Jugendfahrt in Zürich war, wollten wir uns einen Coffee-to-go bei Starbucks holen, wo ein sehr gut aussehender junger Mann hinter dem Tresen stand. Wir wurden höflich bedient, wie jeder andere Gast vermutlich auch, und dennoch redeten wir uns im Anschluss ein, der heiße Verkäufer hätte uns ganz besonders zuvorkommend behandelt. Die Idee sponnen wir noch weiter – am Ende machten wir aus dem unschuldigen Starbucks-Typen einen intellektuellen Literatur- und Kunststudenten mit einem klangvollen Namen wie Phillip oder Alex, der nebenbei als Aktmodell jobbt und in einer wahnsinnig coolen WG in einem Szeneviertel wohnt.

Die Wahrheit wäre wahrscheinlich weit weniger malerisch gewesen. Wahrscheinlich heißt er Heinz oder Manfred, hält sich mit Kellnern und Zeitungsaustragen über Wasser und wohnt im schlimmsten Fall noch bei seinen Eltern. Unser kleiner Tagtraum war da wesentlich ansprechender. Und er hat uns glücklich gemacht.

Natürlich ist es auch schon mal vorgekommen, dass die Wahrheit in all ihrer Nutzlosigkeit mit meiner persönlichen Wunschvorstellung kollidierte. Ich habe zum Beispiel ein regelrechtes Tanzkurs-Trauma. Als durchschnittlicher Teenager hat man ja bei Beginn eines solchen Kurses schon mindestens zwanzig amerikanische Teenie-Filme gesehen, die fast alle mit einem Abschlussball enden. Der Abschlussball ist in Wahrheit der Grund, warum man bei so einem Tanzkurs überhaupt mitmacht.

In den Filmen läuft es ungefähr so ab: Unscheinbares Mädchen, das Probleme mit seinem Aussehen und seinem Selbstbewusstsein hat, verliebt sich in den Sport-Star der Schule. Über einen Zufall finden die beiden zueinander, ein dummes Missverständnis scheint das traute Glück kurzzeitig zu bedrohen, aber am Ende wird natürlich doch noch alles gut und das hässliche Entlein erscheint auf dem Ball mit dem schönsten Kleid, dem besten Make-up und dem heißesten Typen. Zu einem üblen Schmachtfetzen tanzen die beiden ihrem ewigen Glück entgegen.

Von dieser rosaroten Illusion geblendet, träumt auch der durchschnittliche Tanzkurs-Besucher von einem ähnlichen Szenario. Als ich den viel zu stark belichteten Übungsraum zum ersten Mal betrat, sah ich mich schon mit dem Mann meiner Träume einen perfekten Walzer aufs Parkett legen. Doch stattdessen gab es erst einmal viel zu wenig Jungs. Wir armen Mädchen mussten uns also mit geschlossenen Augen in einem Kreis aufstellen, und die Herren sollten sich hinter der Dame ihrer Wahl postieren. Also stand ich da, blind, und wünschte mir nichts sehnlicher, als einen von den ungefähr drei gut aussehenden Typen im Raum abzubekommen.

Doch als ich mich umdrehte, wurde ich bitter enttäuscht. Da stand niemand. Mein Ego war am Boden. Den zahlreichen anderen Mädchen, denen es genauso ergangen war, sah man die Enttäuschung ebenfalls an. Doch auch die, die überhaupt einen abbekommen hatten, wirkten nicht viel fröhlicher, denn die meisten jungen Männer gingen eher in die Daniel-Kübelböck-Richtung als in die von Brad Pitt.

Als auch ich in der zweiten Stunde so ein Exemplar ergatterte, war ich dennoch erleichtert. Ich versuchte, mir ernsthaft einzureden, das schlecht frisierte Etwas, das seine schwitzigen Hände an meinem Rücken rieb, wäre doch gar nicht so übel. Und das, obwohl er eindeutig Amokläufer-Profil aufwies – das fand ich heraus, als uns der faltige, viel zu stark gebräunte Tanzlehrer zur Konversation zwang. Zuerst meinte er, bei einem der Tänze müssten die Männer untypischerweise nichts tun und den Frauen die Arbeit überlassen. Der Kommentar meines Partners war ernüchternd: »Höhö, das kann ich gut!«

Bei der nächsten Figur sollten die Männer ihre Frauen drehen, als hätten sie 1,8 Promille im Blut, so beschrieb es zumindest der Tanzlehrer. Mein Gegenüber meinte nur: »Höhö, das kann ich auch gut! Das mit den 1,8 Promille!« Anschließend forderte uns der übermotivierte Solarium-Heini auf, unseren »Schnucki« nach seinen Hobbys zu befragen. Notgedrungen gehorchte ich, obwohl ich eigentlich gar nicht so genau wissen wollte, was der Daniel-Kübelböck-Verschnitt in seiner Freizeit so trieb. Völlig zu Recht, denn seine Antwort lautete: »Ich tu schießen und Computerspiele halt!«

»Und weiter?«, fragte ich, in der Hoffnung, ihm eine coolere und weniger diskussionswürdige Aussage zu entlocken. Weit gefehlt. »Öhh… ich gehe zur Schule, höhöhö!« Dann fragte ich ihn nach seinem Freundeskreis, doch dieser war anscheinend nicht wirklich existent. Ich fasse also noch mal zusammen:

Seine sozialen Kontakte waren recht überschaubar, da er den Großteil seiner Zeit in der *World of Warcraft* verbrachte, und abgesehen von seiner Mitgliedschaft im Schützenverein hatte er keine weiteren Hobbys. Zudem neigte er zu übermäßigem Alkoholgenuss. Ich hatte *Angst!*

Und jetzt kam das Allerschlimmste: Er hatte doch tatsächlich in den zehn Tanzstunden genau zehnmal dasselbe Paar Schuhe, zehnmal dieselbe Hose und zehnmal dasselbe Shirt an. Sogar zum Abschlussball trug er seine schwarze Jeans. (»Höhö, ich kauf mir doch dafür nicht extra 'ne andere Hose!«) Auch das mit dem Gutaussehen beim Ball war so eine Sache: Trotz tagelanger Vorbereitung sah ich am Abend des Events aus wie immer, die porentief reine Schönheit war – wider Erwarten – nicht über Nacht gekommen. Das Kleid, von dessen Einzigartigkeit ich bei seinem Kauf überzeugt gewesen war, entdeckte ich an mindestens zwei anderen Mädchen.

Dennoch durfte ich meinen Unmut über die Gesamtsituation nicht zeigen, schließlich waren doch extra meine Eltern und Großeltern erschienen, die einen nicht unerheblichen Betrag in die Tanzausbildung des Nachwuchses investiert hatten und eine vor Glück strahlende Tochter/Enkelin erwarteten. Zuerst stolperte ich mich also durch das Vortanzen, immer versucht, den Nerd von mir wegzudrücken, und anschließend ließ ich mir von ihm ein Glas Prosecco nach dem anderen ausgeben und trank im Stillen darauf, ihn nie wiedersehen zu müssen. Erstaunlich viele Mädchen waren an diesem Abend betrunken. Obwohl: Die Alkoholmenge, mit der man sich diese Art Typen schöntrinken könnte, existiert gar nicht.

Erschreckenderweise ist mir allerdings aufgefallen, dass man Probleme bis zu einem bestimmten Punkt tatsächlich in Alkohol ertränken kann. Ich hatte so eine Phase, drei Monate vielleicht, in der ich auf jeder Party den Part der Alkoholleiche übernommen habe. Das waren großartige Gefühle im Rausch. Aber irgendwann habe ich gemerkt, dass mir das ganze Besoffensein nichts mehr gibt. Ich war immer viel zu fertig danach. Außerdem wurde es mir zu anstrengend, mich im unmöglichsten Zustand vor meinen Eltern zusammenreißen zu müssen.

Das mit den Eltern und der Partysache ist sowieso ziemlich interessant: Es gibt ja die, die ihren Kindern alles erlauben und hoffen, sie werden schon verantwortungsvoll handeln. Und es gibt die, die alles verbieten wollen. Ich glaube, beide Arten ahnen kaum, was auf Partys wirklich abgeht. Gerade in ländlicheren Gegenden denken Erwachsene immer, alles wäre recht harmlos, und sich mit Bier vollaufen zu lassen wäre schon das Höchste der Gefühle. Aber da irren sie sich gewaltig. Auf dem Land geht es viel krasser zu als in den Großstädten. Wer in Berlin so trinkt wie wir, ist vermutlich ein polizeibekannter Problemfall. Bei uns saufen echt alle, vor allem Kinder aus gutem Elternhaus, mit Schulbildung und so. Liegt möglicherweise auch daran, dass man hier viel leichter an das Zeug rankommt und dass die Kontrollen nicht so streng sind. Hinzu kommt, dass sonst halt nichts los ist. Ich kenne kaum jemanden aus meiner Gegend, der bei seinem ersten Vollrausch älter war als 15.

Nach der Hardcore-Phase habe ich meine Trinkgewohnheiten geändert. Abstürze kommen zwar gelegentlich noch vor, sind aber eher ungeplant. Ich suche im Rausch nach Abwechslung, nicht mehr nach Verdrängung.

Ich glaube, ich bin generell ein bisschen verrückt. Manchmal finden die Leute das anfangs seltsam, eine Freundin hat es so zusammengefasst: »Wenn man dich nicht kennt, wirkst du meistens etwas komisch und abgedreht, aber kennt man dich dann erst mal, liebt man dich!« Also, ich bin jetzt nicht psychopathisch oder so, aber meine Hemmschwelle ist deutlich niedriger als die anderer Menschen. Mir sind einige Sachen überhaupt nicht peinlich, bei denen andere vor Scham im Boden versinken würden. Ich finde, ohne ein bisschen Peinlichkeit ist das Leben nur halb so lustig.

Generell fahre ich auf viele Dinge ab, die bei meinen Freunden nicht unbedingt als cool gelten. So verehre ich nicht nur Robert Pattinson, sondern auch Rainer Maria Rilke – Letzteren natürlich rein platonisch. Den Sachen, die ich einmal gut finde, bleibe ich dann meistens auch treu – Harry Potter zum Beispiel. Schon in der Grundschule habe ich mich mit Mitschülern auf dem Pausenhof mit Zaubersprüchen gebattlet – »Avada Kedavra, motherfucker!«. Mittlerweile nehme ich zwar von solchen Bekundungen Abstand, aber trotzdem ziehe ich mir manchmal die Filme rein oder lese die Bücher.

Viele verlieren in meinem Alter die Fähigkeit, sich an solchen Dingen zu erfreuen. Das gilt dann ganz schnell als kindisch. Wir sind echt Weltmeister darin, andere Leute wegen Oberflächlichkeiten abzustempeln: Die eine ist optisch ein Emo, der andere hat einen krassen Dialekt, und der Nächste trägt ein gefaktes Ed-Hardy-T-Shirt – die wären alle unten durch. Auf der einen Seite ist das doof, auf der anderen finde ich es aber auch irgendwie nachvollziehbar, denn einem fallen natürlich immer nur die negativen Ausnahmefälle der jeweiligen Style-Gattung auf. Ein Mädchen, das sich in Internetcommunitys *DarkGirlie92* nennt und ein Bild von seiner Lieblingsklinge online stellt, muss sich nicht wundern, wenn es kritisch beäugt wird. Schon gar nicht, wenn es zudem mit *TomzImmortalAngel* befreundet ist, die als Profilbild eine Konzert-Aufnahme ihrer selbst ins Netz gestellt hat, auf der auf ihr »Fick mich durch den Monsun« auf Stirn und Oberkörper prangt. Extrem fraglich.

Das Internet bietet überhaupt ganz neue Möglichkeiten, sich über Menschen ein Bild zu machen, die man noch nie zuvor getroffen hat. Das kann auch Vorteile haben – so kann man zum Beispiel grobe Schnitzer im Gespräch vermeiden. Andererseits will ich aber auch versuchen, vorurteilsfrei durchs Leben zu gehen. Immerhin kann man wunderbare Erfahrungen machen, wenn man ein bisschen von seinen starrsinnigen Mustern abweicht.

Diesen Vorsatz hat ganz stark mein ehemaliger Religions-
lehrer geprägt. Er war katholischer Pater – und allein das lässt
schon Tausende Klischeebilder durch meinen Kopf schießen:
Kutte, Kirche, Zölibat. Hinter einem Menschen, der sich
freiwillig entscheidet, den Rest seines Lebens hinter Kloster-
mauern zu verbringen, vermutete ich erst mal einen Harry Potter verteufelnden, bigotten Betbruder, der bei jeder Erwähnung
fleischlicher Lust den moralischen Zeigefinger herausholt.

Doch es stellte sich heraus, dass dieser Mann ganz und gar
nicht so war. Unter all seinen Kollegen war er der mit den liberalsten Ansichten. So war er beispielsweise begeisterter Film-
fan und gestaltete seinen Unterricht mit einer Aktualität, von
der andere Lehrer nur träumen konnten. Es kam schon mal
vor, dass er ein Arbeitsblatt zur TV-Serie *Dr. House* austeilte
oder Szenenausschnitte zeigte. Themen wie Sexualität und
Partnerschaft konnte er ganz besonders gut anbringen. Bei
Diskussionen, in denen die verschiedensten Sichtweisen be-
züglich One-Night-Stands und dem vorehelichen Geschlechts-
verkehr aufeinanderprallten, ließ er jedem bedingungslos seine
Meinung.

Sein Weg, unsere Moralvorstellungen und unser Gottesbild
zu beeinflussen, war nicht der der harten Konfrontation – im
Gegenteil, seine leisen Zwischentöne waren viel überzeugender.
Außerdem hat er es geschafft, uns nachvollziehbar zu erklären, weshalb er sich trotz Alternativen dazu entschlossen hatte,
Keuschheit, Armut und Gehorsam zu geloben. Er hat diese Entscheidung ungefähr mit zwanzig getroffen, zuvor hatte er sogar
eine Freundin gehabt. »Und die sah auch gut aus, nicht dass ihr
jetzt denkt…«, erzählte er. (Das ist wohl der ultimative Tren-
nungsgrund: verlassen zu werden, weil der Partner das Zölibat
geloben will. Das würde ganz schön an meinem Selbstbewusstsein nagen!)

Doch es lag nicht an seiner Freundin, und auch nicht an
unserer schnellen und unbeständigen Welt. Vielmehr war es

Sehnsucht. Alle Menschen suchen Erfüllung, suchen die Bestätigung, dass dieses Leben mehr ist als das, was wir auf den ersten Blick sehen. Viele suchen in der Liebe, andere bei Gott, doch anscheinend wird die zweite Gruppe wesentlich häufiger fündig.

Doch bevor ich mich mit der Suche nach Gott beschäftige, will ich versuchen, zu den Glücklichen zu gehören, die das Göttliche im Menschen sehen können. Genauer gesagt, in *einem* Menschen, also in der Liebe. In der großen und einzigen und ewig währenden Liebe. Oder zumindest in einer Illusion von ihr. Und vor allem in der Schönheit, denn irgendwie ist das Ideal der reinen Liebe für mich ein ästhetisches. Sex ist im Gegensatz dazu ein animalischer, selbstsüchtiger Kick – und doch gehört er dazu. Liebe ist auch ein Paradoxon.

Ich will nur für einen Monat oder wenigstens eine Woche – das Zeitmaß vom poetischen Tag erscheint mir dann doch zu kurz – die erwiderte, wahre Liebe erleben. Danach könnte ich ein zufriedenes Dasein führen. Dieses Wunder ein ganzes Leben lang zu erfahren, halte ich dagegen für unrealistisch, auch wenn es schön wäre.

Bisher habe ich noch nie geliebt, und die einzigen Personen, die eine Ahnung von der Liebe in mir wecken konnten, sind literarische Helden, Filmcharaktere und andere ähnlich unerreichbare Fantasiegestalten. Dass es noch kein echter Junge geschafft hat, dass ich bei seinem Anblick mehr verspüre als reines Begehren, liegt vielleicht wohl auch an meinen doch sehr speziellen Anforderungen an »Mr Right«.

Natürlich gibt es echt Tage, an denen ich total am Verzweifeln bin, weil ich noch nie einen Freund hatte. Manchmal denke ich, es liegt wohl doch an meinem Aussehen. Vielleicht werde ich ja im nächsten Leben als Giselle Bündchen wiedergeboren, aber hier und jetzt muss ich mich nun einmal mit dieser Durchschnitts-Optik zufriedengeben. Und da ist das Problem: Kein überdurchschnittlich attraktiver Junge wird sich mit einer mittelmäßigen Partnerin zufriedengeben, wenn er sich doch auch ein paar Level weiter oben bedienen kann.

Aber meiner Meinung nach bin ich noch zu jung, um meine Wunschvorstellung aufzugeben. Grundsätzlich will ich einen Mann, den ich lieben, begehren und verehren kann. Der erste Punkt, die Liebe, ist zu subjektiv, um ihn weiter auszuformulieren. Liebe kann bestimmt schmerzhaft sein, sehnsüchtig, bindend, außerordentlich, verschwenderisch, still, rauschhaft, wahrhaftig, überlebensnotwendig oder ewig. Begehren wird durch gutes Aussehen oder enormes Charisma erregt, Verehrung dagegen ist wohl am kompliziertesten in Worte zu fassen: den anderen bedingungslos und grundlos für seine Schönheit – nicht nur die äußere – zu bewundern. Ähnlich wie Menschen Kunst bewundern. Die Begegnung mit dem Vollkommenen, oder zumindest eine Ahnung davon.

Auf jeden Fall sollte mein späterer Partner mir etwas *zurückbasteln*. Zur Erklärung: Ich liebe es, für Menschen, die mir wichtig sind, kleine Dinge zu basteln oder zu kreieren, die an unvergessliche Erlebnisse erinnern sollen. Fotocollagen oder Gedichte etwa. Der Mann meiner Träume sollte diese Vorliebe teilen und mir gelegentlich etwas zurückgeben. Ich möchte mich überall auf der Welt mit ihm zu Hause fühlen. Und in seiner Gegenwart nicht mehr warten, sondern einfach sein.

Irgendwie habe ich da so einen Tag-danach-Wunschtraum. Damit ist der Morgen nach der ersten leidenschaftlichen Liebesnacht gemeint. Ich wache im Licht der ersten Sonnenstrahlen auf und das Erste, was meine Augen sehen, ist *sein* wunderschönes Gesicht. Und es gibt keinen Gedanken in mir, keine Pläne und keine Erinnerung. Seinen Schlaf zu beobachten ist mir genug.

Ein paar Momente Vollkommenheit, ein paar Momente Ewigkeit. Sind diese Augenblicke verstrichen, ist der Fortgang des Geschehens variabel: Würde ich wissen, dass es die große Liebe einer einzigen Nacht war, würde ich leise verschwinden und höchstens einen Brief zurücklassen. Da kommt die Romantikerin in mir durch. Wäre es jedoch die große Liebe eines Lebens, würde ich in meiner Position verharren und darauf warten, dass auch er die Augen öffnet.

Doch aller Wahrscheinlichkeit nach wird es nie so kommen. Sollte es überhaupt jene leidenschaftliche Liebesnacht geben, würde er sicher vor mir aufwachen. Mein Anblick im Schlaf böte eher ein optisches Debakel: Mein Make-up wäre bestimmt im ganzen Gesicht verteilt, hinzu kämen Kissenabdrücke und Augenringe. Im schlimmsten Fall hinge noch ein Speichelfaden von meinem Mundwinkel herab und es kämen laute Sägegeräusche aus meiner Brust. Der Lover wäre dann hundertprozentig verschwunden, ganz brieflos.

Vielleicht verliebt man sich aber auch gar nicht in einer einzigen Nacht, sondern in ganz vielen. Oder an der Fleischtheke, bei den Anonymen Alkoholikern oder in der Schlange am Dixieklo. Aber ich glaube, dass immer Faszination dabei sein muss. Mich zum Beispiel faszinieren kaputte Seelen – Menschen mit Engelsgesicht und Teufelsmoral, fragile Persönlichkeiten, die immer am Abgrund entlangwandern, die alle Gegensätze in sich vereinen. Menschliche Ausnahmefälle zwischen Genie und Wahnsinn. Wahrscheinlich ist auch genau darin ihre Faszination begründet: ein Leben ohne Leere, ohne die leise Stimme, die einem sagt, man würde etwas verpassen.

Doch auch die Art, wie dein Gegenüber dich vergöttert, kann faszinierend sein. Das habe ich schon einmal bei einer Freundin und ihrem Freund erlebt. Er sah gut aus und war intelligent, aber das wirklich Attraktive und Faszinierende an ihm war die Art, wie er sie geliebt hat. Als diese Liebe zu Ende war, verschwand auch die Faszination. Auch Schönheit kann unwahrscheinlich faszinierend sein, reine, wahre Schönheit. Ich bewundere sie bedingungslos. Es gibt viele Menschen mit guten Körpern und hübschen Gesichtern, aber ungetrübte Schönheit ist selten.

Und mein Schönheitsideal ist ähnlich schräg wie das Ideal meiner Liebe. So gefallen mir besonders schlanke Menschen mit hohlen Wangen und filigranen Gliedmaßen. Viele Medien kritisieren derzeit den Magerwahn und die Ungeschlechtlichkeit in der Mode. Ich kann auch gut nachvollziehen, dass die meisten Menschen dieses Erscheinungsbild als unschön empfinden, denn es ist wirklich nicht sonderlich erotisch. Aber vielleicht gefällt es mir genau deshalb. Für mich bedeutet Androgynität das Ende der Rollenklischees, das Ende des Jäger-Sammler-Komplexes.

Das Schönheitsideal der Androgynität erinnert mich an mystische Fantasiegestalten, nicht gebunden an eine Welt voll Hässlichkeit. In der griechischen Sage schuf Promotheus, der Gegenspieler der Götter, vor Anbeginn der Zeiten die Androgynes – vierarmige, vierbeinige, zweiköpfige Geschöpfe, die beide Geschlechter in sich vereinten. Einige waren auch weibweiblich oder mannmännlich. Als Prometheus dem allmächtigen Zeus unterlag, ließ dieser die Doppelwesen teilen. Die Menschheit war geboren. Seit dieser Zeit sehnen wir uns nach Wiedervereinigung und suchen unsere andere Hälfte. Eine schöne Geschichte, an die ich lieber glauben würde als an die Evolutionstheorie.

Überhaupt kann ich mich mit den Naturwissenschaften nicht so anfreunden. Das geht mir auch in der Schule so. Physikalische Formeln sind mir ein Rätsel, ebenso wie mathematische Zusammenhänge. Bei mir ist es keine »lustige Reise in die wunderbare Welt der Zahlen«, wie von Mathelehrern angepriesen, sondern eher ein Horrortrip ins Land der unlösbaren Textaufgaben.

Außerdem bin ich überzeugt, dass die gesellschaftswissenschaftlichen Fächer viel nützlicher sind. Dass ich später noch mal wissen muss, wie sich zweidimensionale Bewegungen im x-y-Koordinatensystem beschreiben lassen, wage ich an dieser Stelle zu bezweifeln. Das Wahlsystem hingegen wird mindestens alle vier Jahre gebraucht. Außerdem habe ich Erwachsene beim Small Talk noch nie über Sinusfunktionen sprechen gehört, über Genscher und Gorbatschow dagegen schon. Das Fach Geschichte finde ich sowieso toll, besonders spannend sind diese winzigen Details, die sich ineinanderfügen, bis sich monumentale Ereignisse wie der Zweite Weltkrieg daraus entwickeln.

Aber eines muss ich dem ganzen Mathematik- und Physik-Kram dann doch zugestehen: Ohne die Freaks, die im Universum der Zahlen den Durchblick haben, gäbe es heut die ganzen tollen Sachen nicht, mit denen wir uns umgeben: Fernseher, Computer, Glätteisen. Solange ich später mal nicht seitenlange Nummernfolgen analysieren muss, kann ich mit den Naturwissenschaften meinen Frieden machen.

Wie mit der Mathematik kann ich auch mit konservativen Traditionen wenig anfangen. Meine Eltern dagegen legen viel Wert darauf, sie sind sehr engagiert, in der Gemeinde und in der Kirche. Eine Sache allerdings hat sich in meinem Unterbewusstsein verankert: Die Person, mit der ich Kinder haben will, möchte ich zuvor heiraten. Die Liebe allein kann sicherlich gut ohne Trauschein bestehen, aber um eine Familie zu gründen, sollte sich das Versprechen ewiger Treue auf mehr als Worte stützen. Ein untrennbarer Bund vor Gott klingt da schon besser für mich – ob Gott nun existiert oder nicht, sei dahingestellt. Heirat und Kinder sind ja auch eine Art Reifezeugnis, das Ende der eigenen Zeit der Unbeständigkeit.

Wenn ich mal Kinder habe, dürfen die auf keinen Fall uncool werden. Falls sie mit 15 immer noch keinen Schluck Alkohol getrunken haben sollten, würde ich ganz viel davon einkaufen und wie zufällig im Keller rumstehen lassen. Im Gespräch würde ich dann mal nebenbei fallen lassen, wie viel Spaß man damit haben kann, und dass ich nicht nachgezählt habe, wie viele Flaschen ich genau gekauft habe. Es ihnen einfach so zu geben, fände ich dagegen blöd, denn ohne den Reiz des Verbotenen sind die ersten Erfahrungen mit Alkohol doch nur halb so schön.

Wahrscheinlich werde ich diesen Plan eh nicht durchführen, da ich bis zur Geburt meines ersten Kindes unbedingt die 35 überschritten haben möchte. Bis dahin bin ich bestimmt langweilig und konservativ geworden, und all die schönen Vorsätze, die ich jetzt habe, werden vergessen sein.

Nur eines werde ich ganz bestimmt tun: meinen eventuellen Kindern vernünftige Namen geben. Auf keinen Fall würde ich etwas ähnlich Grauenhaftes wie Rugnulf wählen. (Dieser Name existiert immer noch!) Wie unsere Sozialkunde-Lehrerin sagt: »Die Vornamen der Kinder weisen auf den Geisteszustand der Eltern hin!« Aber das mit der Namenssuche ist auch wirklich schwierig, denn als Anna, Dennis oder Lisa bist du null individuell. Auf Namen wie Rugnulf, Amalberg oder Wotan getauft, wirst du dagegen immer ausgelacht. Und dann gibt es noch die Kevin-Justin-Jansons dieser Welt – ich meine, es ist schon auffällig, wie viele schwer erziehbare *Super Nanny*-Fälle so heißen.

So was wie die *Super Nanny* war in meiner Familie glücklicherweise nie nötig, meine Kindheit verbrachte ich in einem wohlig warmen Kokon aus Geborgenheit. Gebrechen und Tod waren lange Zeit Ereignisse, die für mich fern in der Zukunft lagen. Bis mein Opa, knappe neunzig Jahre alt, starb. Er war ein stattlicher Mann, der ein erfülltes und langes Leben hinter sich hatte, das vor allem vom Zweiten Weltkrieg geprägt worden war. Er war 1941 eingezogen worden, der Krieg hatte ihn quer durch Europa geführt. Im Gegensatz zu vielen anderen jungen Männern wurde er vom Schicksal verschont; als sein Regiment auf die nur achtzig Kilometer entfernt liegende Front zumarschierte, wurde er kurz zuvor mit einem anderen Kameraden abkommandiert, um einer Aufklärungstruppe beizutreten. Die Soldaten seines Regiments ließen fast alle ihr Leben für das Vaterland – oder eher für die wahnwitzigen und machtgierigen Pläne einiger Größenwahnsinniger. Hätte sein Leben auf dem Schlachtfeld oder in Kriegsgefangenschaft geendet, wäre auch ich nicht hier.

Doch neben all den schrecklichen Dingen, die der Krieg mit sich brachte, hat er auch positive Erfahrungen gemacht. Für einen Jungen aus einem kleinen Dorf hat er viele Länder gesehen und viele Menschen getroffen. Nach dem Krieg gründete er eine Familie und baute sich auf seinem eigenen Hof eine gesicherte Existenz auf. Er war ein sehr naturverbundener Mensch mit schier endloser Geduld.

Wenn ein vertrauter Mensch stirbt, ist das immer schwer. Doch auch abgesehen vom menschlichen Verlust war es hart für mich, dass ein wichtiger Teil meiner Welt einfach so verschwunden war. Zuvor war mir das Leben immer endlos lang erschienen, doch nun wurde mir zum ersten Mal bewusst, dass es eigentlich wahnsinnig kurz sein kann. Dass der Tod auch auf meine Eltern zukommen wird, und dass ich, sollten keine Krankheiten oder Autounfälle dazwischenkommen, auch einmal alt sein werde. Diese Erkenntnis nahm mir ein Stück meiner Kindheit.

Mit jedem Ereignis, das einen tief berührt, verliert man ein bisschen seine Unbeschwertheit. Ich glaube, dass man nach einiger Zeit nicht mehr so viel Kind ist, wie man mal war. Aber ich glaube auch, dass einige Menschen nie ganz erwachsen werden. Dass der Vorrat an Kindheit für sie fast unerschöpflich ist. Ich hoffe, ich gehöre zu ihnen. Und ich hoffe, dass sich die Menschen, denen ich im Laufe meines Lebens begegne, an mich erinnern. Dass ihre Gespräche mit mir nicht beliebig und oberflächlich sind, sondern dass ich ihnen etwas geben kann, und wenn es nur ein flüchtiges Lachen ist.

Sie sollen denken, ich verstünde sie aus ganzem Herzen, auch wenn sie mich niemals verstehen werden.

Danksagung

Vielen Dank an alle, die mir ermöglicht haben,
dieses Projekt zu verwirklichen, und an alle,
die auf irgendeine Weise eine Quelle der Inspiration waren:

- Jennifer Hirte, Mareike Pörner, Oliver Schwarzkopf und alle anderen vom Verlag (Caro, Aga, Nico…)
- alle Jugendlichen, deren Geschichten in diesem Buch verewigt sind
- Mami und Papili sowie der Rest meiner Familie
- alle, die mich jemals etwas lehrten
- der Vater der Drillinge, Flavor Jesus, Isi, Franzi, the Queen of Fruits, Marie und ihr bebadeanzugtes schlechtes Gewissen, Rasta-Mann, Mr. Bornanow, die braven Bua'n, Pfingstabsturzfiasko alias Günther, der bisexuelle Polygamist, Mo' alias Schmerke, Silbereisen, MTVhome, der Tiiischer, die Demager, Jänny-Boy, Billy-Boy, Vanutschka Vanna Havanna, Sebastian, Snape, Gollum, der Pastorensohn und seine Homies, Hermes der Götterbote und mein mittelalterlicher Ehemann nahe der Pensionsgrenze

ROBERT PATTINSON

ROBERT PATTINSON –
SEIN LEBEN & SEINE FILME
Von Virginia Blackburn
152 Seiten, etwa 100 farbige Abbildungen
Quality Paperback, Fadenheftung, Kunstdruckpapier
ISBN 978-3-89602-945-4 | 14,90 €

Millionen von Fans auf der ganzen Welt sind seinem Charme erlegen: Robert Pattinson, bekannt als Edward aus dem Vampirfilm »Twilight«, ist der neue Megastar Hollywoods. Wo auch immer er auftaucht, ist er sofort von kreischenden Fans umringt. Man feiert ihn als neuen »Sexiest Man On The Planet« und die Medien reißen sich um die aktuellsten Fotos und Berichte. Im Juli 2010 kam »Eclipse – Bis(s) zum Abendrot«, der dritte Teil der Vampirsaga, in die deutschen Kinos. Die Fans haben allen Grund, sich zu freuen, denn diese Fortsetzung ist genauso großartig und erfolgreich wie die ersten beiden Filme.

»Die Biografie ›Robert Pattinson – Sein Leben & seine Filme‹ beschreibt den phänomenalen Aufstieg des jungen Schauspielers.«
Gala.de

DIE AUTORIN

Katharina Weiß, Jahrgang 1994, besucht die elfte Klasse eines Gymnasiums in der Nähe von München, liebt Filme und geht gerne mit ihren Freunden feiern, genau wie die meisten ihrer Altersgenossen.

Schon in der Grundschule begann sie mit dem Schreiben, heute textet sie für die Jugendseite einer Lokalzeitung. *Generation Geil* ist ihr erstes Buch.

Katharina Weiß
GENERATION GEIL
Jugend im Selbstporträt

ISBN 978-3-89602-995-9
© bei Schwarzkopf & Schwarzkopf Verlag GmbH, 2010
2. Auflage, September 2010

Lektorat: Mareike Pörner | Coverfotos: Nico Klein-Allermann

KATALOG
Wir senden Ihnen gern kostenlos unseren Katalog
Schwarzkopf & Schwarzkopf Verlag GmbH / Abt. Service
Kastanienallee 32 | 10435 Berlin
Telefon: 030 – 44 33 63 00 | Fax: 030 – 44 33 63 044

INTERNET | E-MAIL
www.schwarzkopf-schwarzkopf.de
info@schwarzkopf-schwarzkopf.de